陈慕泽管理类联考
（MBA/MPA/MPAcc 等）
综合能力逻辑零基础高分辅导

陈慕泽　编著

中国人民大学出版社
·北京·

图书在版编目（CIP）数据

陈慕泽管理类联考（MBA/MPA/MPAcc 等）综合能力逻
辑零基础高分辅导 / 陈慕泽编著. -- 北京：中国人民
大学出版社，2021.4
ISBN 978-7-300-29231-1

Ⅰ．①陈… Ⅱ．①陈… Ⅲ．①逻辑-研究生-入学考
试-自学参考资料 Ⅳ．①B81

中国版本图书馆 CIP 数据核字（2021）第 060833 号

陈慕泽管理类联考（MBA/MPA/MPAcc 等）综合能力逻辑零基础高分辅导

陈慕泽　编著

Chen Muze Guanlilei Liankao（MBA/MPA/MPAcc Deng）Zonghe Nengli Luoji Ling Jichu Gaofen Fudao

出版发行	中国人民大学出版社	
社　　址	北京中关村大街 31 号	**邮政编码**　100080
电　　话	010 - 62511242（总编室）	010 - 62511770（质管部）
	010 - 82501766（邮购部）	010 - 62514148（门市部）
	010 - 62515195（发行公司）	010 - 62515275（盗版举报）
网　　址	http://www.crup.com.cn	
经　　销	新华书店	
印　　刷	北京七色印务有限公司	
规　　格	185 mm×260 mm　16 开本	**版　　次**　2021 年 4 月第 1 版
印　　张	16.75	**印　　次**　2021 年 4 月第 1 次印刷
字　　数	337 000	**定　　价**　46.00 元

前　言

　　本书是为未经任何逻辑专门训练，即所谓零基础的考生提供的综合能力逻辑测试考前辅导书。同类出版物很多，本书的特点是什么呢？

　　第一，作为这一领域的资深专家，编者对综合能力标准化考试模式的背景、性质和理念，对综合能力逻辑测试的特点、试题的命题和应对，有长年深入的理论研究，积累了丰富的经验，对测试的考前辅导要领有切合实际的独到见解。

　　第二，本书的基本要义不是传授"一招制胜"的秘诀，也不是引导考生避开对试题具体内容的思考，包括有难度的思考，去寻觅什么"秒杀"技巧。本书自始至终体现这样一种理念，即应对综合能力逻辑测试的考生，在考场上彼此较量的是日常逻辑思维能力。这种能力与生俱来，先天有差异，后天可训练。这种能力的提高，本质上不依赖对知识的记忆、对技巧的运用，而依赖思维训练。如果用一句话概括本书的实质内容，就是对考生进行切合实际的考前思维强化训练。这是成功应对这门测试的基本要领。综合能力逻辑应试有两个关键词，一是"对"，二是"快"（每题的解答平均只有 1.5 分钟）。因此，本书的重要目标，当然包括帮助考生概括和掌握各种有用的解题方法，包括提高解题速度的技巧和捷径，但这个目标只有在确认上述基本要领的前提下，才能正确定位，才能有效实现。否则，会误导考生。

　　第三，本书把综合能力逻辑试题分为两类：第一类涉及为数不多的几个强相关逻辑知识点，熟悉并恰当运用这些知识点能大大降低此类试题的主观难度，有助于正确、迅速地解题；第二类基本不涉及逻辑知识的理解和应用，而直接测试思维能力。这两类题有不同的应对方略，本书就是针对如何解答这两类题来展开的。

　　第四，作为逻辑应试辅导书，本书当然要涉及逻辑知识的阐释。本书从综合能力逻辑应试角度把形式逻辑的基础知识分为三类：第一类是不相关，例如三段论形式有效性的判定；第二类是弱相关；第三类是强相关。本书的处置是把为数不多的五个强相关知识点独立出来，从试题的解答角度深入阐释，着重分析其在解题中的恰当运用，而不是基于知识大纲进行概念演绎。事实证明，这符合应试实际。

第五，本书的"节点"是例题分析。本书的例题除个别外，均是历年真题，其中，近两年的真题特别标出。之所以选用真题，主要是考虑安全性（正确、规范），避免误导。

陶琳、陶陶参加了本书的编写工作，顺致谢意！

陈慕泽

目　录

第一章　综合能力逻辑测试的
特点和试题基本分类

第一节　综合能力逻辑测试的特点

MBA、MPA、MPAcc管理类联考综合能力考试分为数学、写作和逻辑三部分。本书的主旨是辅导未经过任何逻辑专门训练，即所谓零基础的考生，成功应对其中的逻辑测试（以下称为MBA逻辑测试）。

考场如同战场。要胜出，就要知己知彼。

知己，就是要大致了解目前自己已达到的应试能力。不妨完全按照实考的方式，做一套近年的真题。如果成绩理想，你完全有理由对这门考试充满自信；如果不理想，也没关系。有效的考前辅导会帮助你提高应试能力。

知彼，就是要了解MBA逻辑测试：它测试什么？如何测试？和其他类型的逻辑考试的区别在哪里？应对这一测试的基本要领是什么？

MBA逻辑测试区别于一般逻辑测试（如大学课堂上逻辑基础课或专业课的逻辑考试）的特点在于，所要测试的不是考生的逻辑专业知识，而是考生的日常逻辑思维能力，主要是对各种信息的理解、提炼和分析的能力，对推理或论证的运用及分析、比较、评价或反驳的能力。这种思维能力，就是一个人的逻辑思维素养，称为批判性思维能力。批判性思维（critical thinking），是理解这门考试的一个关键词。

从20世纪70年代起，北美出现了一场"批判性思维"运动，这场运动深刻地影响了西方的高等教育理念与方式。作为这一运动的一个结果，美国出现了一种标准化综合能力型考试模式并逐渐成熟。这种考试模式的目标不是测试考生的专业知识，而是测试考生的综合能力，其中主要是语言理解、表达能力和逻辑思维能力，即批判性思维能力。美国此种模式的本科与研究生资格考试有：GRE（研究生）、GMAT（工商管理硕士）、SAT（本科）、LSAT（法学院本科）等。在这些类别的考试中，逻辑测试都是主要部分，名称为"逻辑推理"（logical reasoning）或"批判性推理"（critical reasoning）。20 世纪 90 年代，此种考试模式传入中国，目前已成为我国各种专业硕士（MBA、GCT、MPA、MPAcc 等）的统考模式。其中，中国的 MBA、MPA、MPAcc 管理类联考主要参照 GMAT，GCT 统考主要参照 LSAT。

综合能力型考试模式是基于批判性思维的理念。

批判性思维理念的要点如下：

第一，人的日常逻辑思维能力具有一般可比性。这种具有一般可比性的日常逻辑思维能力，就是批判性思维能力。例如，设想一个学生在应对一份物理学试卷，另一个学生在应对一份经济学试卷，他们思考的内容和方式有诸多不同，但有一点是共同的，即他们都必须进行逻辑思考。既然进行逻辑思考，就必然具备并表现出或高或低的逻辑思考能力。现在的问题是：这种不同主体处理不同内容的逻辑思考能力之间是否具有一般可比性？比较这种能力有没有意义？回答是充分肯定的。

第二，批判性思维能力决定一个人的思维素养。人与人之间思维素养的差异，主要不在于所掌握知识的差异，而在于批判性思维能力的差异，在知识爆炸与快速更新的当代更是如此。

第三，批判性思维能力先天有差异，后天可训练。提高批判性思维能力，需要的不是记忆，而是训练。

第四，批判性思维能力的实质性提高一般不是短期突击行为的结果。

第五，批判性思维能力的差异可测试，包括可通过标准化考试加以测试。

MBA 逻辑测试的目的，就是要选拔批判性思维能力强的考生。强记硬背、走捷径、找窍门、押考题，这类应对一般考试常用的途径和方法，对于 MBA 逻辑应试，不能说完全没有意义，但这门考试的核心理念是要把此种途径和方法对于成功应试所能起到的作用，降到最低限度。因此，这门考试真正到位的考前准备，包括应试辅导的实质性内容，是考生思维能力的强化训练。考生最终在考场上较量的，就是此种能力。不要希冀绕开思维能力的强化训练和提高，绕开对试题具体内容实实在在的逻辑思考，仅凭借对某些知识要点或方法技巧的强记和运用，就能成功应试。这就是应对这门考试的基本要领。

确认这一基本要领，并不意味着弱化考前辅导的意义，但只有确认这一基本要领，考前辅导的意义才能正确定位。

事实上，到位的辅导对于应对 MBA 逻辑测试有重要意义。这主要表现在以下几个方面：

第一，尽管测试的是逻辑思维能力，而不是逻辑专业知识，但确有一部分 MBA 试题涉及逻辑知识。虽然不熟悉这些知识，只要有足够强的思考能力，仍然可以答题（这就是能力型测试和知识型测试的区别），但理解并恰当运用这些知识，明显有利于准确迅速地答题。这些与 MBA 逻辑测试有较强相关性的逻辑知识点是哪些？如何在解答 MBA 相关试题中正确理解并恰当运用这些知识点？这就是最有直接价值的辅导内容。并不是形式逻辑的所有基础知识点都有此种相关性，而不作区分地先系统学一遍或讲一遍形式逻辑应试方法，是不得要领的。

第二，MBA 逻辑测试有五种不同题型。相同题型的试题有各具自身特点的解题要领，不同题型的试题有不同的解题要领，不同题型的试题也有共通的解题要领。所谓解题要领，其中就包括捷径和技巧（捷径和技巧是存在的，问题在于不要夸大它们的意义）。解题要领不是从某种知识中演绎出来的，而是从解析大量试题的经验中概括总结出来的。如何准确地概括、陈述并帮助考生恰当运用各种解题要领，是考前辅导的重要内容，是对辅导老师的挑战，是见真功夫的地方，也是衡量辅导水平的重要尺度。技巧，就是正确并且快捷的解题方法或要领。技巧必须具有普遍适用性，否则就是伪技巧。要注意识别伪技巧。

除了必要的理论性阐述以外，本书的基本辅导方式是样题解析，以达到两个目的：第一，对考生的日常逻辑思维能力进行强化训练；第二，总结相应的解题要领、方法和技巧。本书所有的样题，除了个别例外，都取自历年综合能力全国统考的真题。以"【例】"标示的是样题，以"【思考】"标示的不是样题。

第二节　综合能力逻辑试题的基本分类

一、逻辑试题恰当分类的意义

要做成一件事，首先要有确定的目的，其次要有确定的对象。而给对象作恰当的分类，对于达到目的、做成一件事，有重要意义。

MBA 逻辑试题可以进行不同的分类，但什么是最恰当的基本分类呢？

在各种类型的逻辑测试中出现的逻辑试题，按其测试的目的可分为两类：一类的目的主要是测试逻辑知识，不妨称之为"知识型"逻辑试题；另一类的目的主要是测试逻辑思维能力，不妨称之为"能力型"逻辑试题。

MBA 逻辑测试中不出现"知识型"逻辑试题，只出现"能力型"逻辑试题。或者换句话说，MBA 逻辑试题就是"能力型"逻辑试题。

"能力型"逻辑试题按其和逻辑知识的关系分为两类。一类试题的应对是这样一种思维过程，它只依赖逻辑思维素养，不需要涉及逻辑知识的有意识运用。日常逻辑思维就是这样一种过程。不妨称这类试题为"独立能力型"。另一类试题虽然不以测试逻辑知识为目的，但掌握与运用相关逻辑知识有利于正确迅速地解题，不妨称这类试题为"知识相关型"。

"知识相关型"逻辑试题只涉及与人的日常逻辑思维及其能力素养相关的逻辑学基础知识。在这些知识中，一部分与解题"强相关"，可提供一种确定甚至程序性的方法，这种方法可实质性地减少解题难度，提高解题的准确性和速度；另一部分与解题"弱相关"，虽然不能提供确定的可操作性解题方法，但在不同程度上有利于正确迅速地解题。所以，可将"知识相关型"试题分为"强相关"和"弱相关"两类。如图1-1所示："强相关"型试题的应对与"强相关"逻辑知识的正确运用有实质性关系；"弱相关"型试题的应对与"弱相关"逻辑知识有不同程度的关系，但总体上这种关系比"强相关"型试题弱。

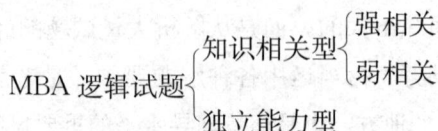

$$
\text{MBA 逻辑试题} \begin{cases} \text{知识相关型} \begin{cases} \text{强相关} \\ \text{弱相关} \end{cases} \\ \text{独立能力型} \end{cases}
$$

图 1 - 1

上述分类要求从解题的角度（而不仅是从理论概括的角度）关注以下问题：

● 第一，区别于知识型试题，能力型逻辑试题，即 MBA 逻辑试题的特点是什么？解答此类试题的总体要求是什么？

● 第二，在 MBA 逻辑试题中，知识相关型试题的特点及解题要领是什么？

● 第三，哪些是"强相关"的逻辑学基础知识？它们如何正确地运用于解答 MBA 逻辑试题？

● 第四，哪些是"弱相关"的逻辑学基础知识？它们如何正确地运用于解答 MBA 逻辑试题？

● 第五，区别于知识相关型试题，独立能力型试题的特点是什么？它们有哪些基本类型？各种类型试题的解题要领分别是什么？

● 第六，在历年的 MBA 逻辑真题中，上述各种类型的试题大致分别占怎样的比例？

二、什么是（纯）知识型逻辑试题以及为什么综合能力考试不测试此类试题

在 MBA 逻辑测试中不出现知识型逻辑试题。为了比较说明能力型逻辑试题，接下来分析一道这种类型的试题。

【例 1-1】　高尚的话都是真话；小马说的是真话。所以，小马说的是高尚的话。

以下哪项对上述推理的评价最为恰当？

A. 推理正确。

B. 推理错误。犯了中项两次不周延的错误。

C. 推理错误。犯了小项不当周延的错误。

D. 推理错误。犯了大项不当周延的错误。

E. 推理错误。犯了"四词项"错误。

【解析】　题干是一个三段论推理。其中，"小马说的话"是小项，"高尚的话"是大项，"真话"是中项。正确三段论的规则之一是：中项至少周延一次，否则，出现的错误称为"中项两次不周延"。本例的中项"真话"在大、小前提中作为肯定命题的谓项都是不周延的。因此，该推理违反规则，犯了中项两次不周延的错误。答案是 B。

这是一道测试考生三段论知识的试题。

这道试题的特点是：一个考生如果不了解相关的逻辑知识，即使他的日常逻辑思维能力再强，也不可能正确选择答案。（MBA 逻辑试题有五个选项，随机选择的正确率是20%。这里所说的正确选择答案，不包括这种情况。下同。）一个考生只要掌握了上述相关知识，哪怕此种掌握依赖于死记硬背，哪怕他的日常思维能力事实上很弱，也非常可能选择出正确答案。这就是所谓的知识型逻辑试题。知识型逻辑试题对于一般形式的逻辑考试来说也许是必要的，但它不符合能力型逻辑考试的要求。

知识型逻辑试题不出现在 MBA 逻辑测试中。

三、什么是"（知识）强相关"型逻辑试题

【例 1-2】　不可能有人会不犯错误。

以下哪项和题干断定的意思相同？

A. 所有的人都可能会犯错误。

B. 有人可能会犯错误。

C. 所有的人都必然会犯错误。

D. 有人必然会犯错误。

E. 有人必然不会犯错误。

【解析】　答案是 C。

在作解析之前，先思考以下几个问题：

【思考 1-1】　中国队不可能进入决赛。

以下哪项和上述断定的意思相同？

A. 中国队可能进不了决赛。

B. 中国队必然进不了决赛。

答案是 B。

【思考 1-2】　中国队不一定不能出线。（一定＝必然）

以下哪项和上述断定的意思相同？

A. 中国队可能出线。

B. 中国队必然出线。

答案是 A。

"必然"和"可能"在逻辑学中称为模态词，它们的关系是：

$$不必然 A＝可能非 A$$

$$不可能 A＝必然非 A$$

【思考 1-3】　总经理：所有责任人都扣除奖金。

董事长：我不同意。

以下哪项最符合董事长的意思？

A. 所有责任人都不扣除奖金。

B. 有的责任人扣除奖金。

C. 有的责任人不扣除奖金。

答案是 C。

【思考 1-4】　总经理：有的责任人不扣除奖金。

董事长：我不同意。

以下哪项最符合董事长的意思？

A. 所有责任人都扣除奖金。

B. 所有责任人都不扣除奖金。

C. 有的责任人要扣除奖金。

答案是 A。

"所有"和"有的（有些）"在逻辑学中称为量词，它们的关系是：

$$并非所有……＝有的并非……$$

$$并非有的……＝所有并非……$$

现在来解析例 1-2：

$$不可能有人会不犯错误（题干）$$

$$＝必然并非有人会不犯错误$$

$$＝必然所有人都会犯错误（选项 C）$$

题干否定的是"可能"和"有的"，和题干意思相同的正确选项中一定包含"必然"和"所有"，这叫"对偶"。具有对偶关系的逻辑概念包括三对：

- "必然"和"可能"；
- "所有"和"有的"；
- "且"和"或"。

这一知识点对解答一部分 MBA 逻辑试题（如例 1-2）有重要意义。

【例 1-3】　甲、乙、丙和丁四人涉嫌某案被传讯。四人分别做了如下陈述：

甲：如果我作案，那么丙是主犯。

乙：丁作案。

丙：甲参与了作案，但主犯不是我。

丁：作案的是乙。

已知只有一人说真话，可推出以下哪项结论？

A. 甲和丙都作案。

B. 甲和丙都没作案。

C. 丁作案但乙没作案。

D. 乙和丁都没作案。

E. 上述各项均不能从题干的条件推出。

【解析】　思考的切入点是：四人中哪两人的断定互相矛盾？互相矛盾的两个命题必有一真一假。已知只有一人说真话，则说真话的必在互相矛盾的两人中，则其余两人说假话。至此不难推出结论。

四人所说的话的结构如下：

甲：如果甲，则丙；

乙：丁；

丙：甲且非丙；

丁：乙。

相关的知识点是："如果 A，那么 B"和" A 且非 B"互相矛盾（A 和 B 是任意的命题）。先强调一下，这一知识点对于 MBA 逻辑应试非常重要。因此，互相矛盾的是甲和丙，其中必有一真。因此，乙和丁说假话。

因此得：乙和丁都没作案。答案是 D。

四、什么是"（知识）弱相关"型逻辑试题

【例 1-4】　陈华图便宜花 50 元买了双旅游鞋，结果不到一个月鞋底就断裂了；不久，他按市价的几乎一半买了件皮夹克，结果发现是仿羊皮的。于是他得出结论：便宜无好货。

陈华得出结论的思维方法，与下列哪项最为类似？

A. 李京是语文老师，他仔细地阅改了每一篇作文，得出结论：全班同学的文字表达能力普遍有提高。

B. 王江检验一批产品，第一件合格，第二件是次品，于是得出结论：这批产品不全合格。

C. 美国挑战者号航天飞机失事的原因或是设备故障，或是操作失误，联邦调查局已经找到操作失误的证据，因此得出结论：可以排除设备故障的原因。

D. 吴琼邻居的小男孩，头发有两个旋，脾气很犟；吴琼的小侄子，头发也有两个旋，

脾气也很犟。吴琼因此得出结论：头发上有两个旋的孩子，脾气很犟。

E. 吴琼认为头发有两个旋的孩子脾气很犟，因此得出结论：自己的孩子脾气不犟是因为头发上只有一个旋。

【解析】　题干的陈华和D项的吴琼的推理都犯了"以偏概全"的错误。答案是D。

【例1-5】　过去，我们在道德宣传上有很多不切实际的高调，以致不少人口头说一套、背后做一套，发生人格分裂现象。通过对此种现象的思考，有的学者提出，我们只应该要求普通人遵守"底线伦理"。

以下哪项作为"底线伦理"的定义最合适？

A. 底线伦理就是不偷盗、不杀人。

B. 底线伦理是作为一个社会普通人所应遵守的一些最起码、最基本的行为规范和准则。

C. 底线伦理不是要求人无私奉献的伦理。

D. 如果把人的道德比作一座大厦，底线伦理就是该大厦的基础部分。

E. 底细伦理是一个具有高尚人格的人所应遵守的行为规范和准则。

【解析】　A、C、D和E项都违反了相应的定义规则，因而都不正确。A项和E项不符合"定义必须相称"的规则，A项"定义过窄"，E项"定义过宽"；C项不符合"不得以否定句给正概念下定义"的规则；D项不符合"定义不得运用比喻"的规则。答案是B。

以上两题都涉及逻辑知识。例1-4涉及"以偏概全"，这是一种谬误，有关归纳推理；例1-5涉及概念的定义规则。

五、"强相关"与"弱相关"型试题的共同之处和区别

"强相关"与"弱相关"型试题都属于"知识相关型"综合能力逻辑试题。分析例1-2至例1-5，可以发现，这类试题及其应对有如下特点：

● 第一，涉及相关逻辑知识。

● 第二，不是测试考生对相关逻辑知识的掌握，而是测试考生的逻辑思维能力。

● 第三，不熟悉逻辑知识不等于不能正确解题（这是"知识相关型"试题与"知识型"试题的区别）；但掌握并正确运用相关知识在不同程度上有利于正确快速地答题。

● 第四，不难发现，与应对例1-2和例1-3这样的试题相比，熟悉相关知识对于应对例1-4和例1-5这样的试题的意义要弱得多。这就是"强相关"和"弱相关"的区别。

● 第五，应对"知识相关型"试题，应重点把握"强相关"知识点，掌握相应的可操作性解题方法。

● 第六，要正确认识"弱相关"知识在解题中的意义，不要夸大此种知识在应对能力

型逻辑测试中的意义。不要使综合能力逻辑应试准备成为无针对性的逻辑知识大复习。有些"弱相关"型试题，例如例1-5，尽管与某些逻辑知识相关，熟悉这些知识有利于解题，但在实际解题中，从思考相应的逻辑知识及其运用入手不足取，这会使原本简单的问题复杂化。对于试题，正确的方式是首先不把它作为"知识相关型"，除非发现有必要思考相关的逻辑知识及其运用。

六、什么是"独立能力型"逻辑试题

【例1-6】　参加某国际学术研讨会的60名学者中，亚裔学者31人，博士33人，非亚裔学者中无博士学位的4人。

根据上述陈述，参加此次国际研讨会的亚裔博士有几人？

A.1　　　B.2　　　C.4　　　D.7　　　E.8

【解析】　要点是两个分类。第一，亚裔学者和非亚裔学者。第二，博士和非博士。

由60名学者中亚裔学者31人，可得非亚裔学者29人。

由非亚裔学者中无博士学位的4人，可得非亚裔学者中有博士学位的（29－4＝）25人。

由博士总数33人，得亚裔博士有（33－25＝）8人。答案是E。

【例1-7】　比较文字学者张教授认为，在不同的民族语言中，字形与字义的关系有不同的表现。他提出，汉字是象征文字，其中大部分都是形声字，这些字的字形与字义相互关联；英语是拼音文字，其字形与字义往往关联度不大，需要某种抽象的理解。

以下哪项如果为真，最不符合张教授的观点？

A. 汉语中的"日""月"是象形字，从字形可以看出其所指的对象；而英语中的sun与moon则感觉不到这种形义结合。

B. 汉语中的"日"与"木"结合，可以组成"東""果""杳"等不同的字，并可以猜测其语义。英语中则不存在与此类似的sun与wood的结合。

C. 英语中，也有与汉语类似的象形文字。例如，eye是人的眼睛的象形，两个e代表眼睛，y代表中间的鼻子；bed是床的象形，b和d代表床的两端。

D. 英语中的sunlight与汉语中的"阳光"相对应，而英语中的sun与light和汉语中的"阳"与"光"相对应。

E. 汉语中的"星期三"与英语中的Wednesday和德语中的Mitwoch意思相同。

【解析】　张教授的观点是：汉字的字形与字义相互关联，英语的字形与字义关联度不大。C项不符合上述观点。答案是C。

【例1-8】　一个部落或种族在历史的发展中灭绝了，但它的文字会留传下来。"亚里洛"就是这样一种文字。考古学家是在内陆发现这种文字的。根据对所发现的这种文字的研究，专家们推测，使用"亚里洛"文字的部落或种族在历史上生活在远离海洋的寒冷地带，因为在此种文字中，表示"冬天""雪"等的文字频繁出现，但没有表示"海"的文字。

以下哪项如果为真，最能削弱上述专家的推测？

A. "亚里洛"中有表示"鱼"的文字。

B. "亚里洛"中有表示"热"的文字。

C. "亚里洛"中有表示"马"的文字。

D. "亚里洛"中没有表示"山"的文字。

E. "亚里洛"中没有表示"云"的文字。

【解析】　题干中专家进行推测的假设是，一种古文字语言中有某种文字，则使用此种文字语言的古代部落所生活的环境中就有此种文字所表示的自然物；否则就没有。E 项如果为真，说明此种假设不成立。因为任何自然环境不可能没有云。

其余各项都不能削弱题干。如 A 项不能削弱，因为鱼不一定海中才有。B 项不能削弱，因为生活在寒冷地带的部落也接触发热的自然物，例如火。答案是 E。

【例 1-9】　在桂林漓江一些有地下河流的岩洞中，有许多露出河流水面的石笋。这些石笋是由水滴长年滴落在岩石表面而逐渐积累的矿物质形成的。

如果上述断定为真，最能支持以下哪项结论？

A. 过去漓江的江面比现在高。

B. 只有漓江的岩洞中才有地下河流。

C. 漓江的岩洞中大都有地下河流。

D. 上述岩洞内的地下河流是在石笋形成后出现的。

E. 上述岩洞内地下河流的水比过去深。

【解析】　如果 E 项不成立，即上述岩洞内地下河流的水不比过去深，则该地下河流的水过去至少和现在一样深，也可能比现在还深，从而石笋的根部所在的岩石就不可能露出水面，于是题干关于石笋成因的解释就不能成立。如果 E 项不成立，则题干不成立。如果题干为真，则 E 项为真。

其余各项均不能从题干推出。例如，D 项不能从题干推出。即使上述岩洞内的地下河流是在石笋形成前出现的，只要石笋的根部所在的岩石露出水面，题干关于石笋成因的解释仍然可以成立。如果题干为真，则 D 项可能假。答案是 E。

例 1-6 至例 1-9 是独立能力型试题。这类试题的解题思考，是逻辑思考，其核心是逻辑推理。和例 1-2 至例 1-5 不同，解答独立能力型试题，不涉及逻辑知识的应用。一个逻辑学家也许可以从中分析出某种逻辑知识的运用，但即使逻辑学家自己解答此类题目，他的实际思考过程也绝不会是对这些逻辑知识有意识的运用过程。解答独立能力型试题所依据的，或者说，独立能力型试题所测试的，就是日常逻辑思维能力，这种能力为任何一个健全的思考者天生所具有。这种能力不是靠记忆，而是靠训练得到加强。正是此种能力的差异，反映出思维素养的差异。这种能力就是所谓的批判性思维能力。

与"知识相关型"试题相比，"独立能力型"试题具有较高的测试批判性思维能力的区分度。一般来说，逻辑试题与知识的相关性越强，则对批判性思维能力的区分度越低。当然，这是就其一般性而言的。特殊情况下，一道精到的知识相关型试题对于批判性思维能力的区分度，完全可能高于一道勉强的独立能力型试题。

七、A 类和 B 类：综合能力逻辑试题的基本分类和不同的应对方略

以上通过实例分析说明，MBA 逻辑试题分为独立能力型和（逻辑）知识相关型。知识相关型又分为强相关和弱相关。

强相关型试题，约定称为 B 类，其余为 A 类。如图 1-2 所示：

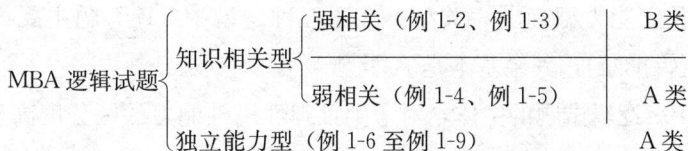

```
                    ┌ 知识相关型 ┌ 强相关（例1-2、例1-3）   B 类
MBA 逻辑试题 ┤            ┤─────────────────────────
                    │            └ 弱相关（例1-4、例1-5）   A 类
                    └ 独立能力型（例1-6 至例1-9）           A 类
```

图 1-2

把 MBA 逻辑试题分为 A、B 两类，是恰当的基本分类，因为 B 类题和 A 类题的应对方略有实质性的区别。理解和把握此种区别，对于成功应试至关重要，或者说最为重要。

应对 B 类题的方略是把握以下问题：

第一，什么是强相关的逻辑知识点？这样的知识点包括哪些？

所谓强相关，完全是基于 MBA 逻辑应试的经验概括出来的概念，指的是这样特点的逻辑知识点：第一，虽然 MBA 逻辑测试的目标不是逻辑知识而是思维能力，但毕竟是逻辑测试，掌握这些知识点，对于正确应试、摆脱解题思考的盲目性是完全必要的。第二，能给解题以某种确定性的依据，使解题过程带有某种可操作性，大大降低对思考的压力，从而降低试题的主观难度。

在 MBA 逻辑应试中，强相关知识点事实上只有为数不多的几个，它们是：

- 基本逻辑概念（"非"、"且"、"或"（"要么……要么"）、"则"）
- 条件关系
- 四个重要的等值公式
- "则"和"或"（"要么……要么"）的推理规则
- 对当关系和对偶关系

这五个知识点中，最重要的是前面四个。

第二，如何基于日常思维实际，准确理解上述知识点？

第三，如何在解题中恰当地运用上述知识点？

如果说应对 B 类题的要领是在解题中恰当运用某些知识点的话，则应对 A 类题的要领不是这样。应对 A 类题的不确定性要比应对 B 类题大得多，因此，总结应对 A 类题的方略、概括应对 A 类题的规律性方法要困难得多。对此，大家都在摸索，这是见仁见智的。

本书应对 A 类题的方略如下：

第一，阐述应对 MBA 逻辑试题要关注的若干要点：如何准确迅速地阅读、理解和概括题干？如何正确把握并恰当运用选择性思维和排除性思考？如何识别和排除干扰项？如何理解"如果为真"？如何理解"能"和"最能"？如何抓住解题之"扣"？等等。

第二，把 MBA 试题分为五种题型（论证、逻辑、语义、谬误、类比），分析概括不同题型的解题要领，其中包括在必要的地方穿插阐述弱相关知识点及其在解题中的恰当运用。

A 类题包括独立能力型和弱相关型。上述五种题型中，B 类题主要集中在逻辑推断（A 类题也多有逻辑推断），其余基本是 A 类题。

A 类题是 MBA 逻辑试题的主体，对考生批判性思维能力的区分度高于 B 类题，但 B 类题更能体现考前准备和考前辅导的意义。

在解题前，不必刻意区分是 A 类或 B 类。我们将会发现，B 类题的特征是明显的。如果一道题的 B 类特征不明显，则先当作 A 类题应对。

第二章 如何应对 B 类题

第一节 强相关逻辑知识要点

一、联结词："非"、"且"、"或"（"要么……要么"）、"则"

"非"、"且"、"或"（"要么……要么"）、"则"，这几个日常语言中常用的联结词，对于 MBA 应试，是最基本也是最重要的逻辑概念。大部分试题都离不开对这几个基本概念的含义及其关系的准确理解和恰当运用，一部分 B 类题甚至直接测试这些基本概念。

约定：以 A、B 表示命题，即有所断定的句子。命题都有真假。

(1)"非 A"（记作 ¬A）的含义是否定 A，即断定 A 是假的。显然有：

$$¬真＝假$$

$$¬假＝真$$

(2)"A 且 B"（记为 A∧B）的含义是断定 A 和 B 都真。显然有：

$$(真∧真)＝真$$

$$(真∧假)＝(假∧真)＝(假∧假)＝假$$

记住：由"且"联结的命题，只要有一个命题假，则整个命题假。

(3)"A 或 B"（记为 A∨B）的含义是断定 A 和 B 至少有一真。显然有：

$$(真∨真)＝(真∨假)＝(假∨真)＝真$$

$$(假∨假)＝假$$

记住：由"或"联结的命题，只要有一个命题真，则整个命题真。"要么 A，要么 B"是断定 A 和 B 至少有一真，且至多有一真，即 A 和 B 不都真，也不都假，一定是一真一假。

(4)"A 则 B"（记为 A→B）的含义最为重要，讨论见后。

本书引进并且只引进"¬""∧""∨""→"四个符号，分别表示"非""且""或"

"则"。运用这几个符号代替相应的汉语文字，有助于清晰地刻画试题的逻辑结构，下面就会看到此种必要性。

【思考 2-1】　知无不言，言无不尽。

以下哪项准确地表达了上述断定？

A. 知无不言∧言无不尽。

B. 知无不言∨言无不尽。

C. 要么知无不言，要么言无不尽。

D. 知无不言→言无不尽。

【解析】　答案是 A。

【思考 2-2】　人不犯我，我不犯人。人若犯我，我必犯人。

以下哪项准确地表达了上述断定？

A. 人不犯我∧我不犯人∧人若犯我∧我必犯人。

B.（人不犯我→我不犯人）∧（人若犯我→我必犯人）。

C.（人不犯我→我不犯人）∨（人若犯我→我必犯人）。

【解析】　答案是 B。

【思考 2-3】　总经理：小张和小李都提拔。

董事长：我不同意。

以下哪些项准确地表达了董事长的意思？

A. ¬提拔小张∧¬提拔小李。

B. ¬（提拔小张∧提拔小李）。

C. ¬提拔小张∨¬提拔小李。

【解析】　答案是 B 和 C。

【思考 2-4】　（1）"A 且 B"和"A 或 B"二者的相同点与不同点是什么？

（2）"A 或 B"和"要么 A，要么 B"二者的相同点与不同点是什么？

【解析】　（1）相同点："A 且 B"和"A 或 B"二者都断定 A 和 B 有一真。不同点："A 且 B"断定 A 和 B 都真，"A 或 B"断定 A 和 B 可以都真，但不一定都真。

（2）相同点："A 或 B"和"要么 A，要么 B"都断定 A 和 B 有一真。不同点："A 或 B"断定 A 和 B 可以都真，"要么 A，要么 B"断定 A 和 B 不能都真。

【思考 2-5】　以下哪项断定成立？

（1）如果"A 或 B"真，则"要么 A，要么 B"真。

（2）如果"要么 A，要么 B"真，则"A 或 B"真。

【解析】　（2）成立；（1）不成立。

【思考 2-6】　（较难）

（1）已知"A 且 B"和"A 或 B"两个断定中只有一真，能推出什么结论？

（2）已知"A 或 B"和"要么 A，要么 B"两个断定中只有一真，能推出什么结论？

【解析】　（1）"A 且 B"和"A 或 B"两个断定中只有一真，可推出"A 且 B"假（否则二者都真），"A 或 B"真。由"A 且 B"假，可推出 A 和 B 不都真，即 A 和 B 至少有一假。又由"A 或 B"真，得 A 和 B 至少有一真，因此，可推出"要么 A，要么 B"。

（2）由"A 或 B"和"要么 A，要么 B"两个断定中只有一真，可推出"要么 A，要么 B"假（否则二者都真），"A 或 B"真。由"要么 A，要么 B"假，可推出 A 和 B 都真，或 A 和 B 都假。由"A 或 B"真，可排除 A 和 B 都假。因此，A 和 B 都真，即推出"A 且 B"。

【例 2-1】　大小行星悬浮在太阳系边缘，极易受附近星体引力作用的影响。据研究人员计算，有时这些力量会将彗星从奥尔特星云拖出。这样，它们更有可能靠近太阳。两位研究人员据此分别作出了以下两种有所不同的断定：（1）木星的引力作用要么将它们推至更小的轨道，要么将它们逐出太阳系；（2）木星的引力作用或者将它们推至更小的轨道，或者将它们逐出太阳系。

如果上述两种断定只有一种为真，可以推出以下哪项结论？

A. 木星的引力作用将它们推至更小的轨道，并且将它们逐出太阳系。

B. 木星的引力作用没有将它们推至更小的轨道，但是将它们逐出太阳系。

B. 木星的引力作用将它们推至更小的轨道，但是没有将它们逐出太阳系。

D. 木星的引力作用既没有将它们推至更小的轨道，也没有将它们逐出太阳系。

E. 木星的引力作用如果将它们推至更小的轨道，就不会将它们逐出太阳系。

【解析】　题干断定：

（1）要么推至小轨道，要么逐出太阳系；

（2）推至小轨道，或者逐出太阳系。

如果（1）真，则（2）真。因此（1）假、（2）真。

由（1）假可知，以下两个情况必有一个成立：

Ⅰ. 推至小轨道并且逐出太阳系；

Ⅱ. 不推至小轨道并且不逐出太阳系。

由（2）真，得Ⅱ不成立。因此，Ⅰ成立。

因此答案是 A。

二、条件关系

（一）充分和必要

条件关系，包括充分条件和必要条件两种关系。条件关系是日常思维中涉及的最重要、最基本的逻辑关系，也是 MBA 试题多有涉及的最重要的逻辑关系。

A 是 B 的充分条件是指"如果 A 真，则 B 真"，即"有 A 一定有 B"。例如，"天下雨"是"地上湿"的充分条件，因为"天下雨且地上不湿"这种情况是不会出现的。

A 是 B 的必要条件是指"如果 A 假，则 B 假"，即"无 A 一定无 B"。例如，"年满 18 周岁"是"有选举权"的必要条件，因为"不满 18 周岁且有选举权"这种情况是不会出现的。

记住：如果 A 是 B 的充分条件，则 B 是 A 的必要条件；如果 A 是 B 的必要条件，则 B 是 A 的充分条件。例如，"天下雨"是"地上湿"的充分条件，"地上湿"就是"天下雨"的必要条件；"年满 18 周岁"是"有选举权"的必要条件，"有选举权"就是"年满18 周岁"的充分条件。

由 A 是 B 的充分条件，只能得出 B 是 A 的必要条件，不能确定 A 是否为 B 的必要条件。同样，由 A 是 B 的必要条件，只能得出 B 是 A 的充分条件，不能确定 A 是否为 B 的充分条件。如果 A 既是 B 的充分条件，又是 B 的必要条件，则称 A 是 B 是充分必要条件，简称充要条件。

充分条件和必要条件是两个不容混淆的条件关系。在日常思维中，经常发生二者的混淆。测试对这两种条件关系的准确把握，是 MBA 逻辑测试的一项重要内容。

【思考 2-7】　（摘自凤凰卫视《一虎一席谈》）

律师："孝"应当成为选拔官员的标准。一个连父母都不孝的人，怎么可能为社会尽职呢？

教授：我不同意。例如，我是个孝子，但并不适合当官。

教授的话中有什么漏洞？

【解析】　律师断定"孝"是官员合格的必要条件。教授驳斥的是："孝"是官员合格的充分条件。

（二）条件关系的四种情况

命题之间的条件关系有四种情况：

● 第一，充分但不必要。例如，"天下雨"是"地上湿"的充分条件，但不必要：天下雨，则地上湿；但天不下雨，地上不一定不湿。

● 第二，必要但不充分。例如，"年满 18 周岁"是"有选举权"必要条件，但不充分：不满 18 周岁，则没有选举权；但满 18 周岁，不一定有选举权。

● 第三，既充分又必要。例如，同一个三角形的"三边相等"和"三角相等"，二者之间既充分，又必要：边都相等，则角都相等；边有一个不等，则角必有一个不等。

● 第四，不构成条件关系。

【思考 2-8】　（1）"犯罪"是"违法"的（　　　）。

(2) "认识错误"是"改正错误"的（　　）。

(3) "吸烟"是"患肺癌"的（　　）。

A. 充分但不必要条件。

B. 必要但不充分条件。

C. 充分必要条件。

D. 不构成条件关系。

【解析】　（1）的答案是 A；（2）的答案是 B；（3）的答案是 D。

（三）条件关系的日常语言表达

日常语言对充分条件关系的陈述一般比较明确，而对必要条件关系的陈述就比较复杂，要用心理解。

"A 是 B 的充分条件"常用的陈述方式是：

● 如果 A，则 B

● 一旦 A，就 B

● 只要 A，就 B

"A 是 B 的必要条件"常用的陈述方式是：

● 只有 A，才 B

● 不 A，则不 B

● B，必须 A

● 除非 A，否则不 B

"A 是 B 的充要条件"日常表达方式是：

● 如果 A，则 B，并且只有 A，才 B

A 当且仅当 B 是表达充要条件的逻辑专业术语，日常语言不这样表达。

【思考 2-9】　（1）如果出现贫富分化，则说明改革失败。因此，避免贫富分化是保证改革成功的：

A. 充分条件。　　B. 必要条件。　　C. 充要条件。　　D. 不构成条件关系。

【解析】　答案是 B。

（2）如果要巩固经济体制改革的成果，就必须进行政治体制的改革。因此，政治体制改革是巩固经济体制改革的成果的：

A. 充分条件。　　B. 必要条件。　　C. 充要条件。　　D. 不构成条件关系。

【解析】　答案是 B。

（3）除非铲除腐败，否则国家就不能长治久安。因此，铲除腐败是国家长治久安的：

A. 充分条件。　　B. 必要条件。　　C. 充要条件。　　D. 不构成条件关系。

【解析】　答案是 B。

（4）如果在标准大气压下，气温降到摄氏零度以下，则水就会结冰。因此，标准大气压是水结冰的：

　　A. 充分条件。　　B. 必要条件。　　C. 充要条件。　　D. 不构成条件关系。

【解析】　答案是 D。

（5）只有来自西部的贫困生，才能领取特别助学贷款。因此，西部贫困生是领取特别助学贷款的：

　　A. 充分条件。　　B. 必要条件。　　C. 充要条件。　　D. 不构成条件关系。

【解析】　答案是 B。

（四）用"→"表达（充分、必要）条件关系

"A→B"表示"A 是 B 的充分条件"。A 是 B 的充分条件，当且仅当 B 是 A 的必要条件。因此"A→B"同时表示"B 是 A 的必要条件"。

这说明，充分条件和必要条件都可以只用"→"表达。这一点对于 MBA 应试解题很有意义。

由"→"表达的条件关系式称为蕴涵式。在"A→B"中，A 称为前件，B 称为后件。对于任一蕴涵式，前件是后件的充分条件；后件是前件的必要条件。充分条件和必要条件是两种不同的条件关系。逻辑教科书处理这两种不同条件关系的推理，有不同的推理规则。教科书的此种处理，在 MBA 应试中可以简化。既然充分条件和必要条件都可以只用"→"表达，则不论是处理充分条件，还是处理必要条件，相关的推理依据关于"→"的规则就可以了。不夸张地说，关于"→"的推理规则是 MBA 逻辑应试中最重要的要点，下面就要讲到，这里先提一下。

"→"的规则是：

- 肯定前件可以肯定后件
- 否定后件可以否定前件
- 否定前件不能否定后件
- 肯定后件不能肯定前件

因此，在解题中，处理条件关系的步骤是：第一，用"→"准确地表示日常语言用各种方式陈述的条件关系；第二，正确运用"→"的规则。

（五）逆否式

由"否定后件可以否定前件"，得

$$A \rightarrow B = \neg\, B \rightarrow \neg\, A$$

以上等式的两边互称"逆否式"。一个公式和它的逆否式在逻辑上等值。

【思考 2-10】　用→表达以下断定，并分别写出前三命题的逆否式：

（1）如果出现贫富分化，则说明改革失败。

（2）如果要巩固经济体制改革的成果，就必须进行政治体制的改革。

（3）除非铲除腐败，否则国家就不能长治久安。

（4）如果在标准大气压下，气温降到摄氏零度以下，则水就会结冰。

（5）只有来自西部的贫困生，才能领取特别助学贷款。

【解析】

（1）贫富分化→改革失败

　　＝¬改革失败→¬贫富分化；

（2）巩固经济体制改革的成果→政治体制的改革

　　＝¬政治体制的改革→¬巩固经济体制改革的成果；

（3）¬铲除腐败→国家就不能长治久安

　　＝国家长治久安→铲除腐败；

（4）（标准大气压∧摄氏零度以下）→水结冰；

（5）领取特别助学贷款→（西部∧贫困）。

【思考 2-11】　只要不下雨，就开运动会。

以下哪（些）项正确地表达了上述断定？

A. 不下雨是开运动会的必要条件。

B. 下雨是不开运动会的充分条件。

C. 开运动会是不下雨的充分条件。

D. 开运动会是不下雨的必要条件。

E. 不开运动会是下雨的充分条件。

【解析】　"只要不下雨，就开运动会"的结构是：

$$¬下雨→开运动会$$

$$＝¬开运动会→下雨$$

前面已经指出，"→"所表达的条件关系是：前件是后件的充分条件；后件是前件的必要条件。因此，由上述两个等值地表达题干的公式，不难得出结论：

● 不下雨是开运动会的充分条件

● 开运动会是不下雨的必要条件（D项）

● 不开运动会是下雨的充分条件（E项）

● 下雨是不开运动会的必要条件

答案是 D 和 E。

（六）"除非……否则……"的准确刻画

在日常语言对条件关系的陈述方式中，"除非……否则……"的理解与表示是最复杂的。

上面提到，"除非 A，否则不 B"，是断定 A 是 B 的必要条件，可表示为"B→A"。以下的陈述所表达的条件关系，该如何准确表达呢？

- 除非 A，否则 B
- 除非不 A，否则不 B
- 除非不 A，否则 B
- A，否则 B
- A，除非 B

在应试中，如果完全着眼于内容含义，快速并准确地理解刻画上述陈述，则对于一般考生来说有一定的难度。下面来介绍一种简明的方法。

"否则"的中文表达所包含的两个词"否"和"则"，正好分别对应于"¬"和"→"。"除非……否则……"的意思是"如果否定……则……"，即"¬……→……"。遇到"……否则……"这样的句子时，需要记住，"否"是否"否则"前面的断定；"则"是则"否则"后面的断定。因此：

- 除非 A，否则 B   = ¬A→B
- 除非 A，否则不 B   = ¬A→¬B
- 除非不 A，否则 B   = A→B
- 除非不 A，否则不 B= A→¬B

在陈述条件关系时，"除非"和"否则"是一种确定的搭配，在实际陈述中，有时会省略其中的一个。在解题分析中，应把省略的那个补上，并整理成规范形式。例如，"A，除非 B"省略了"否则"，补充整理的规范形式是"除非 B，否则 A"。

【思考 2-12】　不想当将军的士兵就不是好士兵。

以下哪（些）项符合上述断定？

A. 除非不是好士兵，否则一定想当将军。

B. 除非想当将军，否则就不是好士兵。

C. 除非是好士兵，否则就不想当将军。

D. 除非不想当将军，否则就一定是好士兵。

【解析】　题干和各选项的结构可分析表达如下。显然，只有 A 项和 B 项符合题干。

题干：不想当将军的士兵就不是好士兵。

$$¬想当将军→¬好士兵$$

A. 除非不是好士兵，否则一定想当将军。

$$¬不是好士兵→想当将军$$

$$＝好士兵→想当将军$$

B. 除非想当将军，否则就不是好士兵。

$$¬想当将军→¬好士兵$$

C. 除非是好士兵，否则就不想当将军。

$$¬好士兵 →¬想当将军$$

D. 除非不想当将军，否则就一定是好士兵。

$$¬不想当将军→好士兵$$

$$＝想当将军→好士兵$$

A 项是题干的逆否式，符合"→"的规则：否定后件可以否定前件。

B 项同题干。

C 项不符合题干，违反"→"的规则：肯定后件不能肯定前件。

D 项不符合题干，违反"→"的规则：否定前件不能否定后件。

答案是 A 和 B。

【思考 2-13】　以下是条件关系最常用的日常表达形式，试用"→"表示：

（1）如果 A，则 B。

（2）只要 A，就 B。

（3）只有 A 才 B。

（4）如要 B，必须 A。

（5）除非 A，否则不 B。

【解析】

（1）A→B；

（2）A→B；

（3）B→A；

（4）B→A；

（5）¬ A →¬ B（＝B→A）。

【思考 2-14】　用"→"表示下列条件关系：

（1）有 A，就不会没 B。

（2）只要有 A，就不会有 B。

（3）如果没 A，就不会有 B。

（4）要有 A，必须有 B。

（5）只有无 A，才有 B。

（6）除非没 A，否则一定有 B。

（7）无 B，除非有 A。

（8）有 B，否则无 A。

（9）A 和 B 至少有一，否则 C。

（10）要有 A，B 和 C 缺一不可。

（11）要有 A，B 和 C 至少有一。

（12）要有 A，B 和 C 不可都有。

【解析】

（1）A→B；（2）A→¬ B；（3）¬ A→¬ B；（4）A→B；（5）B→¬ A；（6）A→B；（7）¬ A→¬ B；（8）¬ B→¬ A；（9）¬（A∨B）→C；（10）A→（B∧C）；（11）A→（B∨C）；（12）A→¬（B∧C）。

（七）综合样题

【例 2-2】　孔子说："己所不欲，勿施于人。"

以下哪项符合孔子的意思？

Ⅰ. 只有己所欲，才能施于人。

Ⅱ. 若己所欲，则施于人。

Ⅲ. 除非己所欲，否则不施于人。

Ⅳ. 凡施于人的都应该是己所欲的。

A. 只有Ⅰ和Ⅱ。

B. 只有Ⅰ和Ⅲ。

C. 只有Ⅰ、Ⅲ和Ⅳ。

D. Ⅰ、Ⅱ、Ⅲ和Ⅳ。

E. Ⅰ、Ⅱ、Ⅲ和Ⅳ都不符合。

【解析】　题干中孔子断定："己所欲"是"施于人"的必要条件。

Ⅰ和Ⅲ断定"己所欲"是"施于人"的必要条件；Ⅳ断定"施于人"是"己所欲"的充分条件，这等于断定："己所欲"是"施于人"的必要条件。

Ⅱ断定"己所欲"是"施于人"的充分条件，不符合题干。

题干与各选项的结构可表示如下：

题干（孔子）"己所不欲，勿施于人。"＝¬己所欲→¬施于人

　Ⅰ　只有己所欲，才能施于人。　＝ 施于人→己所欲　　　√

　Ⅱ　若己所欲，则施于人。　　　＝ 己所欲→施于人　　　×

　Ⅲ　除非己所欲，否则不施于人。＝¬己所欲→¬施于人　　√

Ⅳ 凡施于人的都应该是己所欲的。 ＝ 施于人→己所欲 √

答案是 C。

【例 2-3】 经理说："有了自信不一定赢。"董事长回应说："但是没有自信一定会输。"

以下哪项与董事长的意思最为接近?

A. 不输即赢,不赢即输。

B. 如果自信,则一定会赢。

C. 只有自信,才可能不输。

D. 除非自信,否则不可能输。

E. 只有赢了,才可能更自信。

【解析】 题干概括:"￢自信→输"。

各选项中,只有 C 项等同于董事长的断定。

A. 赢↔￢输;

B. 自信→赢;

C. ￢输→自信;

D. ￢自信→￢输;

E. 自信→赢。

答案是 C。

三、四个重要的等值公式

(一) 公式的等值

上面提到,一个蕴涵式命题和它的逆否式是等值的。

两个公式等值,是指在任何情况下,它们的真假情况都一样。如果其中一个成立,则另一个成立;如果其中一个不成立,则另一个不成立。二者之间是当且仅当的充要条件关系。两个等值的公式,形式可以不一样,但表达相同的逻辑内容。

有的等值关系,靠直觉不难把握,如一个蕴涵式命题和它的逆否式,即"A→B"与"￢B→￢A"等值。但有的等值关系难以靠直觉来把握,如下例。

【思考 2-15】 总经理说:如果提拔小张,就要提拔小李。

董事长说:我不同意。

以下哪项等同于董事长的意思?

A. 如果提拔小张,则不能提拔小李。

B. 小张要提拔,但小李不能提拔。

【解析】 此题的正确答案是 B。凭直觉很可能选 A。为什么答案是 B 而不是 A？因为 A 符合董事长的意思，但不等同于董事长的意思；而 B 等同于董事长的意思。

此题的结构如下：

总经理：张→李。

董事长：¬（张→李）。

A. 张→¬李

B. 张∧¬李

答案是 B。因为"¬（张→李）"和"张∧¬李"等值。一般地，"¬（A→B）"和"A∧¬B"等值。

逻辑学有判定公式等值的一般性方法，应对 MBA 测试不需要掌握这些方法，只需要记住并正确运用以下四个重要的等值公式：

$$¬（A∧B）=(¬A∨¬B)$$
$$¬（A∨B）=(¬A∧¬B)$$
$$¬（A→B）=(A∧¬B)$$
$$(A∨B)=(¬A→B)$$

（二）德摩根律

以下两个等值公式称为德摩根律：

$$¬（A∧B）=(¬A∨¬B)$$
$$¬（A∨B）=(¬A∧¬B)$$

例如：

（并非：小张既高又胖）＝小张不高或者小张不胖

（并非：小张失约或者他没有接到通知）＝小张没有失约并且他接到了通知

记住：根据德摩根律，否定"且"，得到"或"；否定"或"，得到"且"。这要成为我们的逻辑直觉。

【思考 2-16】 分别写出与下列命题等值的肯定命题。

（1）并非：小张既不高又不胖。

（2）并非：小张高而不胖。

（3）并非：小张不高但胖。

（4）并非：不游香山或者不登长城。

（5）并非：游香山或者不登长城。

（6）并非：不游香山或者登长城。

【解析】 （1）小张高或者胖；（2）小张不高或者胖；（3）小张高或者不胖；（4）既

游香山又登长城；（5）不游香山但登长城；（6）游香山但不登长城。

顺便提一下：¬（要么 A，要么 B）＝（A∧B）∨（¬A∧¬B）。不难理解：否定"要么 A，要么 B"，就是断定"要么 A，要么 B"是假的；"要么 A，要么 B"只有在 A 和 B 二者都真或者都假的情况下是假的。

（三）条件关系的否定

否定"且"，得到"或"；否定"或"，得到"且"。那么，否定"则"得到什么呢？记住下面这个在应试中多有应用的公式：

$$¬（A→B）＝（A∧¬B）$$

这个等式是怎么得到的？A→B 的含义是：A 是 B 的充分条件，即有 A 一定有 B，不会有 A 而无 B。用公式表示则为

$$（A→B）＝¬（A∧¬B）$$

等式两边同时否定，得

$$¬（A→B）＝¬¬（A∧¬B）$$

由此得到

$$¬（A→B）＝（A∧¬B）$$

多种类型的 MBA 试题可能涉及上面这个公式，以下三道例题是三种不同的类型。可以用不同的解法对比一下：仅凭日常思维，也能解答下列各题；但借助上面这个公式，可使思考大为简明。

【例 2-4】 总经理：如果提拔小张，那么要提拔小李。

以下哪项如果为真，说明总经理的上述承诺没有兑现？

A. 小张没提拔，但小李提拔了。

B. 小张和小李都没提拔。

C. 小张提拔了，但小李没提拔。

D. 小张和小李都提拔了。

E. 小张和小李至少提拔了一个。

【解析】 总经理承诺：张→李。

$$¬（张→李）＝（张∧¬李）$$

答案是 C。

【例 2-5】 总经理：如果提拔小张，那么要提拔小李。

董事长：既然你作出了此承诺，那为什么提拔了小李，却没有提拔小张？

董事长最可能把总经理的承诺理解为：

A. 小张和小李都不提拔。

B. 小张和小李至少要提拔一个。

C. 只有提拔小李，才能提拔小张。

D. 只有提拔小张，才能提拔小李。

E. 除非提拔小李，否则不提拔小张。

【解析】

总经理：张→李

董事长：李∧¬张 ＝ ¬（李→张）

董事长否定的是"李→张"，即"只有提拔小张，才能提拔小李"，这说明他把总经理的承诺理解为"只有提拔小张，才能提拔小李"。答案是 D。

【例 2-6】   总经理：如果提拔小张，那么要提拔小李。

董事长：只有提拔小张，才提拔小李。

人事部长：提拔小张，但不提拔小李。

如果上述三个承诺中只有一个兑现，可推出以下哪个结论？

A. 小张和小李都被提拔。

B. 小张和小李都未被提拔。

C. 小张被提拔，小李未被提拔。

D. 小张未被提拔，小李被提拔。

E. 以上结论都不能被推出。

【解析】   总经理：张→李

董事长：李→张

人事部长：张∧¬李

总经理和人事部长的承诺互相矛盾，必有一个兑现。因此，董事长的承诺没有兑现。由此可推出：

¬（李→张）＝李∧¬张

即小张未被提拔，小李被提拔。答案是 D。

上面三个等值公式都涉及否定。否定是一种重要的逻辑思考形式，MBA 试题对否定多有涉及。以下思考题是关于否定的练习。

【思考 2-17】   分别指出在何种情况下以下各项承诺没有兑现。

（1）不提拔李，但提拔赵。

（2）李和赵至少提拔一人。

（3）除非不提拔李，否则提拔赵。

（4）如果提拔李，就不能提拔赵。

（5）李和赵至多提拔一人。

（6）只有提拔李，才提拔赵。

（7）罚款，或者停业。

（8）要么罚款，要么停业。

【解析】　要断定在何种情况下某项承诺没有兑现，方法是，先分析该项承诺的结构，并对其否定，否定所得出的结果，就是所要断定的情况。

第（1）项承诺的结构是：¬李∧赵。则：

$$¬（¬李∧赵）＝李∨¬赵$$

因此，在提拔李或不提拔赵的情况下，承诺（1）没有兑现。

第（2）项承诺的结构是：李∨赵。则：

$$¬（李∨赵）＝¬李∧¬赵$$

因此，在李和赵都不提拔的情况下，承诺（2）没有兑现。

第（3）项承诺的结构是：¬（¬李）→赵 ＝ 李→赵。则：

$$¬（李→赵）＝李∧¬赵$$

因此，在提拔李但不提拔赵的情况下，承诺（3）没有兑现。

第（4）项承诺的结构是：李→¬赵。则：

$$¬（李→¬赵）＝李∧赵$$

因此，在李和赵都提拔的情况下，承诺（4）没有兑现。

第（5）项承诺的结构是：¬（李∧赵）＝¬李∨¬赵。则：

$$¬（¬李∨¬赵）＝李∧赵$$

因此，在李和赵都提拔的情况下，承诺（5）没有兑现。

第（6）项承诺的结构是：赵→李。则：

$$¬（赵→李）＝赵∧¬李$$

因此，在提拔赵但不提拔李的情况下，承诺（6）没有兑现。

第（7）项承诺的结构是：罚款∨停业。则：

$$¬（罚款∨停业）＝¬罚款∧¬停业$$

因此，在既未罚款又未停业的情况下，承诺（7）没有兑现。

第（8）项承诺的结构是：要么罚款，要么停业。则：

$$¬（要么罚款，要么停业）＝（罚款∧停业）∨（¬罚款∧¬停业）$$

因此，在既罚款又停业或者既未罚款又未停业的情况下，承诺（8）没有兑现。

【例 2-7】　小张是某公司营销部的员工。公司经理对他说："如果你争取到这个项目，我就奖励你一台笔记本电脑或者给你项目提成。"

以下哪项如果为真，说明该经理没有兑现承诺？

A. 小张没有争取到这个项目，该经理没有给他项目提成，但送了他一台笔记本电脑。

B. 小张没有争取到这个项目，该经理没奖励给他笔记本电脑，也没给他项目提成。

C. 小张争取到了这个项目，该经理给他项目提成，但并未奖励他笔记本电脑。

D. 小张争取到了这个项目，该经理奖励他一台笔记本电脑并给他三天假期。

E. 小张争取到了这个项目，该经理未给他项目提成，但只奖励了他一台台式电脑。

【解析】 题干的承诺是：

$$争取到项目 \rightarrow （笔记本电脑 \lor 提成）$$

这一承诺的否定是：

$$争取到项目 \land \neg 笔记本电脑 \land \neg 提成$$

即只有在"争取到项目，但既未得笔记本电脑又未获提成"的情况下，才能说明题干的承诺没有兑现。答案是 E。

【例 2-8】 在家电产品"三下乡"活动中，某销售公司的产品受到了农村居民的广泛欢迎。该公司总经理在介绍经验时表示：只有用最流行畅销的明星产品面对农村居民，才能获得他们的青睐。

以下哪项如果为真，最能质疑总经理的论述？

A. 某品牌电视由于其较强的防潮能力，尽管不是明星产品，仍然获得了农村居民的青睐。

B. 流行畅销的明星产品由于价格偏高，没有赢得农村居民的青睐。

C. 流行畅销的明星产品只有质量过硬，才能获得农村居民的青睐。

D. 有少数娱乐明星为某些流行畅销的产品做虚假广告。

E. 流行畅销的明星产品最适合城市中的白领使用。

【解析】 题干断定：

$$青睐 \rightarrow 明星产品$$

其否定是：

$$青睐 \land \neg 明星产品$$

因此，A 项最能质疑。

(四)"或"与"则"的等值置换

"或"与"则"的等值置换，是指以下等值公式成立：

$$(A \lor B) = \neg A \rightarrow B$$
$$(A \rightarrow B) = (\neg A \lor B)$$

上述两个等式不是独立的。也就是说，由其中的一个等式成立，显然可以证明另一个等式成立。

上述等值公式说明，在日常表达中，可以用"则"来替代"或"，或者用"或"来替代"则",而不改变所表达的逻辑内容。

第一个等式是说,可以用"则"来替代"或"。这比较直观,例如,"小李当选或小张当选",可以表达为"如果小李不当选,则小张当选"。

第二个等式是说,可以用"或"来替代"则"。这不太直观。例如,"如果天下雨,则地上湿",可以表达为"天不下雨,或者地上湿"。

不管其直观程度如何,这种"或"与"则"的等值置换是普遍成立的。应对 MBA 逻辑测试,需要使这种等值置换如同德摩根律那样成为一种直觉。

"或"与"则"的等值置换,有一种简单的操作方法,这种方法可以使这种替代不必经过对命题具体内容的思考。

"或"与"则"的等值置换,无非是使原来"或"的左件和右件,适当地分别成为"则"的前件和后件;或者使原来"则"的前件和后件,适当地分别成为"或"的左件和右件。方法是:

● 第一,保持右件(后件)公式不变。
● 第二,改变左件(前件)公式的否定符。

所谓改变一个公式的否定符是指,如果该公式前端无否定符,则加上否定符;如果该公式前端有否定符,则删去该否定符。例如:

$$(\neg A \vee B) = A \rightarrow B$$
$$(A \rightarrow \neg B) = (\neg A \vee \neg B)$$

【思考 2-18】 对下列各项进行"或""则"等值置换:

(1) 李和赵至少提拔一人。
(2) 李和赵至多提拔一人。
(3) 除非不提拔李,否则提拔赵。
(4) 如果提拔李,就不能提拔赵。
(5) 只有提拔李,才提拔赵。
(6) 除非同时提拔李和赵,否则不提拔张。

【解析】

(1) 李∨赵=¬李→赵。
(2) ¬(李∧赵)= ¬李∨¬赵 = 李→¬赵。
(3) ¬(¬李)→赵 = 李→赵 = ¬李∨赵。
(4) 李→¬赵 = ¬李∨¬赵。
(5) 赵→李 =¬赵∨李。
(6) ¬(李∧赵)→¬张 =(李∧赵)∨¬张。

【例 2-9】 临江市地处东部沿海,下辖临东、临西、江南、江北四个区,近年来,文化旅游产业成为该市的经济增长点。2010 年，该市一共吸引全国数十万人次游客前来参观旅游。12月底，关于该市四个区吸引游客人数多少的排名，各位旅游局长作了如下预测。

临东区旅游局长：如果临西区第三，那么江北区第四。

临西区旅游局长：只有临西区不是第一，江南区才是第二。

江南区旅游局长：江南区不是第二。

江北区旅游局长：江北区第四。

最终的统计表明，只有一位局长的预测符合事实，则临东区当年吸引游客人次的排名是：

A. 第一。　　B. 第二。　　C. 第三。　　D. 第四。　　E. 在江北区之前。

【解析】　这是 2012 年一道有难度的真题。由题干，以下四个断定只有一真：

①临西第三→江北第四；

②江南第二→¬临西第一；

③¬江南第二；

④江北第四。

这是一种常见题型。解答这类题，首先分析诸断定中是否有两个互相矛盾（因为互相矛盾的断定必有一真）；如果没有断定互相矛盾，则再分析哪个断定如果真，则必有另一断定也真，因而该断定假。

上述四个断定中，没有两个互相矛盾。是否有一个断定真，另一个也真呢？这里，把题干的前两个断定中的"则"，用"或"加以置换，可使解题思考豁然开朗。

①临西第三→江北第四＝¬临西第三∨江北第四；

②江南第二→¬临西第一＝¬江南第二∨¬临西第一。

由此，题干的条件可如下述：

①¬临西第三∨江北第四；

②¬江南第二∨¬临西第一；

③¬江南第二；

④江北第四。

如果③真，则②真，因此③假；如果④真，则①真，因此④假。由③和④假，得江南是第二，江北不是第四，即江北和江南都不是第四，第四只可能是临西或临东。如果①假，则临西第三；如果②假，则临西第一。①和②必有一假，因此，临西不可能是第四。结论：第四是临东。答案是 D。

这是一道难度较大的真题，但上述整个解题思考不超过一分钟。从历年的真题来看，只要思考得法，都可以在一分钟内"搞定"，问题是如何"思考得法"。如果一道真题，文字解析篇幅很长，即使每一步都无误，也不会是思考所需要的。

【例 2-10】 近日，某集团高层领导研究了发展方向问题。王总经理认为：既要发展纳米技术，也要发展生物医药技术；赵副总经理认为：只有发展智能技术，才能发展生物医药技术；李副总经理认为：如果发展纳米技术和生物医药技术，那么也要发展智能技术。最后经过董事会研究，只有其中一位的意见可被采纳。

根据以上陈述，以下哪项符合董事会的研究决定？

A. 发展纳米技术和智能技术，但是不发展生物医药技术。

B. 发展生物医药技术和纳米技术，但是不发展智能技术。

C. 发展智能技术和生物医药技术，但是不发展纳米技术。

D. 发展智能技术，但是不发展纳米技术和生物医药技术。

E. 发展生物医药技术、智能技术和纳米技术。

【解析】 题干概括：

$$王：纳米 \wedge 生物$$
$$赵：生物 \rightarrow 智能 = \neg\ 生物 \vee 智能$$
$$李：（纳米 \wedge 生物）\rightarrow 智能$$
$$= \neg（纳米 \wedge 生物）\vee 智能$$
$$= \neg 纳米 \vee \neg 生物\ \vee 智能$$

即：

$$王：纳米 \wedge 生物$$
$$赵：\neg 生物 \vee 智能$$
$$李：\neg 纳米 \vee \neg 生物 \vee 智能$$

除 B 项外，其余各项都断定发展智能技术。如果发展智能技术，则赵和李的意见都被采纳，违反条件，因此，除 B 项外，其余各项都可排除。

在 B 项断定的情况下，王的意见被采纳，赵和李的意见不能被采纳，即只有一位的意见被采纳，符合题干。

答案是 B。

（五）综合样题

【例 2-11】 要发展，必须稳定。

以下哪项的意思都和题干的断定相同？

Ⅰ. 保持稳定，就能发展。

Ⅱ. 除非稳定，否则不能发展。

Ⅲ. 或者稳定，或者不发展。

A. 只有Ⅰ。　B. 只有Ⅱ。　C. 只有Ⅲ。　D. 只有Ⅱ和Ⅲ。　E. Ⅰ、Ⅱ和Ⅲ。

【解析】　题干：发展→稳定。

Ⅰ. 稳定→发展　　　×

Ⅱ. ¬稳定→¬发展　　√

Ⅲ. 稳定∨¬发展　　√

答案是 D。

【例 2-12】　航空公司承诺：只要不起雾，飞机就按时起飞。

以下哪项如果为真，说明航空公司的承诺没有兑现？

Ⅰ. 没起雾，但飞机没按时起飞。

Ⅱ. 起雾，但飞机仍然按时起飞。

Ⅲ. 起雾，飞机航班延期。

A. 只有Ⅰ。　B. 只有Ⅱ。　C. 只有Ⅲ。　D. 只有Ⅱ和Ⅲ。　E. Ⅰ、Ⅱ和Ⅲ。

【解析】　承诺：

$$¬起雾→起飞$$

否定该承诺：

$$¬（¬起雾→起飞）$$
$$=¬起雾∧¬起飞$$

答案是 A。

【例 2-13】　鱼和熊掌不可兼得。

以下哪项断定符合题干的断定？

Ⅰ. 鱼和熊掌皆不可得。

Ⅱ. 鱼不可得或熊掌不可得。

Ⅲ. 如果鱼可得则熊掌不可得。

A. 只有Ⅰ。　B. 只有Ⅱ。　　C. 只有Ⅲ。　　D. Ⅱ和Ⅲ。　E. Ⅰ、Ⅱ和Ⅲ。

【解析】

$$¬（鱼∧熊掌）　　　（题干）$$
$$=¬鱼∨¬熊掌　　　（Ⅱ）$$
$$=鱼→¬熊掌　　　（Ⅲ）$$
$$≠ ¬鱼∧¬熊掌　　　（Ⅰ）$$

答案是 D。

四、命题推理的基本规则

（一）"→"："则"的推理规则

约定：在"A→B"中，A 称为"前件"，B 称为"后件"。

"→"的规则是：

> 肯定前件可以肯定后件；否定后件可以否定前件；
>
> 否定前件不能否定后件；肯定后件不能肯定前件。

它是处理条件关系推理的规则。

充分条件和必要条件都可用"→"表达，因此不论是处理充分条件，还是处理必要条件，依据关于"→"的规则就可以了。

在解题中，处理条件关系的步骤是：

● 第一，用"→"准确地表示日常语言用各种方式陈述的条件关系。

● 第二，正确运用"→"的规则。

相应于上述"→"的四条规则，"则"的推理有两个有效式、两个无效式。

肯定前件式（有效式）

例示 1：

如果患肺炎，则会发高烧	患肺炎→会发高烧
小张患肺炎	（小张）患肺炎
所以，小张会发高烧	（小张）会发高烧

例示 2：

只有年满 18 周岁，才有选举权	有选举权→年满 18 周岁
小张有选举权	（小张）有选举权
所以，小张年满 18 周岁	小张年满 18 周岁

否定后件式（有效式）

例示 1：

如果患肺炎，则会发高烧	患肺炎→会发高烧
小张未发高烧	¬（小张）发高烧
所以，小张未患肺炎	¬（小张）患肺炎

例示 2：

只有年满 18 周岁，才有选举权	有选举权→年满 18 周岁
小张未满 18 周岁	¬（小张）年满 18 周岁
所以，小张没有选举权	¬（小张）有选举权

否定前件式（无效式）

例示 1：

如果患肺炎，则会发高烧	患肺炎→会发高烧
小张未患肺炎	¬（小张）患肺炎
所以，小张不会发高烧	¬（小张）会发高烧

例示 2：

只有年满 18 周岁，才有选举权	有选举权→年满 18 周岁
小张没有选举权	¬（小张）有选举权
所以，小张未满 18 周岁	¬（小张）年满 18 周岁

肯定后件式（无效式）

例示 1：

如果患肺炎，则会发高烧	患肺炎→会发高烧
小张发高烧	（小张）发高烧
所以，小张患肺炎	（小张）患肺炎

例示 2：

只有年满 18 周岁，才有选举权	有选举权→年满 18 周岁
小张年满 18 周岁	（小张）年满 18 周岁
所以，小张有选举权	（小张）有选举权

【思考 2-19】　写出下列条件推理的简记式，判定其是否成立，并指出是"则"的推理的何种有效式或无效式？

（1）只有调查，才有发言权。我调查了，当然有发言权。

（2）是老头，则一定是老人。老张不是老头，所以老张不是老人。

（3）除非有作案动机，否则不可能作案。某甲没有作案动机，所以他不可能作案。

（4）能被 6 整除，则一定能被 2 整除。8 能被 2 整除，所以 8 一定能被 6 整除。

【解析】

（1）

| 有发言权→调查 |
| （我）调查 |
| （我）有发言权 |

肯定后件式，无效。

（2）

| 老头→老人 |
| （老张）¬老头 |
| （老张）¬老人 |

否定前件式，无效。

（3）

| ¬动机→¬作案 |
| （某甲）¬动机 |
| （某甲）¬作案 |

肯定前件式，有效。

（4）　　　　　　　　被 6 整除→被 2 整除

　　　　　　　　　　8 被 2 整除

　　　　　　　　　　8 被 6 整除

肯定后件式，无效。

【例 2-14】　　所谓动态稳定中的"动态"，天然就包含了异见，包含了反对。只有能够包容异见和反对的稳定，才是真正的动态稳定，也才是可持续的和健康的稳定。邓小平一直主张，要尊重和支持人民的宣泄权利。只要处置得当，就可化"危"为"机"。

　　如果以上陈述为真，以下哪项陈述一定为真？

A. 如果处置不当，则会转"机"为"危"。

B. 倘若化"危"为"机"，说明处置得当。

C. 如果包容异见和反对，则会达成真正的动态稳定。

D. 如果不能包容异见和反对，则不能达成真正的动态稳定。

E. 以上各项都不一定为真。

【解析】答案是 D。

题干断定：

（1）只有能够包容异见和反对的稳定，才是真正的动态稳定

　　 = 真正的动态稳定→ 能够包容异见和反对；

（2）只要处置得当，就可化"危"为"机"

　　 = 处置得当→可化"危"为"机"。

A 错误，否定前件不能否定后件；B 错误，肯定后件不能肯定前件；C 错误，肯定后件不能肯定前件；D 正确，否定后件可以否定前件。

【例 2-15】　　只有通过身份认证的人才允许上公司内网，如果没有良好的业绩就不可能通过身份认证，张辉有良好的业绩而王纬没有良好的业绩。

　　如果上述断定为真，则以下哪项一定为真？

A. 允许张辉上公司内网。

B. 不允许王纬上公司内网。

C. 张辉通过身份认证。

D. 有良好的业绩，就允许上公司内网。

E. 没有通过身份认证，就说明没有良好的业绩。

【解析】　　题干断定：

上网→身份认证→良好业绩

张辉：良好业绩

王纬：¬良好业绩

根据"否定后件可以否定前件"，可得"不允许王纬上公司内网"；根据"肯定后件不能肯定前件"，不能得"允许张辉上公司内网"。因此，答案是 B，不是 A。

"→"表达式，逻辑上称为蕴涵式。如果第一个蕴涵式的后件是第二个蕴涵式的前件，可合成为一个连续蕴涵式。对于一个包含不止一个"→"符号的连续蕴涵式，相应的规则是：肯定其中的某个前件，可以肯定此后的任一后件；否定其中的某个后件，可以否定此前的任一前件。

（二）"∨"："或"的推理规则

"A 或 B"断定：A 和 B 至少有一真，即不能都假，但可以都真。相应地，"或"的推理有一个有效式、一个无效式。

否定肯定式（有效式）

一般结构是：

A∨B		A∨B
¬A	/	¬B
所以，B		所以，A

例如：

太阳队出局是技术原因或心理原因		太阳队出局是技术原因或心理原因
太阳队出局不是技术原因	/	太阳队出局不是心理原因
因此，太阳队出局是心理原因		因此，太阳队出局是技术原因

结构是：

技术原因∨心理原因		技术原因∨心理原因
¬技术原因	/	¬心理原因
心理原因		技术原因

上述推理是正确的。

肯定否定式（无效式）

一般结构是：

A∨B		A∨B
A	/	B
所以，¬B		所以，¬A

例如：

太阳队出局是技术原因或心理原因		太阳队出局是技术原因或心理原因
太阳队出局是技术原因	/	太阳队出局是心理原因
因此，太阳队出局不是心理原因		因此，太阳队出局不是技术原因

结构是：

技术原因∨心理原因　　　　　　　　　技术原因∨心理原因

技术原因　　　　　　　　　　　／　　　心理原因

¬心理原因　　　　　　　　　　　　　　¬技术原因

上述推理是错误的。

【例 2-16】　王涛和周波是理科（1）班同学，他们是无话不说的好朋友。他们发现班里每一个人或者喜欢物理，或者喜欢化学。王涛喜欢物理，周波不喜欢化学。

如果上述断定为真，以下哪项一定为真？

Ⅰ.周波喜欢物理。

Ⅱ.王涛不喜欢化学。

Ⅲ.理科（1）班不喜欢物理的人喜欢化学。

Ⅳ.理科（1）班一半喜欢物理，一半喜欢化学。

A.仅Ⅰ。　 B.仅Ⅲ。　 C.仅Ⅰ、Ⅱ。　 D.仅Ⅰ、Ⅲ。　 E.仅Ⅱ、Ⅲ、Ⅰ。

【解析】

题干：喜欢物理∨喜欢化学。

Ⅰ一定为真，因为以下推理成立：

喜欢物理∨喜欢化学

周波不喜欢化学

因此，周波喜欢物理

Ⅲ 一定为真，因为以下等式成立：

（喜欢物理∨喜欢化学）＝¬喜欢物理→喜欢化学

Ⅱ不一定为真，因为以下推理不成立：

喜欢物理∨喜欢化学

王涛喜欢物理

因此，王涛不喜欢化学

Ⅳ显然不一定为真。

答案是 D。

（三）"要么……要么……"的推理规则

"要么 A，要么 B"断定：A 和 B 不都真，也不都假。相应地，对于"要么……要么……"的推理，否定肯定式和肯定否定式都是有效式。例示如下：

否定肯定式（有效式）

例如：

要么小张当选，要么小李当选　　　　要么小张当选，要么小李当选
小张未当选　　　　　　　　　　／　小李未当选
因此，小李当选　　　　　　　　　　因此，小张当选

肯定否定式（有效式）

例如：

要么小张当选，要么小李当选　　　　要么小张当选，要么小李当选
小张当选　　　　　　　　　　　／　小李当选
因此，小李未当选　　　　　　　　　因此，小张未当选

上述推理都是正确的。

【思考 2-20】　以下哪项等同于断定"不是 A，就是 B"？

A. A 或 B。

B. 要么 A，要么 B。

【解析】　不是 A，就是 B，等同于：A 或 B（不是 A，就是 B＝¬A→B＝A∨B）。

要么 A，要么 B，等同于：不是 A，就是 B，并且是 A 就不是 B。

（四）二难推理

国民党统治崩溃前夕，蒋介石政府面临两难：反腐败，则亡党；不反腐败，则亡国。对腐败反或不反，二者必居其一。因此，亡党和亡国，二者难择其一。这就是二难推理。其结构是：

$$A \to C$$
$$\neg A \to D$$
$$A \vee \neg A$$

所以，$C \vee D$

二难推理的一般形式是：

$$A \to C$$
$$B \to D$$
$$A \vee B$$

因此，$C \vee D$

【例 2-17】　国内以三国历史为背景的游戏"三国杀""三国斩""三国斗""三国梦"等，都借鉴了美国西部牛仔游戏"bang!"。中国网络游戏的龙头企业盛大公司状告一家小公司，认为后者的"三国斩"抄袭了自己的"三国杀"。如果盛大公司败诉，则"三国斩"必定知名度大增，这等于培养了自己的竞争对手；如果盛大公司胜诉，则为"bang!"日后告赢"三国杀"抄袭提供了一个非常好的案例。

如果以上陈述为真，以下哪项陈述一定为真？

A. 著名的大公司与默默无闻的小公司打官司，可以提高小公司的知名度。

B. 如果盛大公司胜诉，那么它会继续打击以三国历史为背景的其他游戏。

C. 盛大公司在培养自己的竞争对手，或者在为"bang!"将来状告自己抄袭提供好的案例。

D. 国内以三国历史为背景的游戏都将面临美国西部牛仔游戏"bang!"的侵权诉讼。

E. 上述结论都不一定为真。

【解析】　此题的推理是一个二难推理。其结构是：

　　　　　败诉 →培养竞争对手
　　　　　胜诉 →为"bang!"日后状告自己提供好的案例
　　　　　败诉∨胜诉
　　　　　─────────────────────────
　　　　　培养竞争对手∨为"bang!"日后状告自己提供好的案例

答案是 C。

【例 2-18】　爱因斯坦发表狭义相对论时，有人问他：预计公众会有什么反应？他答道：很简单，如果我的理论是正确的，那么德国人会说我是德国人，法国人会说我是欧洲人，美国人会说我是世界公民；如果我的理论不正确，那么，美国人会说我是欧洲人，法国人会说我是德国人，德国人会说我是犹太人。

如果爱因斯坦的话是真的，以下哪项陈述一定为真？

A. 有人会说爱因斯坦是世界公民。

B. 法国人会说爱因斯坦是欧洲人。

C. 有人会说爱因斯坦是德国人。

D. 有人会说爱因斯坦是犹太人。

E. 有人会说爱因斯坦是德国犹太人。

【解析】

　　　　　相对论正确→德国人会说爱因斯坦是德国人
　　　　　相对论不正确→法国人会说爱因斯坦是德国人
　　　　　相对论正确∨相对论不正确
　　　　　─────────────────────────
　　　　　德国人会说爱因斯坦是德国人∨法国人会说爱因斯坦是德国人

即"有人会说爱因斯坦是德国人"。

答案是 C。

【例 2-19】　不道德行为有两个共同特征：第一，如果是公开实施的，则一定伤害公众的感情；第二，如果是暗地里实施的，则行为者一定有负罪感。

如果上述断定为真，则以下哪项一定为真？

A. 道德的行为一定不会伤害公众的感情。

B. 有负罪感的人一定暗地做了不道德的事。

C. 一个不道德的行为如果没有伤害公众的感情，则实施者一定有负罪感。

D. 多数人共同实施的行为一定是道德的。

E. 暗地里做的事一定是不道德的。

【解析】　不道德行为：

$$公开实施→伤害公众的感情$$
$$暗地实施→有负罪感$$
$$\underline{公开实施∨暗地实施}$$
$$伤害公众的感情∨有负罪感$$
$$（＝¬伤害公众的感情→有负罪感）$$

答案是 C。

【例 2-20】　某国大选在即，国际政治专家陈研究员预测：选举结果或者是甲党控制政府，或者是乙党控制政府。如果甲党赢得对政府的控制权，该国将出现经济问题；如果乙党赢得对政府的控制权，该国将陷入军事危机。

根据陈研究员上述预测，可以得出以下哪项？

A. 该国可能不会出现经济问题也不会陷入军事危机。

B. 如果该国出现经济问题，那么甲党赢得了对政府的控制权。

C. 该国将出现经济问题，或者将陷入军事危机。

D. 如果该国陷入了军事危机，那么乙党赢得了对政府的控制权。

E. 如果该国出现了经济问题并且陷入了军事危机，那么甲党与乙党均赢得了对政府的控制权。

【解析】

$$甲党控制政府→出现经济问题$$
$$乙党控制政府→陷入军事危机$$
$$\underline{甲党控制政府∨乙党控制政府}$$
$$出现经济问题∨陷入军事危机$$

答案是 C。

【例 2-21】　（2017 年真题）某民乐小组拟购买几种乐器，购买要求如下：

(1) 二胡、箫至多购买一种。

(2) 笛子、二胡和古筝至少购买一种。

(3) 箫、古筝、唢呐至少购买两种。

（4）如果购买箫，则不购买笛子。

根据以上要求，可以得出以下哪项？

A. 至多可以购买三种乐器。

B. 箫、笛子至少购买一种。

C. 至少要购买三种乐器。

D. 古筝、二胡至少购买一种。

E. 一定要购买唢呐。

【解析】 题干概括：

(1) 二胡→¬箫

(2) 笛子∨二胡∨古筝

(3) 箫、古筝、唢呐至少购买两种

(4) 箫→¬笛子

如果购买箫，依据条件（1）、（4）和（2），可得购买古筝；如果不购买箫，依据条件（3），可得购买古筝。购买箫或者不购买箫，二者必居其一，因此，古筝须购买。

这一论证的形式是一个二难推理：

箫→古筝

¬箫→古筝

箫∨¬箫

因此，古筝

答案是 D。

（五）综合样题

【例 2-22】 文化体现在一个人如何对待自己，如何对待他人，如何对待自己所处的自然环境。在一个文化厚实的社会里，人懂得尊重自己——他不苟且，不苟且才有品位；人懂得尊重别人——他不霸道，不霸道才有道德；人懂得尊重自然——他不掠夺，不掠夺才有永续的生命。

下面哪项不能从上面这段话中推出？

A. 如果一个人苟且，则他无品位。

B. 如果一个人霸道，则他无道德。

C. 如果人类掠夺自然，则不会有永续的生命。

D. 如果一个人霸道，则他无道德或者无品位。

E. 如果一个人无道德，则他霸道或者苟且。

【解析】 题干概括：

（只有）不苟且才有品位 ＝ 有品位→不苟且

（只有）不霸道才有道德 ＝ 有道德→不霸道

（只有）不掠夺，才有永续的生命 ＝ 有永续的生命→不掠夺

A项能推出，因为：

$$有品位→不苟且（题干）＝ 苟且→无品位$$

B项能推出，因为：

$$有道德→不霸道（题干）＝ 霸道→无道德$$

C项能推出，因为：

$$有永续的生命→不掠夺 ＝ 掠夺（自然）→不会有永续的生命$$

D项也能推出，因为由霸道可推出无道德，则无道德或者无品位成立。

E项不能推出，因为题干断定：

$$有道德→不霸道$$

而E项的假设条件是无道德，否定题干相应条件的前件，不能推出确定信息。答案是E。

【例2-23】　某商店失窃，四职工涉嫌被拘审。

甲：只有乙作案，丙才会作案。

乙：甲和丙两人中至少有一人作案。

丙：乙没作案，作案的是我。

丁：是乙作的案。

四人中只有一个说假话，可推出以下哪项成立？

A. 甲说假话，丙作案。

B. 乙说假话，乙作案。

C. 丙说假话，乙作案。

D. 丁说假话，丙作案。

E. 以上各项均不能从题干的条件推出。

【解析】　题干概括如下：

甲：丙→乙

乙：甲∨丙

丙：¬乙∧丙

丁：乙

甲和丙的话互相矛盾，其中必有一假。因此，乙和丁的话是真的。不难得出，丙说假话，乙作案。答案是C。

【例2-24】　某个体户严重违反了经营条例，执法人员向他宣布："要么罚款，要么停业，二者必居其一。"他说："我不同意。"

如果他坚持自己意见的话，以下哪项断定是他在逻辑上必须同意的？

A. 罚款但不停业。

B. 停业但不罚款。

C. 既罚款又停业。

D. 既不罚款又不停业。

E. 如果既不罚款又不停业办不到的话，就必须接受既罚款又停业。

【解析】　不同意"要么罚款，要么停业"，等于同意"或者既不罚款又不停业，或者既罚款又停业"，也就等于同意"如果既不罚款又不停业办不到的话，就必须接受既罚款又停业"。即：

$$¬（要么罚款，要么停业）$$
$$=（¬罚款 \wedge ¬停业）\vee（罚款 \wedge 停业）$$
$$=¬（¬罚款 \wedge ¬停业）\to（罚款 \wedge 停业）$$

答案是 E。

【例 2-25】　针对作弊屡禁不止的现象，某学院某班承诺，只要全班同学都在承诺书上签字，那么，如果全班有一人作弊，全班同学的考试成绩都以不及格计。校方接受并严格实施了该班的这一承诺。结果班上还是有人作弊，但班长的考试成绩是优秀。

以下哪项是上述断定合乎逻辑的结论？

A. 作弊的就是班长本人。

B. 全班多数人没有作弊。

C. 全班没有人在承诺书上签字。

D. 全班有人没在承诺书上签字。

E. 全班有人在承诺书上签字。

【解析】　题干断定了三个条件：

● 条件 1：（全班签字 \wedge 有人作弊）\to 都不及格

● 条件 2：有人作弊

● 条件 3：班长优秀

由条件 3，得：

$$¬都不及格（推论 1）$$

由推论 1 和条件 1，得：

$$¬全班签字 \vee ¬有人作弊（推论 2）$$

由推论 2 和条件 2，得：

$$¬全班签字　（D 项）$$

注意：

$$¬全班签字 ＝ 全班有人没在承诺书上签字$$
$$≠ 全班没有人在承诺书上签字$$

答案是 D。

【例 2-26】　一位编辑正在考虑报纸理论版稿件的取舍问题。有 E、F、G、H、J、K 六篇论文可供选择。考虑到文章的内容、报纸的版面等因素：

（1）如果采用论文 E，那么不能用论文 F，但要用论文 K。

（2）只有不用论文 J，才能用论文 G 或论文 H。

（3）如果不用论文 G，那么也不用论文 K。

（4）论文 E 是向名人约的稿件，不能不用。

以上各项如果为真，下面哪项一定是真的？

A. 采用论文 E，但不用论文 H。

B. G 和 H 两篇论文都用。

C. 不用论文 J，但用论文 K。

D. G 和 J 两篇论文都不用。

E. G 和 J 两篇论文都用。

【解析】　题干概括：

（1）$E \rightarrow (¬F \wedge K)$

（2）$(G \vee H) \rightarrow ¬J$

（3）$¬G \rightarrow ¬K$

（4）E

由（1）和（4）得：

（5）$¬F \wedge K$

由（5）得：

（6）K

（7）$¬F$

由（3）和（6）得：

（8）G

由（8）得：

（9）$G \vee H$

由（2）和（9）得：

（10）$¬J$

答案是 C：不用论文 J，但用论文 K。

上述（8）至（9）的推导，根据是很直观的：如果 A 真，则不管 B 真或假，$A \vee B$ 总是真的。

【例 2-27】

$$\boxed{\text{A}} \quad \boxed{\text{B}} \quad \boxed{4} \quad \boxed{7}$$

以上四张卡片，一面是大写英文字母，另一面是阿拉伯数字。

主持人断定，如果一面是 A，则另一面是 4。

如果试图推翻主持人的断定，但只允许翻动以上的两张卡片，正确的选择是：

A. 翻动 A 和 4。　　　　B. 翻动 A 和 7。　　　　C. 翻动 A 和 B。

D. 翻动 B 和 7。　　　　E. 翻动 B 和 4。

【解析】 翻动 A，只要另一面不是 4，就推翻了主持人的断定；翻动 7，只要另一面是 A，就推翻了主持人的断定。翻动 B 和 4 都不能推翻主持人的断定。答案是 B。

五、对当关系和对偶关系

（一）直言命题对当关系

【思考 2-21】 1. 所有产品都合格。

如果上述断定为真，试确定以下各断定的真假：

A. 所有产品都不合格。

B. 有产品合格。

C. 有产品不合格。

【解析】 A 和 C 假；B 真。

2. 有产品不合格。

如果上述断定为真，试确定以下各断定的真假：

A. 所有产品都合格。

B. 所有产品都不合格。

C. 有产品合格。

【解析】 A 假；B 和 C 的真假不能确定。

以上所思考的，就是所谓的对当关系。一个对相关知识并不熟悉的人，通过日常思考，完全可以得到正确答案；但熟悉相关知识，有利于正确、迅速地找到答案。

不难发现，所谓对当关系，就是具有相同主谓项的以下四种形式命题之间的真假关系：

● 所有 S 都是 P。

● 所有 S 都不是 P。

● 有的 S 是 P。

● 有的 S 不是 P。

其中，"所有"称为全称量词；"有的（有些）"称为特称量词。包含全称量词的命题称为全称命题，包含特称量词的命题称为特称命题。直言命题就是具有这四种形式的命题，依次分别称为全称肯定、全称否定、特称肯定和特称否定。

注意以下两点：

第一，关于特称量词"有的"（"有些"）。在日常表达中，当断定"有的 S 是 P"时，通常包含"有的 S 不是 P"的意思。但作为逻辑上的特称命题，当我们断定"有的 S 是 P"，并不包含"有的 S 不是 P"的意思，而仅仅断定：存在 S 是 P，或者说有 S 是 P，至于量的多少则没有断定，可多可少，至少有一，也可以是全体。因此，特称命题也称为存在命题。例如，事实上所有的大熊猫都吃竹子，相应于这个事实，全称命题"所有的大熊猫都吃竹子"是真的，特称命题"有些大熊猫吃竹子"也是真的。MBA 试题中的量词"有的"（"有些"）取的是上述逻辑上的规范含义，而不是日常表达中可能的不规范含义。

第二，关于日常语言中直言命题的规范分析。在日常语言中，直言命题大都不是以标准形式表达的，即有时省略了量项或联项，有时使用了不规范的量项或联项。因此，需要对日常语言中不规范表达的直言命题进行规范化整理和分析。这点对综合能力逻辑应试颇具重要性，因为试题所涉及的直言命题很多是不规范表达的。

【思考 2-22】 对以下直言命题进行规范化整理：

（1）没有产品合格。

（2）产品不都合格。

（3）没有产品不合格。

（4）产品不都不合格。

【解析】 上述四个命题的规范化整理依次为：

（1）所有产品都不合格。

（2）有的产品不合格。

（3）所有产品都合格。

（4）有的产品合格。

具有相同主谓项的直言命题称为同一素材的直言命题。不同素材的直言命题之间一般来说没有直接的真假关系。例如，已知"所有的肝炎都是传染的"真，不能推知"有些癌症不是传染的"的真假，因为这两个命题的素材不同。但同一素材的命题之间就存在直接的真假关系。例如，如果"所有的癌症都不是传染的"真，则"有的癌症是传染的"就一定假。

同一素材的直言命题之间的真假关系，称为对当关系。可用如图 2-1 所示的方形图来刻画对当关系。这个方形图称为逻辑方阵。

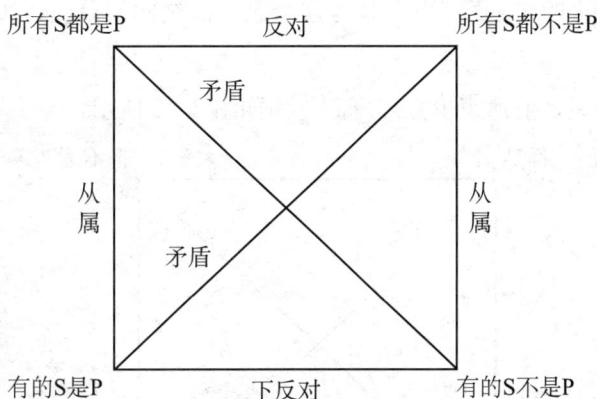

图 2 - 1　对当关系

对当关系刻画存在于同一素材的四个直言命题之间的四种逻辑关系：矛盾关系、反对关系、下反对关系和从属关系。

矛盾关系存在于全称肯定命题和特称否定命题，以及全称否定命题和特称肯定命题之间。具有矛盾关系的两个命题，不能同真，也不能同假。具有矛盾关系的两个命题，由其中一个真，可推出另一个假；由其中一个假，可推出另一个真。

反对关系存在于全称肯定命题和全称否定命题之间。具有反对关系的两个命题，不能同真，但可以同假。具有反对关系的两个命题，由其中一个真，可推出另一个假；由其中一个假，不能推出另一个的真假。

下反对关系存在于特称肯定命题和特称否定命题之间。具有下反对关系的两个命题，可以同真，但不能同假。具有下反对关系的两个命题，由其中一个假，可推出另一个真；由其中一个真，不能推出另一个的真假。

从属关系存在于全称肯定命题（A）和特称肯定命题（I），以及全称否定命题和特称否定命题之间。从属关系就是"则"所表达的条件关系：如果 A 真，则 I 真；如果 I 假，则 A 假；如果 A 假，则 I 不能确定真假；如果 I 真，则 A 不能确定真假。类似的关系也存在于全称否定命题和特称否定命题之间。

根据对当关系，由一个直言命题的真假，可推断出同一素材其他命题的真假情况（这种真假情况包括三种：真、假或真假不能确定）。在作此推断时，只需运用矛盾关系和从属关系；反对关系和下反对关系对于进行对当关系推理不是必要的。从应试角度，下反对关系可以就此忽略不计；反对关系在识别"不当两不可""非黑即白"谬误时有用，MBA 试题涉及对这类谬误的识别，后面要讨论。

依据矛盾关系进行推理非常直观；依据从属关系，可运用下面四句口诀：

上真则下真，下假则上假。

上假则下不定，下真则上不定。

具有从属关系的两个命题，一个是全称，一个是特称。在逻辑方阵中，全称在上，特称在其正下方。口诀中的"上""下"就是这个意思。这四句口诀，实际就是"则"的推理规则。

因此，和应试相关，上述逻辑方阵可简化为如图2-2所示：

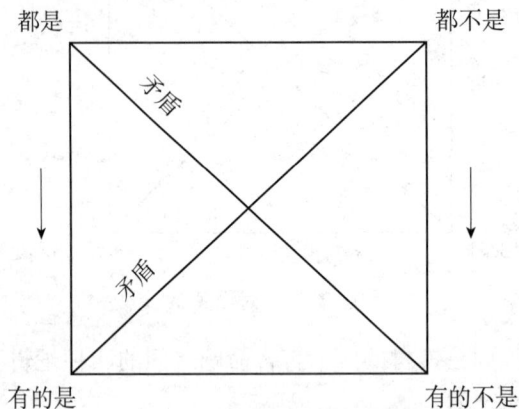

图2-2 对当关系逻辑方阵（简约式）

【思考2-23】 已知"所有的公民都要守法"真，求同一素材其他命题的真假。

【解析】 由条件，已知全称肯定命题真。

依据矛盾关系，由全称肯定真可推知特称否定假，即"有公民不要守法"假。

依据从属关系，由特称否定假可推知全称否定假（下假则上假），即"所有公民都不要守法"假。

依据矛盾关系，由全称否定假可推知特称肯定真，即"有公民要守法"真。

【例2-28】 这幢楼的住户中，发现有外来人口未到街道办事处登记。

如果这一断定是真的，则在下述三个断定中不能确定真假的是：

Ⅰ.这幢楼中有外来人口居住。

Ⅱ.这幢楼中所有的外来人口都已到街道办事处登记。

Ⅲ.这幢楼中有的外来人口已到街道办事处登记。

A.Ⅰ、Ⅱ和Ⅲ。　　　B.只有Ⅰ和Ⅱ。　　　C.只有Ⅲ。　　　D.只有Ⅱ。

E.Ⅰ、Ⅱ和Ⅲ都能确定真假。

【解析】 题干断定"有外来人口未到街道办事处登记"，因此，这幢楼中有外来人口居住，即Ⅰ为真。

根据直言命题的对当关系，"有外来人口未到街道办事处登记"和"这幢楼中所有的外来人口都已到街道办事处登记"是矛盾关系，由前者真可推知后者假，即Ⅱ为假。Ⅱ和Ⅲ是从属关系，由Ⅱ假，不能确定Ⅲ的真假（上假则下不定）。答案是C。

有一点要附加说明：对当关系的成立，是以直言命题的主项非空（即主项所断定的对象是存在的）为条件。如果主项是空概念，即它所断定的对象不存在，那么，对当关系就不普遍成立。例如，所有的永动机造价都很高，这是全称肯定命题，有的永动机造价不高，这是特称否定命题，根据矛盾关系，它们必有一真一假。我们很难设想，其中哪个命题是真的，因为永动机是不可能存在的。

【思考 2-24】　甲班班长考试及格了。

如果上述断定为真，求以下命题的真假情况；如果上述断定为假，求以下命题的真假情况。

（1）甲班同学考试都及格了。

（2）甲班同学考试都没及格。

（3）有的甲班同学考试及格了。

（4）有的甲班同学考试没及格。

【解析】　由"班长考试及格"真，得"有的甲班同学考试及格了"真。根据对当关系，得"甲班同学考试都没及格"假；"甲班同学考试都及格了"和"有的甲班同学考试没及格"真假不定。

由"班长考试及格"假，得"班长考试没及格"真，得"有的甲班同学考试没及格"真。根据对当关系，得"甲班同学考试都及格"假；"甲班同学考试都没及格"和"有的甲班同学考试及格"真假不定。

【例 2-29】　在某次税务检查后，四个工商管理人员有如下结论：

甲：所有个体户都没纳税。

乙：服装个体户陈老板没纳税。

丙：有个体户纳了税。

丁：有个体户没纳税。

如果四人中只有一人断定属实，则以下哪项是真的？

A. 甲断定属实，陈老板没有纳税。

B. 丙断定属实，陈老板纳了税。

C. 丙断定属实，但陈老板没纳税。

D. 丁断定属实，但陈老板纳了税。

E. 依据题干条件推不出确定结论。

【解析】　甲的断定是全称否定，丙的断定是特称肯定，互相矛盾，必有一真一假。由条件，四人中只有一人的断定属实，因此，乙和丁的断定都不属实。由乙的断定为假，可推知"陈老板纳了税"；丁的断定是特称否定，由特称否定假，根据矛盾关系，可推断全称肯定真，由全称肯定真，根据从属关系，可推断特称肯定真，即丙断定属实。因此，可得结论"丙断定属实，陈老板纳了税"。答案是 B。

（二）模态对当关系

"必然""可能"称为模态算子。包含模态算子的命题，称为模态命题。例如，"明天可能下雨"和"犯罪必然受到法律制裁"都是模态命题。

在日常语言中，"必然"有时表达为"一定"，"可能"有时表达为"也许"。

类似于逻辑方阵，对于任意命题 A，必然 A、必然非 A、可能 A 和可能非 A 这四个命题的真假关系，可用图 2-3 表示，这一图形称为模态方阵。

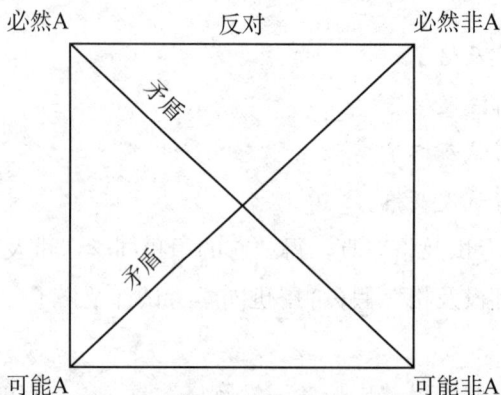

图 2-3　模态方阵

考虑到与应试解题的相关性，只要记住矛盾关系和反对关系就可以了。相应的从属关系和下反对关系都是成立的，但与应试解题无关，忽略不计。

必然 A 和可能非 A 互相矛盾；必然非 A 和可能 A 互相矛盾。记住以下等值式：

$$不必然 A＝可能非 A$$

$$不必然非 A＝可能 A$$

$$不可能 A＝必然非 A$$

$$不可能非 A＝必然 A$$

必然 A 和必然非 A 互相反对，即不能同真，但可以同假。

【例 2-30】　（2018 年真题）唐代韩愈在《师说》中指出："孔子曰：三人行，则必有我师。是故弟子不必不如师，师不必贤于弟子，闻道有先后，术业有专攻，如是而已。"

根据上述韩愈的观点，可以得出以下哪项？

A. 有的弟子必然不如师。

B. 有的弟子可能不如师。

C. 有的师不可能贤于弟子。

D. 有的弟子可能不贤于师。

E. 有的师可能不贤于弟子。

【解析】　师不必贤于弟子 ＝ 师可能不贤于弟子；由"师可能不贤于弟子"，可得：有的师可能不贤于弟子。

本题考点：不必然 A ＝ 可能非 A。注意：师不必贤于弟子 ＝（任一）师不必然贤于弟子 ＝（任一）师可能不贤于弟子。因此，"师不必贤于弟子"不等于 E 项，但可以推出 E 项。

答案是 E。

（三）算子、量词的对偶和否定

"且"和"或"称为真值算子；"必然"和"可能"称为模态算子；真值算子和模态算子统称算子。量词分为全称量词"所有"和特称（存在）量词"有些（有的）"。

否定"且"，得到肯定"或"；否定"或"，得到肯定"且"。

否定"必然"，得到肯定"可能"；否定"可能"，得到肯定"必然"。

否定"所有"，得到肯定"有的"；否定"有的"，得到肯定"所有"。

"且"与"或"，"必然"与"可能"，"所有"与"有些"，这三对互称为"对偶"，即否定其中一个，得到肯定另一个。记住以下的对应：

$$\boxed{且} \qquad \boxed{必然} \qquad \boxed{所有}$$
$$| \qquad\qquad | \qquad\qquad |$$
$$\boxed{或} \qquad \boxed{可能} \qquad \boxed{有些}$$

如果一个命题中连续出现多个算子或量词，对其否定所得到的结果可简捷地连续运算。这种运算就是对连续出现的量词或算子依次进行否定，得出其"对偶"，同时将否定词后移到恰当位置。

请结合试题细心地理解上面这段话，这将大大减低相关类型试题的主观难度。

【例 2-31】 不一定所有的花都结果。

如果上述断定为真，则以下哪项必定为真？

A. 可能所有的花都不结果。

B. 可能有的花不结果。

C. 可能有的花结果。

D. 必然有的花结果。

E. 必然有的花不结果。

【解析】 不一定所有的花都结果（题干）

= ¬必然所有的花都结果

= 可能¬所有的花都结果

= 可能有的花不结果（B 项）

注意题干和正确答案的对偶词的对应：

不 $\boxed{必然}$ $\boxed{所有}$ 的花都 结果（题干）

$$\downarrow \qquad \downarrow \qquad\qquad \downarrow$$

$\boxed{可能}$ $\boxed{有的}$ 花 不结果

答案是 B。

【例 2-32】　不可能所有商品既价廉又物美。

以下哪项最准确地表达了上述断定的意思?

A. 可能有的商品价廉但物不美。

B. 可能所有商品都不能既价廉又物美。

C. 必然有的商品价廉但物不美。

D. 必然有的商品物美但价不廉。

E. 必然有的商品价不廉或物不美。

【解析】　　　　　¬可能所有商品（价廉∧物美）（题干）

＝必然¬所有商品（价廉∧物美）

＝必然有的商品¬（价廉∧物美）

＝必然有的商品（¬价廉∨¬物美）

注意题干和正确答案的对偶词的对应:

不 可能 所有 商品 价廉 并且 物美

↓　　　↓　　　　　↓　　　↓

必然 有的 商品 价不廉 或 物不美

答案是 E。

【例 2-33】　美国前总统林肯说，你可能在某个时刻欺骗所有的人，你也可能在所有的时刻欺骗某个人，但你不可能在所有的时刻欺骗所有的人。

如果林肯的上述断定成立，则以下哪项一定成立?

A. 总有某个时刻所有的人你都必然骗不了。

B. 林肯可能在任何时候都不受骗。

C. 有的人在任何时候你都必然骗不了。

D. 总有人在某个时刻必然不受你骗。

E. 必然有某个时刻你骗不了所有人。

【解析】　　　　　¬可能所有时刻所有人都受你骗（题干）

＝必然¬所有时刻所有人都受你骗

＝必然有的时刻¬所有人都受你骗

＝必然有的时刻有人¬受你骗（D 项）

注意题干和正确答案的对偶词的对应:

不 可能 所有 时刻 所有 人 都 受你骗　　　（题干）

↓　　↓　　↓　　↓

必然 有的 时刻 有的 人　不受你骗　　　（D 项）

答案是 D。

【例 2-34】 一方面确保法律面前人人平等，同时又允许有人触犯法律而不受制裁，这是不可能的。

以下哪项最符合题干的断定？

A. 或者允许有人凌驾于法律之上，或者任何人触犯法律都要受到制裁，这是必然的。

B. 任何人触犯法律都要受到制裁，这是必然的。

C. 有人凌驾于法律之上，触犯法律而不受制裁，这是可能的。

D. 如果不允许有人触犯法律可以不受制裁，那么法律面前人人平等是可能的。

E. 一方面允许有人凌驾于法律之上，同时声称任何人触犯法律都要受到制裁，这是可能的。

【解析】 题干断定：

$$¬可能（人人平等 \wedge 有人犯法不究）$$
$$=必然（¬人人平等 \vee ¬有人犯法不究）$$

"¬人人平等"即"允许有人凌驾于法律之上"；"¬有人犯法不究"即"任何人触犯法律都要受到制裁"。答案是 A。

【例 2-35】 所有错误决策都不可能不付出代价，但有的错误决策可能不造成严重后果。

如果上述断定为真，则以下哪项一定为真？

A. 有的正确决策也可能付出代价，但所有的正确决策都不可能造成严重后果。

B. 有的错误决策必然要付出代价，但所有的错误决策都不一定造成严重后果。

C. 所有的正确决策都不可能付出代价，但有的正确决策也可能造成严重后果。

D. 有的错误决策必然要付出代价，但所有的错误决策都可能不造成严重后果。

E. 所有错误决策都必然要付出代价，但有的错误决策不一定造成严重后果。

【解析】 注意题干和正确答案的对偶词的对应：

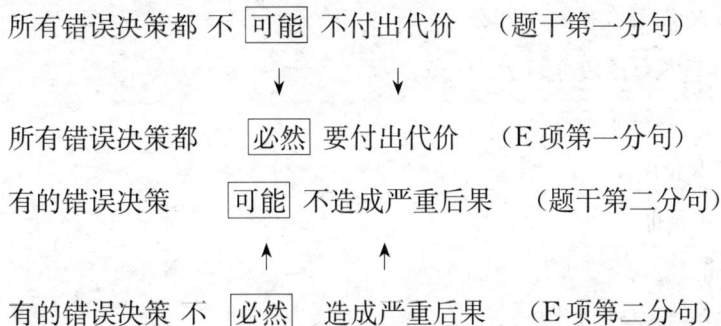

所有错误决策都 不 可能 不付出代价 （题干第一分句）

↓ ↓

所有错误决策都 必然 要付出代价 （E 项第一分句）

有的错误决策 可能 不造成严重后果 （题干第二分句）

↑ ↑

有的错误决策 不 必然 造成严重后果 （E 项第二分句）

答案是 E。

注意：

所有错误决策都不可能不付出代价≠不可能所有错误决策都不付出代价

所有错误决策都不可能不付出代价＝所有错误决策都必然付出代价

不可能所有错误决策都不付出代价＝必然有的错误要付出代价

【例2-36】　某公司规定，在一个月内，除非每个工作日都出勤，否则任何员工都不可能既获得当月绩效工资，又获得奖励工资。

以下哪项与上述规定的意思最为接近？

A. 在一个月内，任何员工如果所有工作日不缺勤，必然既获得当月绩效工资，又获得奖励工资。

B. 在一个月内，任何员工如果所有工作日不缺勤，都有可能既获得当月绩效工资，又获得奖励工资。

C. 在一个月内，任何员工如果有某个工作日缺勤，仍有可能获得当月绩效工资，或者获得奖励工资。

D. 在一个月内，任何员工如果有某个工作日缺勤，必然或者得不了当月绩效工资，或者得不了奖励工资。

E. 在一个月内，任何员工如果有工作日缺勤，必然既得不了当月绩效工资，又得不了奖励工资。

【解析】

$$¬都出勤→¬可能（绩效工资∧奖励工资）$$

$$＝有人不出勤→必然（¬绩效工资∨¬奖励工资）$$

答案是D。

（四）综合样题

【例2-37】　已知"基本粒子不都可分"真，则据此不能确定真假的命题是：

Ⅰ. 所有的基本粒子都可分。

Ⅱ. 所有的基本粒子都不可分。

Ⅲ. 有的基本粒子可分。

Ⅳ. 有的基本粒子不可分。

A. 只有Ⅰ和Ⅳ。

B. 只有Ⅱ和Ⅲ。

C. 只有Ⅲ。

D. Ⅰ、Ⅱ、Ⅲ和Ⅳ。

E. Ⅰ、Ⅱ、Ⅲ和Ⅳ都能确定真假。

【解析】　题干"基本粒子不都可分"的规范形式是"有的基本粒子不可分"，同Ⅳ，是特称否定命题。Ⅰ、Ⅱ、Ⅲ分别是全称肯定、全称否定、特称肯定命题。由特称否定命题真，只能推出全称肯定命题假，不能推出全称否定和特称肯定命题的真假。答案是 B。

【例 2-38】　小东在玩"勇士大战"游戏，进入第二关时，界面出现四个选项。第一个是"选择任意选项都需要支付游戏币"，第二个选项是"选择本项后可以得到额外游戏奖励"，第三个选项是"选择本项游戏后游戏不会进行下去"，第四个选项是"选择某个选项不需要支付游戏币"。

如果四个选项中的陈述只有一句为真，则以下哪项一定为真？

A. 选择任意选项都需要支付游戏币。

B. 选择任意选项都不需要支付游戏币。

C. 选择任意选项都不能得到额外游戏奖励。

D. 选择第二个选项后可以得到额外游戏奖励。

E. 选择第三个选项后游戏能继续进行下去。

【解析】　第一个选项和第四个选项互相矛盾，必有一真。因此第二和第三个选项为假。由第三个选项假可得：选择第三个选项后游戏能继续进行下去。答案是 E。

【例 2-39】　北方人不都爱吃面食，但南方人都不爱吃面食。

如果已知上述第一个断定真，第二个断定假，则以下哪项据此不能确定真假？

Ⅰ. 北方人都爱吃面食，有的南方人也爱吃面食。

Ⅱ. 有的北方人爱吃面食，有的南方人不爱吃面食。

Ⅲ. 北方人都不爱吃面食，南方人都爱吃面食。

A. 只有Ⅰ。B. 只有Ⅱ。C. 只有Ⅲ。D. 只有Ⅱ和Ⅲ。　E. Ⅰ、Ⅱ和Ⅲ。

【解析】　"北方人不都爱吃面食"等同于"有的北方人不爱吃面食"。由"有的北方人不爱吃面食"真，可推出"北方人都爱吃面食"假，不能确定"有的北方人爱吃面食"与"北方人都不爱吃面食"的真或假。

由"南方人都不爱吃面食"假，可推出"有的南方人爱吃面食"真，不能确定"有的南方人不爱吃面食"与"南方人都爱吃面食"的真或假。

因此，Ⅰ能确定真假，Ⅱ和Ⅲ不能确定真假。答案是 D。

【例 2-40】　林园小区有住户家中发现了白蚁。除非小区中有住户家中发现白蚁，否则任何小区都不能免费领取高效杀蚁灵。静园小区可以免费领取高效杀蚁灵。

如果上述断定都真，则以下哪项据此不能断定真假？

Ⅰ. 林园小区有的住户家中没有发现白蚁。

Ⅱ. 林园小区能免费领取高效杀蚁灵。

Ⅲ. 静园小区的住户家中都发现了白蚁。

A. 只有Ⅰ和Ⅲ。　B. 只有Ⅰ和Ⅱ。　　C. 只有Ⅱ和Ⅲ。　　D. Ⅰ、Ⅱ和Ⅲ。

E. Ⅰ、Ⅱ和Ⅲ都能断定真假。

【解析】　题干作了如下三个断定：

● 断定一：林园有住户发现白蚁。

● 断定二：¬有住户发现白蚁→¬可领取杀蚁灵

　　　　　＝可领取杀蚁灵→有住户发现白蚁

● 断定三：静园可领取杀蚁灵。

和Ⅰ相关的是断定一。由断定一真，不能断定Ⅰ的真假，这是根据对当关系。

和Ⅱ相关的是断定一和断定二。但由这两个断定的真，不能断定Ⅱ的真假。这是根据"→"的推理规则。

和Ⅲ相关的是断定二和断定三。由这两个断定的真，可推出"静园小区有住户家中发现白蚁"真，但由"静园小区有住户家中发现白蚁"真，不能确定Ⅲ的真假，这是根据对当关系。答案是D。

【例2-41】　甲说："我班所有同学都已申请了贷款。"

乙说："如果班长申请了贷款，那么学习委员就没申请。"

丙说："班长申请了贷款。"

丁说："我班有人没有申请贷款。"

已知四人中只有一人说假话，则可推出以下哪项结论？

A. 甲说假话，班长没申请。

B. 乙说假话，学习委员没申请。

C. 丙说假话，班长没申请。

D. 丁说假话，学习委员申请了。

E. 甲说假话，学习委员没申请。

【解析】　甲的断定是全称肯定命题，丁的断定是特称否定命题，互相矛盾，必有一假。因此，乙和丙说的是真话。可得：班长申请了贷款；学习委员没申请。因此，甲说的是假话。答案是E。

【例2-42】　某旅游团去商店购买纪念品。已知：

Ⅰ. 有人买了蒙古刀。

Ⅱ. 有人没有买蒙古刀。

Ⅲ. 该团的张先生和王女士都买了蒙古刀。

如果以上三句话中只有一句为真，则以下哪项肯定为真？

A. 张先生和王女士都没有买蒙古刀。

B. 张先生买了蒙古刀，但王女士没有买蒙古刀。

C. 该旅游团的李先生买了蒙古刀。

D. 张先生和王女士都买了蒙古刀。

E. 以上断定都不一定为真。

【解析】 Ⅲ不可能真，否则Ⅰ和Ⅲ都真，违反条件。

因此有：¬（张买刀∧王买刀）＝¬张买刀 ∨ ¬王买刀

可得：Ⅱ真。

因此：Ⅰ假。

可得"所有人都没买刀"。

因此有"张先生和王女士都没有买蒙古刀"。答案是 A。

第二节 强相关知识点在应试中的综合运用

【例 2-43】 （2019 年真题）李诗、王悦、杜舒、刘默是唐诗宋词的爱好者，在唐朝诗人李白、杜甫、王维、刘禹锡 4 人中各喜爱其中一位，且每人喜爱的唐诗作者不与自己同姓，关于他们 4 人，已知：

（1）如果爱好王维的诗，那么也爱好辛弃疾的词。

（2）如果爱好刘禹锡的诗，那么也爱好岳飞的词。

（3）如果爱好杜甫的诗，那么也爱好苏轼的词。

如果李诗不爱好苏轼和辛弃疾的词，则可以得出以下哪项？

A. 杜舒爱好辛弃疾的词。

B. 王悦爱好苏轼的词。

C. 刘默爱好苏轼的词。

D. 李诗爱好岳飞的词。

E. 杜舒爱好岳飞的词。

【解析】 题干概括：每人喜爱的唐诗作者不与自己同姓。

（1）王维的诗→辛弃疾的词

（2）刘禹锡的诗→岳飞的词

（3）杜甫的诗→苏轼的词

李诗不爱好苏轼和辛弃疾的词。

"李诗不爱好苏轼和辛弃疾的词"的含义是：李诗不爱好苏轼的词，并且不爱好辛弃疾的词。由李诗不爱好苏轼的词和条件（3），可得李诗不爱好杜甫的诗，继而得李诗不喜爱杜甫。由李诗不爱好辛弃疾的词和条件（1），可得李诗不爱好王维的诗，继而得李诗不喜爱王维。又由题干得李诗不喜爱李白，继而得李诗喜爱刘禹锡，又由条件（2），得李诗爱好岳飞的词。

除了"每人喜爱的唐诗作者不与自己同姓"这一条件外，题干未对王悦、杜舒、刘默三人有所断定，因此，解答此题应首选思考 D 项，其余选项显然不能从题干推出，排除。

此题包含一个未陈述的条件：如果喜爱一个唐诗作者，那么一定喜爱他的诗。严格地说，喜爱一个诗人，和喜爱这个诗人的诗，二者是有区别的。

答案是 D。

【例 2-44】 （2017 年真题）任何结果都不可能凭空出现，它们的背后都是有原因的；任何背后有原因的事物都可以被人认识，而可以被人认识的事物都必然不是毫无规律的。

根据以上陈述，以下哪一项一定为假？

A. 任何结果都可以被人认识。

B. 任何结果出现的背后都是有原因的。

C. 有些结果的出现可能毫无规律。

D. 那些可以被人认识的事物必然有规律。

E. 人有可能认识所有事物。

【解析】 题干概括：

任何结果出现→有原因→可被认识→必然不是毫无规律

由题干可推出：任何结果的出现都必然不是毫无规律的。这一结论和 C 项矛盾，因此，如果题干断定为真，C 项一定为假。

答案是 C。

【例 2-45】 （2017 年真题）张立是一位单身白领，工作 5 年积累了一笔存款，由于该笔存款金额尚不足以购房，考虑将其暂时分散投资到股票、黄金、基金、国债和外汇 5 个方面。该笔存款的投资需要满足如下条件：

（1）如果黄金投资比例高于 1/2，则剩余部分投入国债和股票；

（2）如果股票投资比例低于 1/3，则剩余部分不能投入外汇或国债；

（3）如果外汇投资比例低于 1/4，则剩余部分投入基金或黄金；

（4）国债投资比例不能低于 1/6。

根据上述信息，可以得出以下哪项？

A. 国债投资比例高于 1/2。

B. 外汇投资比例不低于 1/3。

C. 股票投资比例不低于 1/4。

D. 黄金投资比例不低于 1/5。

E. 基金投资比例低于 1/6。

【解析】　由条件（2）得：

如果股票投资比例低于 1/3，则不能投资外汇且不能投资国债

条件（4）否定上述条件断定的后件，得：

股票投资比例不低于 1/3

因此，C 项能从题干推出。

此题的思考切入点是：前三个条件均是条件断定（假言判断），注意第四个断定（简单判断）否定哪个条件断定的后件。

答案是 C。

【例 2-46】　（2017 年真题）颜子、曾寅、孟申、荀辰申请一个中国传统文化建设项目。根据规定，该项目的主持人只能有一名，且在上述 4 位申请者中产生；包括主持人在内，项目组成员不能超过两位。另外，各位申请者在申请答辩时做出如下陈述：

(1) 颜子：如果我成为主持人，将邀请曾寅或荀辰作为项目组成员；

(2) 曾寅：如果我成为主持人，将邀请颜子或孟申作为项目组成员；

(3) 荀辰：只有颜子成为项目组成员，我才能成为主持人；

(4) 孟申：只有荀辰或颜子成为项目组成员，我才能成为主持人。

假定 4 人陈述都为真，关于项目组成员的组合，以下哪项是不可能的？

A. 孟申、曾寅。

B. 荀辰、孟申。

C. 曾寅、荀辰。

D. 颜子、孟申。

E. 颜子、荀辰。

【解析】　题干概括：主持人一名；包括主持人在内，成员不能超过两位。

(1) 颜子→（曾寅∨荀辰）

(2) 曾寅→（颜子∨孟申）

(3) 荀辰→颜子

(4) 孟申→（荀辰∨颜子）

C 项不可能真。因为如果曾寅是主持人，不满足条件（2）；如果荀辰是主持人，不满足条件（3）。

A 项可能真：曾寅是主持人，孟申是成员。满足条件（2）。

B 项可能真：孟申是主持人，荀辰是成员。满足条件（4）。

类似地，可证明 D 项和 E 项可能真。

答案是 C。

【例2-47】　（2018年真题）人民既是历史的创造者，也是历史的见证者；既是历史的"剧中人"，又是历史的"剧作者"。离开人民，文艺就会变成无根的浮萍、无病的呻吟、无魂的躯壳。关注人民的生活、命运、情感，表达人民的心愿、心情、心声，我们的作品才会在人民中传之久远。

根据以上陈述，可以得出以下哪项？

A．只有不离开人民，文艺才不会变成无根的浮萍、无病的呻吟、无魂的躯壳。

B．历史的创造者都不是历史的"剧中人"。

C．历史的创造者都是历史的见证者。

D．历史的"剧中人"都是历史的"剧作者"。

E．我们的作品只要表达人民的心愿、心情、心声，就会在人民中传之久远。

【解析】　题干断定：

离开人民，文艺就会变成无根的浮萍、无病的呻吟、无魂的躯壳

＝离开人民→文艺就会变成无根的浮萍、无病的呻吟、无魂的躯壳

＝文艺不会变成无根的浮萍、无病的呻吟、无魂的躯壳→不离开人民

＝只有不离开人民，文艺才不会变成无根的浮萍、无病的呻吟、无魂的躯壳（A项）

C项推不出，因为题干只断定"人民是历史的创造者"，但并未断定"只有人民才是历史的创造者"，因此，不能由"人民既是历史的创造者，也是历史的见证者"，得出"历史的创造者都是历史的见证者"。同理，D项推不出。E项推不出，因为题干断定，表达人民的心愿、心情、心声，是作品在人民中传之久远的必要条件，而E项断定前者是后者的充分条件。

答案是A。

【例2-48】　（2018年真题）张教授：利益并非只是物质利益，应该把信用、声誉、情感甚至某种喜好等都归入利益的范畴。根据这种"利益"的广义理解，如果每一个体在不损害他人利益的前提下，尽可能满足自身的利益需求，那么由这些个体组成的社会就是一个良善的社会。

根据张教授的观点，可以得出以下哪项？

A．如果一个社会不是良善的，那么其中肯定存在个体损害他人利益或自身利益需求没有尽可能得到满足的情况。

B．尽可能满足每一个体的利益需求，就会损害社会的整体利益。

C．只有尽可能满足每一个体的利益需求，社会才可能是良善的。

D．如果有些个体通过损害他人利益来满足自身的利益需求，那么社会就不是良善的。

E．如果某些个体的利益需求没有尽可能得到满足，那么社会就不是良善的。

【解析】

（每一个体不损害他人利益∧尽可能满足自身的利益需求）→良善社会 （题干）

＝¬良善社会→¬（每一个体不损害他人利益∧尽可能满足自身的利益需求）

＝¬良善社会→（¬每一个体不损害他人利益∨¬尽可能满足自身的利益需求）

＝¬良善社会→（有的个体损害他人利益∨¬尽可能满足自身的利益需求）（A 项）

C 项、D 项和 E 项不能推出，因为根据题干的条件断定，否定前件和肯定后件均不能推出结论。

答案是 A。

【例 2-49】 （2018 年真题）某次学术会议的主办方发出会议通知：只有论文通过审核才能收到会议主办方发出的邀请函，本次会议只欢迎持有主办方邀请函的科研院所的学者参加。

根据以上通知，可以得出以下哪项？

A. 本次学术会议不欢迎论文没有通过审核的学者参加。

B. 论文通过审核的学者都可以参加本次学术会议。

C. 论文通过审核并持有主办方邀请函的学者，本次学术会议都欢迎其参加。

D. 有些论文通过审核但未持有主办方邀请函的学者，本次学术会议欢迎其参加。

E. 论文通过审核的学者有些不能参加本次学术会议。

【解析】 题干概括：

$$欢迎参加会议→收到邀请函→论文通过审核$$

由题干，可得：如果论文未通过审核，则不被欢迎参加会议，这即是 A 项所断定的。

答案是 A。

【例 2-50】 （2018 年真题）最终审定的项目或者意义重大或者关注度高，凡意义重大的项目均涉及民生问题。但是有些最终审定的项目并不涉及民生问题。

根据以上陈述，可以得出以下哪项？

A. 意义重大的项目可以引起关注。

B. 有些项目意义重大但是关注度不高。

C. 涉及民生问题的项目有些没有引起关注。

D. 有些项目尽管关注度高但并非意义重大。

E. 有些不涉及民生问题的项目意义也非常重大。

【解析】 题干概括：对最终审定的项目来说，以下断定成立：

（1）意义重大∨关注度高

（2）意义重大→涉及民生

（3）有些项目不涉及民生

由（3）和（2），可得：

> （4）这些（不涉及民生的）项目意义不重大

由（4）和（1），可得：

> （5）这些项目关注度高

即"有些项目尽管关注度高但并非意义重大"。

答案是 D。

【例 2-51】 （2018 年真题）所有值得拥有专利的产品或设计方案都是创新，但并不是每一项创新都值得拥有专利；所有的模仿都不是创新，但并非每一个模仿者都应该受到惩罚。

根据以上陈述，以下哪项是不可能的？

A. 有些创新者可能受到惩罚。

B. 有些值得拥有专利的创新产品并没有申请专利。

C. 有些值得拥有专利的产品是模仿。

D. 没有模仿值得拥有专利。

E. 所有的模仿者都受到了惩罚。

【解析】 题干断定：

> （1）值得拥有专利→创新
> （2）模仿→非创新

由（1）和（2），得：

> 值得拥有专利→非模仿

因此，C 项不可能。

答案是 C。

【例 2-52】 （2018 年真题）若要人不知，除非己莫为；若要人不闻，除非己莫言。为之而欲人不知，言之而欲人不闻，此犹捕雀而掩目，盗钟而掩耳者。

根据以上陈述，可以得出以下哪项结论？

A. 若己不言，则人不闻。

B. 若己为，则人会知；若己言，则人会闻。

C. 若能做到盗钟而掩耳，则可言之而人不闻。

D. 若己不为，则人不知。

E. 若能做到捕雀而掩目，则可为之而人不知。

【解析】

> 若要人不知，除非己莫为
> ＝除非己莫为，否则人定知
> ＝己为→人知

$$若要人不闻，除非己莫言$$
$$=除非己莫言，否则人定闻$$
$$=己言→人闻$$

因此，得出 B 项。

题干把"言之而欲人不闻"比作"盗钟而掩耳"，并未断定二者之间的条件关系（真假关系）。因此，C 项得不出。同理，E 项得不出。一般地，把 A 比作 B，不能依此得出：如果 A 真，那么 B 真。例如，把某人贪心不足比作蛇吞象，不能依此得出：如果某人贪心不足，那么，蛇就能吞象。

答案是 B。

【例 2-53】 违法必究，但几乎看不到违反道德的行为受到惩治，如果这成为一种常规，那么，民众就会失去道德约束。道德失控对社会稳定的威胁并不亚于法律失控。因此，为了维护社会的稳定，任何违反道德的行为都不能不受惩治。

以下哪项对上述论证的评价最为恰当？

A. 上述论证是成立的。

B. 上述论证有漏洞，它忽略了：由违法必究，推不出缺德必究。

C. 上述论证有漏洞，它忽略了：由否定"违反道德的行为都不受惩治"，推不出肯定"违反道德的行为都要受惩治"。

D. 上述论证有漏洞，它夸大了违反道德行为的社会危害性。

E. 上述论证有漏洞，它忽略了有些违法行为并未受到追究。

【解析】 题干由否定"违反道德的行为都不受惩治"，根据对当关系，只能得出结论"有些违反道德的行为要受惩治"，不能得出结论"违反道德的行为都要受惩治"。事实上，第一个结论是合理的，第二个结论是不合理的。答案是 C。

【例 2-54】 以下是关于某中学甲班同学参加夏令营的三个断定：

Ⅰ. 甲班有学生参加了夏令营。

Ⅱ. 甲班所有学生都没有参加夏令营。

Ⅲ. 甲班的蔡明没有参加夏令营。

如果这三个断定中只有一项为真，则以下哪项一定为真？

A. 甲班同学并非都参加了夏令营。

B. 甲班同学并非都没有参加夏令营。

C. 甲班参加夏令营的学生超过半数。

D. 甲班仅蔡明没有参加夏令营。

E. 上述断定都不一定为真。

【解析】 Ⅰ和Ⅱ互相矛盾，必有一真一假。因为三个断定中只有一真，因此Ⅲ假。

由Ⅲ假，可得"甲班的蔡明参加了夏令营"，继而可得"甲班同学并非都没有参加夏令营"。答案是 B。

【例 2-55】　小王参加了某公司招工面试，不久，他得知以下消息：

Ⅰ. 公司已决定，他与小陈至少录用一人。

Ⅱ. 公司可能不录用他。

Ⅲ. 公司一定录用他。

Ⅳ. 公司已录用小陈。

其中两条消息为真，两条消息为假。

如果上述断定为真，则以下哪项一定为真？

A. 公司已录用小王，未录用小陈。

B. 公司未录用小王，已录用小陈。

C. 公司既录用了小王，也录用了小陈。

D. 公司既未录用小王，也未录用小陈。

E. 以上断定均不一定为真。

【解析】　消息Ⅱ和Ⅲ互相矛盾，必为一真一假。又由条件，四条消息中有两真两假，因此，消息Ⅰ和Ⅳ中，也必有一真一假。假设消息Ⅰ假，可推出小王和小陈都未录用，则消息Ⅳ亦假，不符合条件。因此，假设不成立，即消息Ⅰ真，因而消息Ⅳ假，从而得出结论："公司已录用小王，未录用小陈。"答案是 A。

【例 2-56】　一个国家要拥有一流的国家实力，必须有一流的教育。只有拥有一流的国家实力，一个国家才能做出应有的国际贡献。

以下各项都符合题干的意思，除了：

A. 一个国家难以做出应有的国际贡献，除非拥有一流的教育。

B. 只要一个国家拥有一流的教育，就能做出应有的国际贡献。

C. 如果一个国家拥有一流的国家实力，就不会没有一流的教育。

D. 不能设想一个国家做出了应有的国际贡献，但缺乏一流的教育。

E. 一个国家面临选择：或者放弃应尽的国际义务，或者创造一流的教育。

【解析】　题干断定的条件关系是：

$$国际贡献 \rightarrow 国家实力 \rightarrow 一流教育$$

各选项的结构如下：

A. ¬一流教育 →¬国际贡献

B. 一流教育 →国际贡献

C. 国家实力 →一流教育

D. ¬（国际贡献∧¬一流教育）

$$=\neg 国际贡献 \vee 一流教育$$

$$=国际贡献 \rightarrow 一流教育$$

E. ¬国际贡献 ∨ 一流教育

　　＝国际贡献 → 一流教育

显然，只有 B 项不符合题干。答案是 B。

【例 2-57】　临近本科毕业，李明所有已修课程的成绩均是优秀。按照学校规定，如果最后一学期他的课程成绩也都是优秀，就一定可以免试就读研究生。李明最后一学期有一门功课成绩未获得优秀，因此他不能免试就读研究生了。

以下哪项对上述论证的评价最为恰当？

A. 上述论证是成立的。

B. 上述论证有漏洞，因为它忽视了：课程成绩只是衡量学生素质的一个方面。

C. 上述论证有漏洞，因为它把题干所陈述的规定错误地理解为：只有所有学期课程成绩均是优秀，才可以免试就读研究生。

D. 上述论证有漏洞，因为它把题干所陈述的规定错误地理解为：只要所有学期课程成绩均是优秀，就一定可以免试就读研究生。

E. 上述论证有漏洞，因为它不当地假设：学校的规定能严格执行。

【解析】　题干中学校的规定是：如果所有学期成绩均优秀，则可以免试就读研究生。题干的论证把这一规定错误地理解为：只有所有学期课程成绩均是优秀，才可以免试就读研究生。因为只有基于这一前提，才能依据李明最后一学期有一门功课成绩未获得优秀，得出结论：他不能免试就读研究生。

其余各项均不成立。例如，E 项不成立，题干的论证确实假设学校的规定能够执行，但缺乏理由认为这一假设有什么不当。答案是 C。

【例 2-58】　某中药配方有如下要求：

Ⅰ. 如果有甲药材，那么也要有乙药材。

Ⅱ. 如果没有丙药材，那么必须有丁药材。

Ⅲ. 人参和天麻不能都有。

Ⅳ. 如果没有甲药材而有丙药材，则需要有人参。

如果含有天麻，则关于该配方的断定哪项为真？

A. 含有甲药材。

B. 含有丙药材。

C. 没有丙药材。

D. 没有乙药材和丁药材。

E. 含有乙药材或丁药材。

【解析】　题干条件：

Ⅰ. 甲 →乙；

Ⅱ. ¬丙 →丁；

Ⅲ. ¬（人参∧天麻）

　　= ¬人参∨¬天麻；

Ⅳ.（¬甲∧丙）→人参；

Ⅴ. 天麻。

推理：

由Ⅲ和Ⅴ得结论 1：

$$¬人参$$

由结论 1 和Ⅳ得结论 2：

$$甲∨¬丙$$

由结论 2 和Ⅰ、Ⅱ得结论 3：

$$乙∨丁$$

答案是 E。

【例 2-59】　A 国的反政府武装绑架了 23 名在 A 国做援助工作的 H 国公民作为人质，要求政府释放被关押的该武装组织的成员。如果 A 国政府不答应反政府武装的要求，该组织会杀害人质；如果人质惨遭杀害，将使多数援助 A 国的国家望而却步。如果 A 国政府答应反政府武装的要求，该组织将以此为成功案例，不断复制绑架事件。

以下哪项结论可以从上面的陈述中推出？

A. 多数国家的政府会提醒自己的国民：不要前往危险的 A 国。

B. 反政府武装还会制造绑架事件。

C. 如果多数援助 A 国的国家继续派遣人员去 A 国，绑架事件还将发生。

D. H 国政府反对用武力解救人质。

E. 对 A 国已实施援助的国家将终止派遣人员去 A 国。

【解析】

A 国政府不答应要求 →杀害人质 →援助国家望而却步（题干条件）

A 国政府答应要求 →　绑架还将发生（题干条件）

答应要求 ∨ ¬答应要求

─────────────────────────────────────

因此，援助国家望而却步 ∨ 绑架还将发生

= ¬ 援助国家望而却步 →　绑架还将发生

＝如果多数援助 A 国的国家继续派遣人员去 A 国，绑架事件还将发生

答案是 C。

【例 2-60】　只有公司相应部门的所有员工都考评合格了，该部门的员工才能得到年终资金；财务部有些员工考评合格了；综合部所有员工都得到了年终资金；行政部的赵强考评合格了。

如果以上陈述为真，则以下哪项可能为真？

Ⅰ. 财务部员工都考评合格了。

Ⅱ. 赵强得到了年终资金。

Ⅲ. 综合部有些员工没有考评合格。

Ⅳ. 财务部员工没有得到年终资金。

A. 仅Ⅰ、Ⅱ。　　B. 仅Ⅱ、Ⅲ。　　C. 仅Ⅰ、Ⅱ、Ⅳ。　　D. 仅Ⅰ、Ⅱ、Ⅲ。

E. 仅Ⅱ、Ⅲ、Ⅳ。

【解析】　题干断定：

① 所有员工都得到年终资金→（该部）所有员工都考评合格；

② 财务部有些员工考评合格；

③ 综合部所有员工都得到年终资金；

④ 行政部的赵强考评合格。

由①和③，可推出Ⅲ假，即Ⅲ不可能为真。Ⅰ、Ⅱ、Ⅳ都不能由题干的条件推出为假，因此都可能为真。答案是 C。

【例 2-61】　10 月 6 日晚上，张强要么去电影院看了电影，要么拜访了他的朋友秦玲。如果那天晚上张强开车回家，他就没去电影院看电影。只有张强事先与秦玲约定，张强才能去拜访她。事实上，张强不可能事先与秦玲约定。

根据以上陈述，可以得出以下哪项？

A. 那天晚上张强与秦玲一道去电影院看电影。

B. 那天晚上张强拜访了他的朋友秦玲。

C. 那天晚上张强没有开车回家。

D. 那天晚上张强没有去电影院看电影。

E. 那天晚上张强开车去电影院看电影。

【解析】　答案是 C。

题干概括：

①要么看了电影，要么拜访了秦玲；

②开车回家→¬看电影；

③拜访秦玲→事先约定；

④¬事先约定。

答案容易得到。具体解析略。

【例 2-62】 （第 1～3 题基于以下题干）

东宇大学公开招聘三个教师职位，哲学学院、管理学院和经济学院各一个。每个职位都有分别来自南山大学、西京大学、北清大学的候选人。有位"聪明"人士李先生对招聘结果做出了如下预测：如果哲学学院录用北清大学的候选人，那么管理学院录用西京大学的候选人；如果管理学院录用南山大学的候选人，那么哲学学院也录用南山大学的候选人；如果经济学院录用北清大学或者西京大学的候选人，那么管理学院录用北清大学的候选人。

1. 如果哲学学院、管理学院和经济学院最终录用的候选人的大学归属信息依次如下，则哪项符合李先生的预测？

A. 南山大学、南山大学、西京大学。

B. 北清大学、南山大学、南山大学。

C. 北清大学、北清大学、南山大学。

D. 西京大学、北清大学、南山大学。

E. 西京大学、西京大学、西京大学。

2. 若哲学学院最终录用西京大学的候选人，则以下哪项表明李先生的预测错误？

A. 管理学院录用北清大学候选人。

B. 管理学院录用南山大学候选人。

C. 经济学院录用南山大学候选人。

D. 经济学院录用北清大学候选人。

E. 经济学院录用西京大学候选人。

3. 如果三个学院最终录用的候选人分别来自不同的大学，则以下哪项符合李先生的预测？

A. 哲学学院录用西京大学候选人，经济学院录用北清大学候选人。

B. 哲学学院录用南山大学候选人，管理学院录用北清大学候选人。

C. 哲学学院录用北清大学候选人，经济学院录用西京大学候选人。

D. 哲学学院录用西京大学候选人，管理学院录用南山大学候选人。

E. 哲学学院录用南山大学候选人，管理学院录用西京大学候选人。

【解析】 李先生预测：

哲学录用北清→管理录用西京

管理录用南山→哲学录用南山

（经济录用北清∨经济录用西京）→管理录用北清

1. 哲学　　　管理　　　经济

A. 南山大学、南山大学、西京大学

　　　　不符合：（经济录用北清∨经济录用西京）→管理录用北清

B. 北清大学、南山大学、南山大学

　　　　　不符合：哲学录用北清→管理录用西京

C. 北清大学、北清大学、南山大学

　　　　　不符合：哲学录用北清→管理录用西京

D. 西京大学、北清大学、南山大学

　　　　　　不违反李先生的预测

E. 西京大学、西京大学、西京大学

　　　　不符合：（经济录用北清∨经济录用西京）→管理录用北清

答案是 D。

2. 如果 B 项成立，则由李先生的预测：管理录用南山→哲学录用南山，可得哲学录用南山，不符合本题的条件，因此，李先生的预测不成立。答案是 B。

3. A 项不符合。由经济录用北清，根据"（经济录用北清∨经济录用西京）→管理录用北清"可得管理录用北清。即可得经济和管理都录用北清，违反本题条件。

C 项不符合。因为由哲学录用北清，根据"哲学录用北清→管理录用西京"可得管理录用西京。又 C 项断定经济录用西京，得"管理和经济都录用西京"，违反本题条件。

D 项不符合："管理录用南山→哲学录用南山"。

E 项不符合。由管理录用西京，根据"（经济录用北清∨经济录用西京）→管理录用北清"得经济录用南山，即得哲学和经济都录用南山，违反本题条件。

答案是 B。

【例 2-63】　针对威胁人类健康的甲型 H1N1 流感，研究人员研制出了相应的疫苗，尽管这些疫苗是有效的，但某大学研究人员发现，阿司匹林、羟苯基乙酰胺等抑制某些酶的药物会影响疫苗的效果。这位研究人员指出："如果你使用了阿司匹林或者对乙酰氨基酚，那么你注射疫苗后就必然不会产生良好的抗体反应。"

如果小张注射疫苗后产生了良好的抗体反应，那么根据上述研究结果可以得出以下哪项结论？

A. 小张服用了阿司匹林，但没有服用对乙酰氨基酚。

B. 小张没有服用阿司匹林，但感染了 H1N1 流感病毒。

C. 小张服用了阿司匹林，但没有感染 H1N1 流感病毒。

D. 小张没有服用阿司匹林，也没有服用对乙酰氨基酚。

E. 小张服用了对乙酰氨基酚，但没有服用羟苯基乙酰胺。

【解析】

$$（阿司匹林 \lor 对乙酰氨基酚）\to \neg 良好抗体反应$$
$$良好抗体反应$$

$$\overline{\qquad\qquad\qquad\qquad\qquad\qquad\qquad\qquad\qquad}$$

$$所以，\neg 阿司匹林 \land \neg 对乙酰氨基酚$$

答案是 D。

【例 2-64】　域控制器存储了域内的账户、密码和属于这个域的计算机三项信息。当计算机接入网络时，域控制器首先要鉴别这台计算机是否属于这个域，用户使用的登录账户是否存在，密码是否正确。如果三项信息均正确，则允许登录；如果以上信息有一项不正确，那么域控制器就会拒绝这个用户从这台计算机登录。小张的登录账号是正确的，但是域控制器拒绝小张的计算机登录。

基于以上陈述能得出以下哪项结论？

A. 小张输入的密码是错误的。

B. 小张的计算机不属于这个域。

C. 如果小张的计算机属于这个域，那么他输入的密码是错误的。

D. 只有小张输入的密码是正确的，他的计算机才属于这个域。

E. 如果小张输入的密码是正确的，那么他的计算机属于这个域。

【解析】　题干概括：

$$（域归属正确 \land 账号正确 \land 密码正确）\to 允许登录$$
$$账号正确 \land \neg 允许登录$$

$$\overline{\qquad\qquad\qquad\qquad\qquad\qquad\qquad\qquad\qquad}$$

$$?$$

推导：

①（域归属正确 $\land$ 账号正确 $\land$ 密码正确）$\to$ 允许登录

　$\neg$ 允许登录

$$\overline{\qquad\qquad\qquad\qquad\qquad\qquad\qquad\qquad}$$

　$\neg$ 域归属正确 $\lor$ $\neg$ 账号正确 $\lor$ $\neg$ 密码正确

②$\neg$ 域归属正确 $\lor$ $\neg$ 账号正确 $\lor$ $\neg$ 密码正确

　账号正确

$$\overline{\qquad\qquad\qquad\qquad\qquad\qquad\qquad\qquad}$$

　$\neg$ 域归属正确 $\lor$ $\neg$ 密码正确

③$\neg$ 域归属正确 $\lor$ $\neg$ 密码正确

　$=$ 域归属正确 $\to$ $\neg$ 密码正确

答案是 C。

【例 2-65】　在本年度篮球联赛中，长江队主教练发现，黄河队五名主力队员之间的上场配置有如下规律：

Ⅰ. 若甲上场，则乙也要上场。

Ⅱ. 只有甲不上场，丙才不上场。

Ⅲ. 要么丙不上场，要么乙和戊中有人不上场。

Ⅳ. 除非丙不上场，否则丁上场。

若乙不上场，则以下哪项配置合乎上述规律？

A. 甲、丙、丁同时上场。

B. 丙不上场，丁、戊同时上场。

C. 甲不上场，丙、丁都上场。

D. 甲、丁都上场，戊不上场。

E. 甲、丁、戊都不上场。

【解析】　条件：

①甲→乙；

②只有¬甲，才¬丙（甲→丙）；

③要么¬丙，要么（¬乙∨¬戊）；

④丙→丁；

⑤¬乙。

由①和⑤得结论 1：

$$¬甲$$

由⑤得结论 2：

$$（¬乙∨¬戊）$$

由结论 2 和③，得结论 3：

$$丙$$

由④和结论 3，得结论 4：

$$丁$$

答案是 C。

【例 2-66】　某集团公司有四个部门，分别生产冰箱、彩电、电脑和手机。根据前三个季度的数据统计，四个部门经理对 2010 年全年的赢利情况做了如下推测：

● 冰箱部门经理：今年手机部门会赢利。

● 彩电部门经理：如果冰箱部门今年赢利，那么彩电部门就不会赢利。

● 电脑部门经理：如果手机部门今年没赢利，那么电脑部门也没赢利。

● 手机部门经理：今年冰箱和彩电部门都会赢利。

全年数据统计完成后，发现上述四个预测只有一个符合事实。

关于该公司各部门的全年赢利情况，以下除哪项外，均可能为真？

A. 彩电部门赢利，冰箱部门没赢利。

B. 冰箱部门赢利，电脑部门没赢利。

C. 电脑部门赢利，彩电部门没赢利。

D. 冰箱部门和彩电部门都没赢利。

E. 冰箱部门和电脑部门都赢利。

【解析】 题干概括如下：

● 冰箱经理：手机

● 彩电经理：冰箱→¬彩电

● 电脑经理：¬手机→¬电脑

● 手机经理：冰箱∧彩电

彩电部门经理和手机部门经理的断定互相矛盾，必有一真。因为四个断定只有一真，因此，冰箱、电脑部门经理的断定为假。由冰箱、电脑部门经理的断定为假，得手机部门没赢利，并且电脑部门赢利。因此，B不可能为真。答案是B。

【例2-67】 在恐龙灭绝6 500万年后的今天，地球正面临着又一次物种大规模灭绝的危机。截至20世纪末，全球大约有20％的物种灭绝。现在，大熊猫、西伯利亚虎、北美玳瑁、巴西红木等许多珍稀物种面临着灭绝的危险。有三位学者对此做了预测。

● 学者一：如果大熊猫灭绝，则西伯利亚虎也将灭绝。

● 学者二：如果北美玳瑁灭绝，则巴西红木不会灭绝。

● 学者三：或者北美玳瑁灭绝，或者西伯利亚虎不会灭绝。

如果三位学者的预测都为真，则以下哪项一定为假？

A. 大熊猫和北美玳瑁都将灭绝。

B. 巴西红木将灭绝，西伯利亚虎不会灭绝。

C. 大熊猫和巴西红木都将灭绝。

D. 大熊猫将灭绝，巴西红木不会灭绝。

E. 巴西红木将灭绝，大熊猫不会灭绝。

【解析】 题干概括如下：

① 大熊猫→西伯利亚虎；

② 北美玳瑁→¬巴西红木；

③ 北美玳瑁∨¬西伯利亚虎   （¬北美玳瑁→¬西伯利亚虎）。

由①和③，得：

④ 大熊猫→北美玳瑁。

由④和②，得：

⑤ 大熊猫→¬巴西红木。

⑤和 C 项（大熊猫∧巴西红木）矛盾！答案是 C。

【例 2-68】　只有具有一定文学造诣且具有生物学专业背景的人，才能读懂这篇文章。

如果上述命题为真，以下哪项不可能为真？

A. 小张没有读懂这篇文章，但他的文学造诣是大家所公认的。

B. 计算机专业的小王没有读懂这篇文章。

C. 从未接触过生物学知识的小李读懂了这篇文章。

D. 小周具有生物学专业背景，但他没有读懂这篇文章。

E. 生物学博士小赵读懂了这篇文章。

【解析】　题干断定：

$$读懂→（文学造诣∧生物学背景）$$

如果 C 项为真，则题干的断定不成立。因此，如果题干为真，则 C 项不可能为真。答案是 C。

【例 2-69】　2010 年上海世博会盛况空前，200 多个国家场馆和企业主题馆让人目不暇接。大学生王刚决定在学校放暑假的第二天前往世博会参观。前一天晚上，他特别上网查看了各位网友对热门场馆选择的建议，其中最吸引王刚的有三条：

（1）如果参观沙特馆，就不参观石油馆。

（2）石油馆和中国国家馆择一参观。

（3）中国国家馆和石油馆不都参观。

实际上，第二天王刚的世博会行程非常紧凑，他没有接受上述三条建议中的任何一条。

关于王刚所参观的热门场馆，以下哪项描述正确？

A. 参观沙特馆、石油馆，没有参观中国国家馆。

B. 沙特馆、石油馆、中国国家馆都参观了。

C. 沙特馆、石油馆、中国国家馆都没有参观。

D. 没有参观沙特馆，参观石油馆和中国国家馆。

E. 没有参观石油馆，参加沙特馆、中国国家馆。

【解析】　题干断定如下：

①沙特→¬石油；

②要么石油，要么中国；

③¬（中国∧石油）。

由否定①得"沙特∧石油"。由否定③得"中国∧石油"。答案是 B。

【例2-70】 有关数据显示，2011年全球新增870万结核病患者，同时有140万患者死亡。因为结核病菌对抗生素有耐药性，所以对结核病的治疗一直都进展缓慢。如果不能在近几年消除结核病，那么还会有数百万人死于结核病。如果要控制这种流行病，就要有安全、廉价的疫苗。目前有12种新疫苗正在测试之中。

根据以上信息，可以得出以下哪项？

A. 2011年结核病患者死亡率已达16.1%。

B. 有了安全、廉价的疫苗，我们就能控制结核病。

C. 如果解决了抗生素的耐药性问题，结核病治疗将会获得突破性进展。

D. 只有在近几年消除结核病，才能避免数百万人死于这种病。

E. 新疫苗一旦应用于临床，将有效控制结核病的传播。

【解析】 答案是D。

题干概括：

①不能在近几年消除结核病 →数百万人死于结核病；

②控制这种流行病 → 有安全、廉价的疫苗。

D项：避免数百万人死于结核病→在近几年消除结核病。D项是条件①的逆否式。

题干所断定的870万是2011年全球新增的结核病患者人数，不是患者总人数。因此，A项不成立。

题干断定：因为结核病菌对抗生素有耐药性，所以对结核病的治疗一直都进展缓慢。这一断定不能表达为：结核病菌对抗生素有耐药性→对结核病的治疗一直都进展缓慢。

"因为A，所以B"，有时只表达因果关系，不表达条件关系；但有时也同时表达条件关系。

因果关系分为一因一果、一因多果和多因一果。在前两种情况下，如果A是B的原因，则A同时也是B的充分条件。例如，"因为被疟蚊叮咬，所以生疟疾"，可以表达为：被疟蚊叮咬→生疟疾。"因为天下雨，所以地上湿"，可以表达为：天下雨→地上湿。但在多因一果的情况下，如果A是B的原因，则A不一定是B的充分条件。例如，"因为长年吸烟，所以患肺癌"，就不能表达为：长年吸烟→患肺癌。

需要强调的是，一个推理或论证的结构是：

A（前提，论据），因此，B（结论）。

这里的"……因此……"，表示条件关系，即：如果前提真，则结论真。

【例2-71】 若一个管理者是某领域优秀的专家学者，则他一定会管理好公司的基本事务；一位品行端正的管理者可以得到下属的尊重；但是对所有领域都一知半解的人一定不会得到下属的尊重。浩瀚公司董事会只会解除那些没有管理好公司基本事务者的职务。

根据以上信息，可以得出以下哪项？

A. 浩瀚公司董事会不可能解除品行端正的管理者的职务。

B. 浩瀚公司董事会解除了某些管理者的职务。

C. 浩瀚公司董事会不可能解除受下属尊重的管理者的职务。

D. 作为某领域优秀专家学者的管理者，不可能被浩瀚公司董事会解除职务。

E. 对所有领域都一知半解的管理者，一定会被浩瀚公司董事会解除职务。

【解析】　答案是 D。

题干断定：若一个管理者是优秀的专家学者，则他一定会管理好公司基本事务

$$=优秀的专家学者→管理好公司基本事务①$$

题干又断定：浩瀚公司董事会只会解除那些没有管理好公司基本事务者的职务

$$=只有没有管理好公司基本事务者，才会被解除职务$$

$$=被解除职务→没有管理好公司基本事务$$

$$=管理好公司基本事务→不会被解除职务②$$

由①和②可得：

$$优秀的专家学者→不会被解除职务（D 项）$$

【例 2-72】　张教授指出，明清时期科举考试分为四级，即院试、乡试、会试、殿试。院试在县府举行，考中者称"生员"；乡试每三年在各省省城举行一次，生员才有资格参加，考中者称为"举人"，举人第一名称"解元"；会试于乡试后第二年在京城礼部举行，举人才有资格参加，考中者称为"贡士"，贡士第一名称"会元"；殿试在会试当年举行，由皇帝主持，贡士才有资格参加，录取分三甲，一甲三名，二甲、三甲各若干名，统称为"进士"，一甲第一名称"状元"。

根据张教授的陈述，以下哪项是不可能的？

A. 未中解元者，不曾中会元。

B. 中举者不曾中进士。

C. 中状元者曾为生员和举人。

D. 中会元者不曾中举。

E. 可有连中三元者（解元、会元、状元）。

【解析】　答案是 D。

题干概括：

$$进士（状元）→贡士（会元）→举人（解元）→生员$$

D 项断定：会元 $\land$ ¬举人，肯定前件，否定后件，不可能为真。

【例 2-73】　环宇公司规定，其所属的各营业分公司，如果年营业额超过 800 万元，其职员可获得优秀奖；只有年营业额超过 600 万元，其职员才能获得激励奖。年终统计显

示，该公司所属的 12 个分公司中，6 个年营业额超过了 1 000 万元，其余的则不足 600 万元。

如果上述断定为真，则以下哪项关于该公司今年获奖情况的断定一定为真？

Ⅰ．获得激励奖的职员，一定获得优秀奖。

Ⅱ．获得优秀奖的职员，一定获得激励奖。

Ⅲ．半数职员获得了优秀奖。

A. 仅有Ⅰ。　　　　　　B. 仅Ⅱ。　　　　　　C. 仅Ⅲ。

D. 仅Ⅰ和Ⅱ。　　　　E. Ⅰ、Ⅱ和Ⅲ。

【解析】　题干概括：超过 800 万元→优秀奖；激励奖→超过 600 万元；要么超过 1 000 万元，要么不足 600 万元。

Ⅰ一定为真。由题干，获得激励奖，则超过 600 万元；又由题干，各分公司的年营业额，要么超过 1 000 万元，要么不足 600 万元。因此，超过 600 万元的，一定超过 800 万元；而超过 800 万元，则获优秀奖。因此，获得激励奖，一定可获优秀奖。

Ⅱ不一定为真。根据题干的条件，由获优秀奖，得不出任何确定结论。

Ⅲ不一定为真。因为分公司数量的半数，和职员数量的半数不是同一个概念。答案是 A。

第三章　如何应对 A 类题（上）：若干要点

B类题是形式逻辑题，可以凭借试题的某些形式的、外在的特征解题，有时甚至可以绕开试题的具体内容。A 类题是非形式逻辑题。解答 A 类题，一个不可取代的途径是：深入到该题的具体内容中去，具体问题具体分析。任何有用的技巧（且不说伪技巧），都不能代替此种"具体问题具体分析"。A 类题就像一个有外壳的果仁，关于这个果仁的味道，有五个选项：酸、甜、苦、辣、麻。要解答这样的试题，必须把"外壳"咬破。解题的技巧，是咬破"外壳"的技巧，不是不咬破"外壳"也能知个中滋味的"技巧"。希望能如同应对有些 B 类题那样，仅凭借某些形式的、外在的特征解答 A 类题，既不切实际，更不利于正确迅速地解题。

下面要讨论的要点，也大都适用于 B 类题，但主要是针对 A 类题的。

第一节　快速准确地阅读和理解题干

正如已经指出的，试题的题干有一定的文字长度和信息量，有的则有较长的文字和较大的信息量。MBA 逻辑试题的测试目标之一，是考生对于文字信息的阅读理解能力。因此，考生首先受到挑战的是，如何迅速准确地理解并恰当整理题干的文字信息，其次才是基于此之上如何正确地思考。

如何快速准确地阅读和理解题干？最有效的途径是多加训练。

在这个问题上，注意以下几点是有益的：第一，区分相干信息和不相干信息；第二，在相干信息中，抓住关键信息；第三，抓住关键性概念；第四，作恰当的简约概括；第五，带着问题读题干。

一、区分相干信息和不相干信息

【例 3-1】　美国射击选手埃蒙斯是赛场上的"倒霉蛋"。在 2004 年雅典奥运会男子步枪决赛中，他在领先对手 3 环的情况下将最后一发子弹打在别人靶上，失去即将到手的奖牌。然而，他却得到美丽的捷克姑娘卡特琳娜的安慰，最后赢得了爱情。这真是应了一句俗语：如果赛场失意，那么情场得意。

　　如果这句俗语是真的，以下哪项陈述一定是假的？

　　A. 只有赛场失意，才会情场得意。

　　B. 只有情场失意，才会赛场得意。

　　C. 赛场和情场皆得意。

　　D. 赛场和情场皆失意。

　　E. 赛场失意，但情场得意。

　　【解析】　答案是 D。

此题的相关信息只有题干第一段最后一句，其余均是不相干信息。

　　【例 3-2】　（第 1、2 题基于以下题干）区别于知识型考试，能力型考试的理想目标，是要把短期行为的应试辅导对于成功应试所起的作用降低到最低限度。能力型考试从理念上不认同应试辅导。一项调查表明，参加各种专业硕士考前辅导班的考生平均成绩，反而低于未参加任何辅导的考生。因此，考前辅导不利于专业硕士考生的成功应试。

　　1. 以下哪项相关断定如果为真，能削弱上述论证？

　　Ⅰ. 参加考前辅导而实考成绩较差的考生，如果不参加考前辅导，实考成绩会更差。

　　Ⅱ. 未参加考前辅导而实考成绩较好的考生，如果参加考前辅导，实考成绩会更好。

　　Ⅲ. 基础较差的考生更会选择考前辅导。

　　A. 仅Ⅰ。　　　　B. 仅Ⅱ。　　　　C. 仅Ⅲ。　　　　D. 仅Ⅰ和Ⅱ。

　　E. Ⅰ、Ⅱ和Ⅲ。

　　【解析】　Ⅰ和Ⅱ能削弱题干是显然的。题干是通过类比来论证结论的。为使此种类比有说服力，进行类比的两个样本的相关属性必须类似或一致。Ⅲ断定，基础较差的考生更会选择考前辅导，这说明，题干类比的两个样本的一个关键属性不一致。这就有力地削弱了题干的论证。答案是 E。

　　2. 为使上述论证成立，以下哪项是必须假设的？

　　A. 专业硕士考试是能力型考试。

　　B. 上述辅导班都是名师辅导。

　　C. 在上述调查对象中，经过考前辅导的考生在辅导前的平均水平和未参加辅导的考生大致相当。

　　D. 专业硕士考试对于考生的水平有完全准确的区分度。

　　E. 在上述调查对象中，男女比例大致相当。

　　【解析】　为使上述论证成立，C 项是必须假设的。否则，例如，如果经过考前辅导的考生在辅导前的平均水平，远远低于未参加辅导的考生，那么，题干的论证显然没有说服力。

A 项不是必须假设的。虽然题干有各种专业硕士考试是能力型考试的含义，但这一含义不是题干论证的必要论据。题干的结论是，考前辅导不利于考生的成功应试；其论据是，参加各种考前辅导班的考生的实际考试平均成绩，反而低于未参加任何辅导的考生。即使各种专业硕士考试事实上不是能力型考试，这一论证仍然可以成立。

为使题干的论证成立，确实需要假设：专业硕士考试对于考生的水平有足够准确的区分度。但 D 项断定过强了，不是必须假设的。事实上任何一种考试都不可能有完全准确的区分度。答案是 C。

不难发现，上例两题仅涉及对题干中的论证进行评价。因此，尽管题干表述的内容是具有连贯性的一个整体，但其中只有后半部分是相干信息，前半部分是不相干信息。即在该题干中，与解题相关的信息是："一项调查表明，参加各种专业硕士考前辅导班的考生平均成绩，反而低于未参加任何辅导的考生。因此，考前辅导不利于专业硕士考生的成功应试。"其余的都是不相关信息。

【例 3-3】　蟋蟀是一种非常有趣的小动物，宁静的夏夜，草丛中传来阵阵清脆悦耳的鸣叫声，那是蟋蟀在唱歌。蟋蟀优美动听的歌声并不是出自它的好嗓子，而是来自它的翅膀。左右两翅一张一合，相互摩擦，就可以发出悦耳的响声了。蟋蟀还是建筑专家，与它那柔软的挖掘工具相比，蟋蟀的住宅真可以算得上是伟大的工程了。在其住宅门口，有一个收拾得非常舒适的平台。夏夜，除非下雨或者刮风，否则蟋蟀肯定会在这个平台上歌唱。

根据以上陈述，以下哪项是蟋蟀在无雨的夏夜所做的？

A. 修建住宅。　　　B. 收拾平台。　　　C. 在平台上歌唱。

D. 如果没有刮风，它就在抢修工程。

E. 如果没有刮风，它就在平台上唱歌。

【解析】　题干概括：

$$除非下雨或者刮风，否则歌唱$$
$$= \neg（下雨 \lor 刮风）\rightarrow 唱歌$$
$$=（\neg 下雨 \land \neg 刮风）\rightarrow 唱歌$$

即在无雨的夏夜，"如果没有刮风，它就在平台上唱歌"。

在该题干中，只有"夏夜，除非下雨或者刮风，否则蟋蟀肯定会在这个平台上歌唱"是解题的相干信息，其余都是不相干信息。答案是 E。

【例 3-4】　某县县委关于下周一几位领导的工作安排如下：

①如果李副书记在县城值班，那么他就要参加宣传工作例会；

②如果张副书记在县城值班，那么他就要做信访接待工作；

③如果王书记下乡调研，那么张副书记或李副书记就需在县城值班；

④只有参加宣传工作例会或做信访接待工作，王书记才不下乡调研；

⑤宣传工作例会只需分管宣传的副书记参加，信访接待工作也只需一名副书记参加。

根据上述工作安排，可以得出以下哪项？

A. 张副书记做信访接待工作。

B. 王书记下乡调研。

C. 李副书记参加宣传工作例会。

D. 李副书记做信访接待工作。

E. 张副书记参加宣传工作例会。

【解析】　答案是 B。

题干概括：王是书记，李、张是副书记。

①李值班→李参加宣传例会；

②张值班→张做信访接待；

③王下乡→张值班∨李值班；

④¬王下乡→（王参加宣传例会∨王做信访接待）；

⑤宣传工作例会只需分管宣传的副书记参加，信访接待工作也只需一名副书记参加。

由条件⑤，得王书记不参加宣传工作例会，也不做信访接待工作，再由条件④，得王书记下乡调研。

本题的解答只需用到条件④和⑤。其他条件，对于正确解题来说，均是不相干信息，依据这些条件思考，就可能出错。因此，所谓不相干信息，对于试题本身来说，是干扰信息。

二、抓住关键信息

【例 3-5】　法律规定，不论是驾驶员还是乘客，坐在行驶的小汽车中必须系好安全带。有人对此持反对意见。其理由是，每个人都有权冒自己愿意承担的风险，只要这种风险不会给别人带来损害。因此，坐在汽车里系不系安全带，纯粹是个人的私事，正如有人愿意承担风险去炒股，有人愿意承担风险去攀岩纯属他个人的私事一样。

以下哪项，如果为真，最能对上述反对意见提出质疑？

A. 尽管确实为了保护每个乘客自己，而并非为了防备伤害他人，但所有航空公司仍然要求每个乘客在飞机起飞和降落时系好安全带。

B. 汽车保险费近年来连续上涨，原因之一，是由于不系安全带造成的伤亡使得汽车保险赔偿费连年上涨。

C. 在实施了强制要求系安全带的法律以后，美国的汽车交通事故死亡率明显下降。

D. 炒股或攀岩之类的风险是有价值的风险，不系安全带的风险是无谓的风险。

E. 法律的实施带有强制性，不管它的反对意见看来多么有理。

【解析】　如果 B 项为真，则说明不系安全带不是汽车主的纯个人私事，它引起的汽车保险费的上涨损害了全体汽车主的利益。这就对题干中的反对意见提出了有力的质疑。答案是 B。

其余各项均不能构成有力的质疑。例如，C 项反驳或质疑的是，系安全带对于交通安全并没有什么意义；D 项反驳或质疑的是，风险都是有价值的。这些都不是题干反对意见的论据。

显然，在上题中，题干的关键信息是：反对意见认为，坐在汽车里系不系安全带，纯粹是个人的私事。

三、抓住关键概念

【例 3-6】　足球是一项集体运动，若想不断取得胜利，每个强队都必须有一位核心队员，他总能在关键场次带领全队赢得比赛。友南是某国甲级联赛强队西海队队员。据某记者统计，在上赛季参加的所有比赛中，有友南参赛的场次，西海队胜率高达 75.5%，只有 16.3% 的平局，8.2% 的场次输球；而在友南缺阵的情况下，西海队胜率只有 58.9%，输球的比赛高达 23.5%。该记者由此得出结论，友南是上赛季西海队的核心队员。

以下哪项如果为真，最能质疑该记者的结论？

A. 上赛季友南上场且西海队输球的比赛，都是西海队与传统强队对阵的关键场次。

B. 本赛季开始以来，在友南上阵的情况下，西海队胜率暴跌 20%。

C. 上赛季友南缺席且西海队输球的比赛，都是小组赛中西海队已经确定出线后的比赛。

D. 西海队队长表示："没有友南我们将失去很多东西，但我们会找到解决办法。"

E. 西海队教练表示："球队是一个整体，不存在有友南的西海队和没有友南的西海队。"

【解析】　题干断定，核心队员总能在关键场次带领全队赢得比赛。A 项断定，上赛季友南上场且西海队输球的比赛，都是西海队与传统强队对阵的关键场次。因此，有力地质疑了题干记者的结论。

题干记者推论的漏洞是：仅根据胜率的高低来判定是否为核心队员，而忽视了是否为关键场次。

关键概念：关键场次。忽视了这一关键概念，就会忽视记者推论的漏洞，B 项就会有很强的干扰性。答案是 A。

【例 3-7】 按照联合国开发计划署 2007 年的统计，挪威是世界上居民生活质量最高的国家，欧美和日本等发达国家也名列前茅。如果统计 1990 年以来生活质量改善最快的国家，发达国家则落后了。至少在联合国开发计划署统计的 116 个国家中，17 年来，非洲东南部国家莫桑比克的生活质量提高最快，2007 年其生活质量指数比 1990 年提高了 50%。很多非洲国家取得了和莫桑比克类似的成就。作为世界上最受瞩目的发展中国家，中国的生活质量指数在过去 17 年中也提高了 27%。

以下哪项可以从联合国开发计划署的统计中得出？

A. 2007 年，发展中国家的生活质量指数都低于西方国家。

B. 2007 年，莫桑比克的生活质量指数不高于中国。

C. 2006 年，日本的生活质量指数不高于中国。

D. 2006 年，莫桑比克的生活质量的改善快于非洲其他各国。

E. 2007 年，挪威的生活质量指数高于非洲各国。

【解析】 题干断定：挪威是世界上居民生活质量最高的国家。由此显然可以推出 E 项。

"生活质量指数"这一概念反映生活质量的高低；"生活质量指数上升率"这一概念反映生活质量改善的快慢。这是两个不同的概念，要注意区分它们的不同含义。答案是 E。

关键概念：

生活质量指数＝生活质量的高低

生活质量指数上升率＝生活质量改善的快慢

【例 3-8】 S 市环保检测中心的统计分析表明，2009 年空气质量为优的天数为 150 天，比 2008 年多出 22 天；二氧化碳、一氧化碳、二氧化氮、可吸入颗粒物四项污染物浓度平均值，与 2008 年相比分别下降了约 21.3%、25.6%、26.2%、15.4%。S 市环保负责人指出，这得益于近年来本市政府持续采取的控制大气污染的相关措施。

以下除哪项外，均能支持上述市环保负责人的看法？

A. S 市广泛展开环保宣传，加强了市民的生态理念和环保意识。

B. S 市启动了内部控制污染方案，凡是不达标的燃煤锅炉停止运行。

C. S 市执行了机动车排放国 IV 标准，单车排放比 III 降低了 49%。

D. S 市市长办公室最近研究了焚烧秸秆的问题，并着手制定相关条例。

E. S 市制定了"绿色企业"标准，继续加快污染重、能耗高的企业的退出。

【解析】 题干中负责人的结论是：S 市环保状况改善得益于近年来本市政府持续采取的控制大气污染的相关措施。这里，"持续采取"是解答此题的一关键概念。

D 项不能支持题干，因为 D 项所涉及的环保措施尚未实施，谈不上"持续采取"。答案是 D。

【例 3-9】　随着光纤网络带来的网速大幅度提高，高速下载电影、在线观看大片等都不再是困扰我们的问题。即使在社会生产力发展水平较低的国家，人们也可以通过网络随时随地获得最快的信息、最贴心的服务和最佳体验。有专家据此认为：光纤网络将大幅提高人们的生活质量。

以下哪项如果为真，最能质疑该专家的观点？

A. 网络上所获得的贴心服务和美妙体验有时是虚幻的。

B. 即使没有光纤网络，同样可以创造高品质的生活。

C. 随着高速网络的普及，相关上网费用也随之增加。

D. 人们生活质量的提高仅决定于社会生产力的发展水平。

E. 快捷的网络服务可能使人们将大量时间消耗在娱乐上。

【解析】　答案是 D。

题干概括：

论据：光纤网络能提供快捷服务。

结论：光纤网络将大幅提高人们，包括生产力发展水平较低的国家人们的生活质量。

D 项断定：社会生产力发展水平是决定生活质量的唯一因素，由此得社会生产力发展水平较低的国家人们的生活质量不可能大幅提高。这是对题干的严重质疑。

其余各项和题干的论证均相干，其中，B 项不能削弱题干，A、C、E 项均能削弱题干，但力度不如 D 项。

此题的关键概念是"社会生产力发展水平"。如果忽视这个关键概念，题干就会被不当地概括为：

论据：光纤网络能提供快捷服务。

结论：光纤网络将大幅提高人们的生活质量。

如果这样，A、C 和 E 项的干扰力度将大大增强。

【例 3-10】　有 90 个病人，都患难治疾病 T，服用过同样的常规药物。这些病人被分为人数相等的两组，第一组服用一种用于治疗 T 的试验药物 W 素，第二组服用不含有 W 素的安慰剂。10 年后的统计显示，两组都有 44 人死亡。因此，这种试验药物是无效的。

以下哪项如果为真，最能削弱上述论证？

A. 在上述死亡的病人中，第二组的平均死亡年份比第一组早两年。

B. 在上述死亡的病人中，第二组的平均寿命比第一组小两岁。

C. 在上述活着的病人中，第二组的比第一组的病情更严重。

D. 在上述活着的病人中，第二组的比第一组的更年长。

E. 在上述活着的病人中，第二组的比第一组的更年轻。

【解析】　答案是 A。

此题的关键概念是"10 年后"。10 年是个不短的时间段，注意到这一关键概念，就会合理地思考：在死亡的 44 人中，哪一组的人存活的时间较长？A 项如果为真，说明服用试验药物的患者平均多存活两年，这就有力地削弱了题干的论证。

【例 3-11】　"闪婚"是指男女双方恋爱不到半年就结婚。某研究所对 H 市法院审理的所有离婚案件做了调查。结果显示，闪婚夫妻三年内起诉离婚的比例远远高于非闪婚夫妻。该研究机构据此认为，闪婚是目前夫妻离婚的一个重要原因。

下列哪项如果为真，最能削弱以上论证？

A. 调查发现，离婚最快的夫妻往往不是闪婚夫妻。

B. 到该 H 市民政部门办理的协议离婚案件占该市离婚案件总量的 70%。

C. 调查显示，闪婚夫妻婚后感情更加融洽。

D. 调查显示，恋爱时间过长的夫妻离婚率高于闪婚夫妻。

E. 非闪婚夫妻离婚的情况也不在少数。

【解析】　结论：闪婚是目前夫妻离婚的一个重要原因。论据：闪婚夫妻三年内起诉离婚的比例远远高于非闪婚夫妻。B 项如果为真，说明题干的论据只涉及起诉离婚，而大多数离婚是协议离婚。这就有力地削弱了题干的论证。"起诉离婚"和"协议离婚"是解答此题的关键概念。答案是 B。

四、简约概括

如果题干较长，陈述比较繁复，可用某种有助于理解与思考题干的恰当方式，对题干进行简约概括。这种概括方式只要考生自己能看懂就行。

【例 3-12】　土耳其自 1987 年申请加入欧盟，直到目前双方仍在进行艰难的谈判。从战略上考虑，欧盟需要土耳其，如果断然对土耳其说"不"，欧盟将会在安全、司法、能源等方面失去土耳其的合作。但是，如果土耳其加入欧盟，则会给欧盟带来文化宗教观不协调、经济补贴负担沉重、移民大量涌入冲击就业市场等一系列问题。

以下哪项结论可以从上面的陈述中推出？

A. 从长远看，欧盟不能既得到土耳其的全面合作，又完全避免土耳其加入欧盟而带来的困难问题。

B. 如果土耳其达到了欧盟设定的政治、经济等入盟标准，它就能够加入欧盟。

C. 欧盟或者得到土耳其的全面合作，或者完全避免土耳其加入欧盟而带来的麻烦。

D. 土耳其只有 3% 的国土在欧洲，多数欧洲人承认土耳其是欧洲国家。

E. 欧盟接纳土耳其利大于弊。

【解析】　题干概括：

$$拒绝土耳其 → 不能全面合作$$

$$接纳土耳其 → 面临一系列问题$$

因为"拒绝土耳其"和"接纳土耳其"必居其一，所以，"不能全面合作"和"面临一系列问题"必居其一。因此，"从长远看，欧盟不能既得到土耳其的全面合作，又完全避免土耳其加入欧盟而带来的困难问题"。

由题干推出 A 项的推理，是一个二难推理：

$$拒绝土耳其 → 不能全面合作$$

$$接纳土耳其 → 面临一系列问题$$

$$\underline{拒绝土耳其 \lor 接纳土耳其}$$

$$不能全面合作 \lor 面临一系列问题$$

为什么这一结论等于 A 项，而不同于 C 项？

$$A 项 = \neg（全面合作 \land 避免一系列问题）$$

$$= 不能全面合作 \lor 面临一系列问题$$

$$C 项 = 全面合作 \lor 避免一系列问题$$

$$\neq 不能全面合作 \lor 面临一系列问题$$

答案是 A。

【例 3-13】　借口就是承认活动本身是错的，但是当事人否认他应当承担责任。辩解则是承认应当对活动承担责任，但是当事人否认这项活动是错的。面对失败的事件时，人们使用借口尽可能使自己减轻应当承担的责任，而人们使用辩解的目的是试图使之看起来不至于太差。

根据以上定义，属于辩解的是：

A. 小李失去了一笔业务，给公司造成了一定损失，他说，这是由于他腿伤发作迟到了半个小时造成的。

B. 某部门工作出现失误，其负责人说："他们做决定时根本就没有征求我的意见，我对此一无所知。"

C. 某国消费者对在包装中加入一氧化碳使肉类看起来红润新鲜的做法表示质疑，但该国食品管理局称这种做法"总体上"是安全的，并对这一结论负责。

D. 某国公司产品出现质量问题，声明这是由于他们使用了其他公司生产的不合格部件造成的。

【解析】　题干概括：

$$借口 = （认错 + 不负责）$$

$$辩解 = （负责 + 不认错）$$

A项：既负责，又认错。

B项：既不负责，也不认错。

C项：负责，但不认错。

D项：不负责，但认错。

C项某国食品管理局的反应符合辩解的定义。

答案是C。

【例3-14】　一个善的行为，必须既有好的动机，又有好的效果。如果是有意伤害他人，或是无意伤害他人，但这种伤害的可能性是可以预见的，在这两种情况下，对他人造成伤害的行为都是恶的行为。

以下哪项叙述符合题干的断定？

A. P先生写了一封试图挑拨E先生与其女友之间关系的信。P的行为是恶的，尽管这封信起到了与他的动机截然相反的效果。

B. 为了在新任领导面前表现自己，争夺一个晋升名额，J先生利用业余时间解决积压的医疗索赔案件。J的行为是善的，因为S小姐的医疗索赔请求因此得到了及时的补偿。

C. 在上班途中，M女士把自己的早餐汉堡包给了街上的一个乞丐。乞丐由于急于吞咽而被意外地噎死了。所以，M女士无意中实施了一个恶的行为。

D. 大雪过后，T先生帮邻居铲除了门前的积雪，但不小心在台阶上留下了冰。他的邻居因此摔了一跤。因此，一个善的行为导致了一个坏的结果。

E. S女士义务帮邻居照看三岁的小孩。小孩在S女士不注意时跑到马路上结果被车撞了。尽管S女士无意伤害这个小孩，但她的行为还是恶的。

【解析】　题干概括：

$$善＝好动机 ＋ 好效果$$

$$恶＝已造成伤害＋\begin{cases}故意伤害他人\\无意伤害他人 ＋伤害可能性可预见\end{cases}$$

E项中S女士对小孩的伤害虽然是无意的，但这种伤害的可能性是可以预见的，因此，她的行为是恶的。E项符合题干的断定。答案是E。

其余各项均不符合题干的断定，例如，A项中P先生的所为尽管有伤害他人的动机，但事实上并没造成伤害，根据题干，不能断定其所为是恶的。

五、带着问题读题干

对于题干较长的试题，可以先读问题，然后带着问题读题干。

下例题干较长，试题的问题是：以下哪项最恰当地指出了李研究员的反驳中存在的漏洞？这一问题提示：题干中的李研究员的反驳是有漏洞的。可以先读问题，然后带着这一提示来阅读题干中张教授的陈述和李研究员的反驳。

【例 3-15】 张教授：如果没有爱迪生，人类还将生活在黑暗中。理解这样的评价，不需要任何想象力。爱迪生的发明，改变了人类的生存方式。但是，他只在学校中受过几个月的正式教育。因此，接受正式教育对于在技术发展中做出杰出贡献并不是必要的。

李研究员：你的看法完全错了。自爱迪生时代以来，技术的发展日新月异。在当代，如果你想对技术发展做出杰出贡献，即使接受当时的正式教育，全面具备爱迪生时代的知识也是远远不够的。

以下哪项最恰当地指出了李研究员的反驳中存在的漏洞？

A. 对一个关键概念的界定没有与论辩对方保持一致。

B. 提供的论据明显不符合事实。

C. 论据中包含自相矛盾的断定。

D. 低估了爱迪生的发明对当代技术发展的意义。

E. 在两个不相干的现象之间人为建立因果联系。

【解析】 不难发现，"技术发展"这个关键概念的内涵，在张教授的陈述和李研究员的反驳中不完全一致。李研究员的反驳，把张教授所说的一般意义上的技术发展，不当地限定为当代的技术发展。这样，即使李研究员的断定成立，也不能说明张教授的断定不成立。A 项恰当地指明了这一点。答案是 A。

第二节 如何应对干扰项

如果对同一道试题，我们感觉两个或两个以上的选项都满足正确性，那么最大的可能是遇到了干扰项，即似乎成立但实际上不成立的选项。

不一定每道试题都有干扰项。但确实有许多试题有干扰项。有的题可能有多个干扰项。设计干扰项，是许多试题命制的一项重要考虑，目的在于提高试题的难度和区分度。

干扰项的识别、分析和排除因题而异。

【例 3-16】 （2018 年真题）"二十四节气"是我国在农耕社会生产生活的时间活动指南，反映了从春到冬一年四季的气温、降水、物候的周期性变化规律。已知各节气的名称具有如下特点：

（1）凡含"春""夏""秋""冬"字的节气各属春、夏、秋、冬季；

（2）凡含"雨""露""雪"字的节气各属春、秋、冬季；

（3）如果"清明"不在春季，则"霜降"不在秋季；

（4）如果"雨水"在春季，则"霜降"在秋季。

根据以上信息，如果从春至冬每季只列两个节气，则以下哪项是不可能的？

A. 雨水、惊蛰、夏至、小暑、白露、霜降、大雪、冬至。

B. 惊蛰、春分、立夏、小满、白露、寒露、立冬、小雪。

C. 清明、谷雨、芒种、夏至、立秋、寒露、小雪、大寒。

D. 立春、清明、立夏、夏至、立秋、寒露、小雪、大寒。

E. 立春、谷雨、清明、夏至、处暑、白露、立冬、小雪。

【解析】 由 E 项，"清明"不在春季，再由条件（3），可得："霜降"不在秋季。由题干可得，"雨水"在春季，再由条件（4），得"霜降"在秋季。矛盾！因此，E 项不可能。

A 项是可能的。因为 A 项所列出的春季的两个节气中没有清明，得不出清明不在春季。A 项就是本题的干扰项。

答案是 E。

【例 3-17】 张云、李华、王涛都收到了明年二月初赴北京开会的通知，他们可以选择乘坐飞机、高铁与大巴等交通工具进京，他们对这次进京方式有如下考虑：

（1）张云不喜欢坐飞机，如果有李华同行，他就选择大巴；

（2）李华不计较方式，如果高铁票价比飞机票价便宜，他就选择高铁；

（3）王涛不在乎价格，除非预报二月初北京有雨雪天气，否则他就选择飞机；

（4）李华和王涛家较近，如果时间合适，他们将一同乘飞机出行。

如果上述三人的考虑都得到满足，则可以得出以下哪项？

A. 如果李华没有选择乘坐高铁或飞机，则他肯定和张云一起乘坐大巴进京。

B. 如果张云和王涛乘高铁进京，则二月初北京有雨雪天气。

C. 如果三人都乘飞机进京，则飞机票价比高铁票价便宜。

D. 如果王涛和李华乘坐飞机进京，则二月初北京没有雨雪天气。

E. 如果三人都乘坐大巴进京，则预报二月初北京有雨雪天气。

【解析】 题干概括：

（1）李华乘坐大巴→张云乘坐大巴；

（2）高铁票价比飞机票价便宜→李华乘坐高铁；

（3）¬预报二月初北京有雨雪天气→王涛乘坐飞机；

（4）时间合适→（李华乘坐飞机∧王涛乘坐飞机）。

答案是 E。

E 项能从题干推出：如果三人都乘坐大巴进京，则王涛不乘飞机，则由条件（3），得"预报二月初北京有雨雪天气"。

如何排除 A 项？

可以选择乘坐飞机、高铁与大巴等交通工具进京≠飞机∨高铁∨大巴

因此，由李华没有选择乘坐高铁或飞机，不能得出结论：他一定选择乘坐大巴。例如，他可以选择 D（动车）或 T（特快）。

如何排除 B 项？

如果张云和王涛乘高铁，则王涛未乘飞机，根据条件（3），可得：预报二月初北京有雨雪天气。但由预报二月初北京有雨雪天气，不可推得"二月初北京有雨雪天气"，因为预报可能不准确。

如何排除 C 项？

由三人都乘飞机，得李华未乘高铁，根据条件（2），得"高铁票价不比飞机票价便宜"，但由此不能推得"飞机票价比高铁票价便宜"，因为可能二者标价相同。

【例 3-18】　南京某医院整形美容中心对接受整形手术者的统计调查表明，对自己的孩子选择做割双眼皮、垫鼻梁等整形手术，绝对支持的家长高达 85%，经子女说服后同意孩子整形的占 10%，家长对子女整形的总支持率达到了 95%，比两年前 50% 的支持率高出了近一倍。

以下哪一项陈述最适合作为从上面的论述中推出的结论？

A. 95% 做整形手术的孩子得到了家长的同意。

B. 坚决不同意自己的孩子做整形手术的家长不超过 5%。

C. 10% 做整形手术的孩子给家长做了说服工作。

D. 95% 的家长支持自己的孩子做整形手术。

E. 两年前近半数的家长不支持自己的孩子做整形手术。

【解析】　答案是 A。A 和 D 项的"家长"，含义不同。前者指的是做了整形手术的孩子的家长，后者泛指所有的家长，显然，题干能推出 A，但推不出 D。D 项就是干扰项。类似地，B 和 C 项均有干扰性。

【例 3-19】　某实验室一共有三种类型的机器人，A 型能识别颜色，B 型能识别形状，C 型既不能识别颜色也不能识别形状。实验室用红球、蓝球、红方块和蓝方块对机器人 1 号和 2 号进行实验，命令它们拿起红球，但 1 号拿起了红方块，2 号拿起了蓝球。

根据上述实验，以下哪项一定为真？

A. 1 号和 2 号都一定是 C 型。

B. 1 号和 2 号中有且只有一个是 C 型。

C. 1 号是 A 型且 2 号是 B 型。

D. 1 号不是 B 型且 2 号不是 A 型。

E. 1 号不是 A 型且 2 号是不 B 型。

【解析】　指令是拿起红球。

1号拿起了红方块，足以说明1号不能识别形状；2号拿起了蓝球，足以说明2号不能识别颜色。因此，答案是D。

为什么不选C？

1号拿起了红方块，足以说明1号不能识别形状，但不足以说明1号能识别颜色。2号拿起蓝球，足以说明2号不能识别颜色，但不足以说明2号能识别形状。因此，答案不是C。

这里，C是干扰项。

【例3-20】　在接受治疗的腰肌劳损患者中，有人只接受理疗，也有人接受理疗与药物双重治疗。前者可以得到与后者相同的预期治疗效果。对于上述接受药物治疗的腰肌劳损患者来说，此种药物对于获得预期的治疗是不可缺少的。

如果上述断定为真，则以下哪项一定为真？

Ⅰ.对于一部分腰肌劳损患者来说，要配合理疗取得治疗效果，药物治疗是不可缺少的。

Ⅱ.对于一部分腰肌劳损患者来说，要取得治疗效果，药物治疗不是不可缺少的。

Ⅲ.对于所有腰肌劳损患者来说，要取得治疗效果，理疗是不可缺少的。

A. 只有Ⅰ。　　　　B. 只有Ⅱ。　　　　C. 只有Ⅲ。　　　　D. Ⅰ和Ⅱ。

E. Ⅰ、Ⅱ和Ⅲ。

【解析】　如果题干的断定为真，则Ⅰ和Ⅱ显然为真。

Ⅲ不一定为真，因为题干只是断定，在接受治疗的腰肌劳损患者中，有人只接受理疗，有人接受理疗与药物双重治疗；但没有断定，这两部分人包括所有接受治疗的腰肌劳损患者。因此，在题干断定的条件下，接受治疗的腰肌劳损患者中，完全可能有人没有接受理疗，例如，有人只接受药物治疗。因此，Ⅲ不一定为真。答案是D。

Ⅲ具有很大的干扰性。

【例3-21】　有100个受访者被问及：你是否支持在电视节目中穿插播放女性内衣广告？其中，31%表示无例外地反对；24%表示无例外地支持；38%只支持在娱乐、时尚频道播放，反对在其他频道，特别是少儿、教育频道播放；7%表示不反对也不支持。这100个受访者都是成年人，是采访者精心挑选的，他们的观点在目前电视观众中具有代表性。有意思的是，采访后发现，这些被采访者中，绝大多数10年前当女性内衣广告开始在电视中播出时被问过同样的问题，现在都仍然持有原有的观点。

如果以上陈述为真，最能支持以下哪项相关断定？

A. 对于上述问题，10年来，电视观众的观点总体上无大变化。

B. 目前多数电视观众主张任一电视节目频道都禁止此类广告。

C. 目前多数电视观众主张任一电视节目频道都允许此类广告。

D. 目前多数电视观众主张不要禁止所有电视节目频道播放此类广告。

E. 目前有电视观众认为上述问题无意义，不值得认真回答。

【解析】　答案是 D。D 是答案的理由是显然的。不难排除 B、C、E。

问题是如何排除 A？题干只断定，这 100 个受访者的观点在目前电视观众中具有代表性，但没有断定 10 年前也有此种代表性。忽视了这一点，就可能误选 A。A 是本题的干扰项。

【例 3-22】　据《科学日报》消息，1998 年 5 月，瑞典科学家在有关研究中首次提出，一种对防治老年痴呆症有特殊功效的微量元素，只有在未经加工的加勒比椰果中才能提取。

如果《科学日报》的上述消息是真实的，那么，以下哪项不可能是真实的？

Ⅰ. 1997 年 4 月，芬兰科学家在相关领域的研究中提出过，对防治老年痴呆症有特殊功效的微量元素，除了未经加工的加勒比椰果，不可能在其他对象中提取。

Ⅱ. 荷兰科学家在相关领域的研究中证明，在未经加工的加勒比椰果中，并不能提取对防治老年痴呆症有特殊功效的微量元素，这种微量元素可以在某些深海微生物中提取。

Ⅲ. 著名的苏格兰医生查理博士提出，目前不存在治疗老年痴呆症的特效药。

A. 只有Ⅰ。　　　　B. 只有Ⅰ和Ⅱ。　　C. 只有Ⅰ和Ⅲ。　　D. Ⅰ、Ⅱ和Ⅲ。

E. Ⅰ、Ⅱ和Ⅲ都可能是真实的。

【解析】　Ⅰ不可能是真的。因为由题干，上述观点是瑞典科学家在 1998 年 5 月首次提出的，因此，芬兰科学家不可能在 1997 年 4 月已经提出过。

Ⅱ 和 Ⅲ 都可能是真的。因为题干只是断定，《科学日报》登载的消息是真实的，而没有断定消息中提到的瑞典科学家的观点是正确的。答案是 A。

在此题中，如果混淆了消息的真实性和消息中提到的观点的正确性这两个不同概念，就会选择 D 项。因此，D 项是干扰项。

【例 3-23】　近期流感肆虐，一般流感患者可采用抗病毒药物的治疗。虽然并不是所有流感患者均需接受达菲等抗病毒药物的治疗，但不少医生仍强烈建议老人、儿童等易出现严重症状的患者用药。

如果以上陈述为真，则以下哪项一定为假？

Ⅰ. 有些流感患者需接受抗病毒药物的治疗。

Ⅱ. 并非有的流感患者不需接受抗病毒药物的治疗。

Ⅲ. 老人、儿童等易出现严重症状的患者不需要用药。

A. 仅Ⅰ。　　　　B. 仅Ⅱ。　　　　C. 仅Ⅲ。

D. 仅Ⅰ、Ⅱ。　　E. 仅Ⅱ、Ⅲ。

【解析】　Ⅱ断定所有的流感患者均需接受抗病毒药物的治疗，这和题干"并不是所有流感患者均需接受达菲等抗病毒药物的治疗"的断定矛盾，因此，如果题干为真，Ⅱ一定为假。Ⅲ不一定为假，因为题干的陈述为真，只是说不少医生确实有如此强烈的建议，而不是说此种建议一定有充足理由。答案是 B。Ⅲ（选项 C、E）就是本题的干扰项。

【例 3-24】　海拔越高，空气越稀薄。因为西宁的海拔高于西安，因此，西宁的空气比西安稀薄。

以下哪项中的推理与题干的最为类似？

A. 一个人的年龄越大，他就变得越成熟。老张的年龄比他的儿子大，因此，老张比他的儿子成熟。

B. 一棵树的年头越长，它的年轮越多。老张院子中槐树的年头比老李家的槐树年头长，因此，老张家的槐树比老李家的年轮多。

C. 今年马拉松冠军的成绩比前年好。张华是今年的马拉松冠军，因此，他今年的马拉松成绩比他前年的好。

D. 在激烈竞争的市场上，产品质量越高并且广告投入越多，产品需求就越大。甲公司投入的广告费比乙公司的多，因此，对甲公司产品的需求量比对乙公司的需求量大。

E. 一种语言的词汇量越大，越难学。英语比意大利语难学，因此，英语的词汇量比意大利语大。

【解析】　答案是 B。A 和 B 看来与题干的结构都类似，为什么不选 A？理由是：题干和 B 项的推理都成立，即如果前提真，结论一定真；但 A 项的推理不成立，即如果前提真，结论不一定真（例如，完全可能老张是农民，而老张的儿子当了省长）。原因在于，A 项中的"一个人的年龄越大，他就变得越成熟"，适用于自涉比较（某一个体和自身相比），不适用于互涉比较（不同个体互相比）。题干和 B 项的比较都是互涉比较，不是自涉比较。如果没注意到这一点，A 项就具有很大的干扰性。

第三节　如何理解"如果为真"

MBA 逻辑试题的最常见的提问方式是：

● "如果上述断定为真，则以下哪项一定为真？"
● "以下哪项如果为真，（最）能支持（削弱）上述论证？"
● "以下哪项如果为真，（最）能合理地解释上述现象？"

"如果为真"，是试题问句中一个最常用的关键词。正确理解这个关键词很重要。

"如果上述断定为真，则……"的含义是：第一，并不承诺上述断定是真的，也就是说，即使在提问者看来，上述断定事实上可能是真的，也可能是假的；第二，相关的讨论以"上述断定为真"作为假设或前提，不论这种假设是否符合实际、常识或相关知识。

这里可能存在两种情况：第一种情况，这种假设符合实际、常识或相关知识。在这种情况下，问题就很自然，不会干扰正确思考。综合能力试题一般都是这种情况。第二种情况，这种假设明显违反常识或相关知识。在这种情况下，问题就会变得不自然，就可能干扰正确思考。

【例 3-25】　有个叫艾克思的瑞典人最近发明了永动机。

如果上述断定为真，则以下哪项一定为真？

A. 由于永动机违反科学原理，上述断定不可能为真。

B. 所有的瑞典人都没有发明永动机。

C. 有的瑞典人没有发明永动机。

D. 有的瑞典人发明了永动机。

E. 发明永动机的只有瑞典人。

【解析】　此题题干的断定违反科学常识，因而不可能是真的。但如果假设题干为真，只能推出 D 项一定为真，不能推出其他项一定为真。答案是 D。例如，A 项显然事实上是真的，但不能从题干推出。

【例 3-26】　每一个实数表示且只表示一个时刻。

如果上述断定为真，则以下哪项不可能为真？

Ⅰ. 存在两个实数表示同一时刻。

Ⅱ. 有的时刻没有实数加以表示。

Ⅲ. 存在一个实数表示不同的时刻。

A. 只有Ⅰ。　　　　　B. 只有Ⅱ。　　　　　C. 只有Ⅲ。　　　　　D. Ⅰ、Ⅱ和Ⅲ。

E. Ⅰ、Ⅱ和Ⅲ都可能为真。

【解析】　Ⅰ可能是真的。因为"存在两个实数表示同一时刻"并不构成对"每一个实数表示且只表示一个时刻"的否定。

Ⅱ可能是真的。同样因为"有的时刻没有实数加以表示"并不构成对"每一个实数表示且只表示一个时刻"的否定。

Ⅲ不可能是真的。因为如果"存在一个实数表示不同的时刻"是真的，则"每一个实数表示且只表示一个时刻"就不可能是真的。答案是 C。

可以设想有一群男孩和一群女孩，对于他们，如果事实上"每一个男孩都喜欢且只喜欢一个女孩"，则"存在两个男孩喜欢同一个女孩"可能是真的；"有的女孩没有男孩喜欢"也可能是真的；而"存在一个男孩喜欢不同的女孩"就不可能是真的。

事实上实数和时刻是一一对应的关系，即每一个实数表示且只表示一个时刻，并且每一个时刻都有并且只有一个实数表示。但题干只断定"每一个实数表示且只表示一个时刻"，并没有断定"每一个时刻都有并且只有一个实数表示"。因此，如果题干为真，Ⅱ 的断定"有的时刻没有实数加以表示"可能为真，尽管事实上它不可能为真。

思考和解答此题时，考生关于"实数和时刻——一对应"的知识或常识，可能成为一种干扰，妨碍按照"如果为真"的要求正确思考。

第四节 "能"和"最能"

"以下哪项如果为真，能支持上述论证？"这一提问方式可用于单选题，也可以用于复选题。用于单选题时，在诸选项中，只有一个支持题干。解答这类试题可运用排除法。用于复选题时，可以有不止一个复选项支持题干，解答这类试题时，排除不支持题干的复选项，全部选择支持题干的复选项，不必在排除后的复选项间进行支持力度的比较。

"以下哪项如果为真，最能支持上述论证？"这一提问方式只用于单选题。这一提问方式说明，在诸选项中，可以不止一个支持题干的论证。解答这类试题，在排除不能支持题干的选项后，如果能够支持题干的选项不止一个，那还需在它们之间进行支持力度的比较，选择支持力度最大的作为答案。

注意，"以下哪项如果为真，最能支持上述论证？"以此种方式提问的试题，在诸选项中，可以不止一个支持题干的论证。这里所说的"可以不止一个"，并不排斥"只有一个"。很多以此种方式提问的试题，在诸选项中，事实上只有一个支持题干的论证。

【例 3-27】 在美国，实行死刑的州，其犯罪率要比不实行死刑的州低。因此，死刑能够减少犯罪。

以下哪项如果为真，能质疑上述推断？

A. 犯罪的青少年，较之守法的青少年更多出自单亲家庭。

B. 美国的法律规定了在犯罪地起诉并按其法律裁决，许多罪犯因此经常流窜犯罪。

C. 在最近几年，美国民间呼吁废除死刑的力量在不断减弱，一些政治人物也已经不再像过去那样在竞选中承诺废除死刑了。

D. 经过长期的跟踪研究发现，监禁在某种程度上成为酝酿进一步犯罪的温室。

E. 调查结果表明：犯罪分子在犯罪时多数都曾经想过自己的行为可能会受到死刑或常年监禁的惩罚。

【解析】 这是一道单选题。提问方式是："以下哪项如果为真，能……"如果 B 项真，则可以认为，许多罪犯为了躲避死刑的风险，宁愿采取流窜作案的方式，选择不实行死刑的州作案。这样，虽然实行死刑的州犯罪率因此下降，但全美国的犯罪率并没有下降。所以不能由此得出死刑能够减少犯罪的结论。

其余各项均不能质疑题干的推断。答案是B。

【例3-28】　去年，冈比亚从第三世界国际基金会得到了25亿美元的贷款，它的国民生产总值增长了5％；今年，冈比亚向第三世界国际基金会提出两倍于去年的贷款要求，它的领导人并因此期待今年的国民生产总值将增加10％。但专家们认为，即使上述贷款要求得到满足，冈比亚领导人的期待也很可能落空。

以下哪项如果为真，能支持专家们的意见？

Ⅰ．去年该国5％的国民生产总值增长率主要得益于农业大丰收，而这又主要是难得的风调雨顺所致。

Ⅱ．冈比亚的经济还未强大到足以吸收每年30亿美元的外来资金。

Ⅲ．冈比亚不具有足够的重工业基础以支持每年6％以上国民生产总值增长率。

A. 仅Ⅰ和Ⅱ。　　　　B. 仅Ⅰ和Ⅲ。　　　　C. 仅Ⅱ和Ⅲ。　　　　D. Ⅰ、Ⅱ和Ⅲ。

E. Ⅰ、Ⅱ和Ⅲ都不能支持专家的意见。

【解析】　这是一道复选题。提问方式是："以下哪项如果为真，能……"Ⅰ说明冈比亚去年5％的国民生产总值增长率主要得益于农业大丰收，而这又主要是难得的风调雨顺所致，既然去年的风调雨顺是难得的，那么今年就很难再遇上那样的自然条件，今年的经济增长率不要说10％，就是像去年的5％也是没有基础的，所以，Ⅰ能支持专家们的意见。

Ⅱ说明冈比亚的经济还未强大到足以吸收每年30亿美元的外来资金，那么，即使冈比亚得到50亿美元的贷款，其中的20亿美元对发展该国的经济也不会起到实质性的作用，所以，Ⅱ能支持专家们的意见。

Ⅲ说明冈比亚不具有足够的重工业以支持每年6％以上国民生产总值的增长率，那么不管该国得到多少亿美元的贷款，它今年的国民生产总值的增长率都不可能超过6％，想国民生产总值增长10％只是该国领导人一厢情愿的事，所以，Ⅲ也能支持专家们的意见。答案是D。

【例3-29】　随着互联网的发展，人们的购物方式有了新的选择。很多年轻人喜欢在网络上选择自己满意的商品，通过快递送上门，购物足不出户，非常便捷。刘教授据此认为，那些实体商场的竞争力会受到互联网的冲击，在不远的将来，会有更多的网络商店取代实体商店。

以下哪项如果为真，最能削弱刘教授的观点？

A. 网络购物虽然有某些便利，但容易导致个人信息被不法分子利用。

B. 有些高档品牌的专卖店，只愿意采取街面实体商店的销售方式。

C. 网络商店与快递公司在货物丢失或损坏的赔偿方面经常互相推诿。

D. 购买黄金珠宝等贵重物品，往往需要现场挑选，且不适宜网络支付。

E. 通常情况下，网络商店只有在其实体商店的支撑下才能生存。

【解析】　和以上两题不同，此题的提问方式是："以下哪项如果为真，最能……"题干的结论：会有更多的网络商店取代实体商店。论据：网络购物的优势是便捷。

以上各选项均能削弱题干的结论，削弱力度最大的是 E。E 项说明，实体商店的支撑是网络商店生存的必要条件，因此，网络商店不可能取代实体商店。答案是 E。

【例 3-30】　张医生能确定，一个急症病人所患的病不是 X 就是 Y，但无法确定是哪一种。张医生有十分的把握治疗 X 病，但没有把握治疗 Y 病。因此，对张医生来说，一种合理的处置是，假设该病人患的是 X 病，并依据这一假设进行治疗。

以下哪项如果为真，最能加强上述论证？

A. X 是一种比 Y 严重得多的疾病。

B. 上述病人所患的，只可能是 X 或 Y，不可能是其他疾病。

C. 一个 Y 病患者如果接受针对 X 病的治疗，他的病情不会因此受到不利影响。

D. 一个 X 病患者如果接受针对 Y 病的治疗，他的病情肯定会因此受到不利影响。

E. 张医生是治疗 X 病的知名专家。

【解析】　C 项如果为真，说明张医生的处置只会对该病人有利，不会对病人不利。其余各项都能加强题干，但都不能说明这一点。

【例 3-31】　今年春节期间，B 市没有一个市民因为燃放烟花爆竹而受到警方拘禁或传讯。这说明，B 市关于严禁燃放烟花爆竹的法令得到了完全的实施。

以下哪项如果为真，最能质疑上述论证？

A. 大年初一凌晨，市民老张家的玻璃窗被邻居燃放的爆竹震碎。

B. 警方得到可靠举报，春节前夕，B 市的几个地下窝点生产了大量的烟花爆竹。

C. 春节期间，警方收到十几个关于有人燃放烟花爆竹的电话举报。

D. 春节期间，B 市多处出现火警。

E. 春节期间，与 B 市毗邻的 K 市并不禁止燃放烟花爆竹。

【解析】　B 市关于严禁燃放烟花爆竹的法令得到了完全的实施，意味着 B 市没有一个人违禁燃放烟花。题干由 B 市没有一个市民因为燃放烟花爆竹而受到警方拘禁或传讯，就得出结论：B 市关于严禁燃放烟花爆竹的法令得到了完全的实施。这个论证可被质疑的地方显然很多。

除 E 项外，各选项的断定如果为真，都能对题干的论证提出质疑，但力度最大的是 A，因为它断定的情况构成了对题干结论的直接否定。其余各项的力度都不如 A。例如，D 项断定的火警，不一定是燃放烟花所致；C 项断定的电话举报，不一定属实；B 项断定的地下窝点生产的烟花爆竹，不一定就销售出去，销售出去，也不一定燃放。答案是 A。

该题的提问方式是："以下哪项如果为真，最能……"这自然只能是一道单选题。

第五节　选择与排除

一、直接排除和间接排除

确定答案的最后方式是选择（正确选项）。在解题的过程中，排除（错误选项）也是一种重要方式。并非任一题都需要对不正确答案逐项排除。例如逻辑推断题，"自上而下"的"正推"如果能得出结论，就不必通过"自下而上"的"反推"来排除不正确选项。哪些题要逐项排除？例如以"哪项最能……"方式提问的论证分析题：排除"不能"的，保留"能"的，再在其中选择"最能"的。

排除分为直接排除和干扰项排除。直接排除就是排除明显不可能正确的答案。可在被直接排除的选项后打上叉，以减少选择性思考的对象。

如果选择性思考的结果有不止一个选项，其中就有干扰。对干扰项的排除往往有一定的难度。

【例 3-32】　（2017 年真题）离家 300 米的学校不能上，却被安排到 2 公里以外的学校就读，某市一位适龄儿童在上小学时就遇到了所在区教育局这样的安排，而这一安排是区教育局根据儿童户籍所在施教区做出的。根据该市教育局规定的"就近入学原则"，儿童家长将区教育局告上法庭，要求撤销原来安排，让其孩子就近入学，法院对此作出一审判决，驳回原告请求。

下列哪项最可能是法院的合理依据？

A. "就近入学"不是"最近入学"，不能将入学儿童户籍地和学校的直线距离作为划分施教区的唯一依据。

B. 按照特定的地理要素划分，施教区中的每所小学不一定就处于该施教区的中心位置。

C. 儿童入学研究上哪一所学校不是让适龄儿童或其家长自主选择，而是要听从政府主管部门的行政安排。

D. "就近入学"仅仅是一个需要遵循的总体原则，儿童具体入学安排还要根据特定的情况加以变通。

E. 该区教育局划分施教区的行政行为符合法律规定，而原告孩子户籍所在施教区的确需要去离家 2 公里外的学校就读。

【解析】　由题干，"就近入学"原则，是指在户籍所在地施教区的范围内就近。由 E 项，离原告家 300 米的学校，并不在其孩子户籍所在地施教区，原告孩子需要去离家 2 公里外的学校就读，并不违反"就近入学"的原则。

A 项是本题的干扰项，需要加以排除。题干原告的起诉，涉及的是其孩子的入学安排是否违反"就近入学"的原则，而不是按户籍所在区施教是否违反"就近入学"的原则。因此，A项作为法院判决的依据不恰当。

答案是E。

【例3-33】 （2017年真题）通常情况下，长期在寒冷环境中生活的居民可以有更强的抗寒能力。相比于我国的南方地区，我国北方地区冬天的平均气温要低很多。然而有趣的是，现在许多北方地区的居民并不具有我们所以为的抗寒能力，相当多的北方人到南方来过冬，竟然难以忍受南方的寒冷天气，怕冷程度甚至远超过当地人。

以下哪项如果为真，最能解释上述现象？

A. 一些北方人认为南方温暖，他们去南方过冬时往往对保暖工作做得不够充分。

B. 南方地区冬天虽然平均气温比北方高，但也存在极端低温的天气。

C. 北方地区在冬天通常启用供暖设备，其室内温度往往比南方高出很多。

D. 有些北方人是从南方迁过去的，他们没有完全适应北方的气候。

E. 南方地区湿度较大，冬天感受到的寒冷程度超出气象意义上的温度指标。

【解析】 C项和E项都能解释题干，但E项的解释力度不如C项，理由是，假设E项不成立，依据C项也足以解释题干的现象；但如果C项不成立，则依据E项不足以解释题干。E项是需要排除的干扰项。

答案是C。

【例3-34】 张珊有合法与非法的概念，但没有道德上对与错的概念。虽然有合法与非法的概念不意味着就一定能区分一个行为是否合法，但没有道德上对与错的概念，就一定不能区分一个行为是否合乎道德。他由于自己的某个行为受到起诉。尽管他承认自己的行为是非法的，却不知道这一行为事实上是不道德的。

上述断定能恰当地推出以下哪项结论？

A. 张珊做了某种违法的事。

B. 张珊做了某种不道德的事。

C. 张珊是法律专业的毕业生。

D. 对于法律来说，道德上的无知不能成为借口。

E. 非法的行为不可能合乎道德。

【解析】 答案是B。

可直接排除C、D、E项。A项可这样排除：题干断定，有合法与非法的概念不意味着就一定能区分一个行为是否合法，因此，不能由张珊承认自己的行为是非法，就得出"他做了某种违法的事"。

【例3-35】 受多元文化和价值观的冲击，甲国居民的离婚率明显上升。最近一项调查表明，甲国的平均婚姻存续时间为8年。张先生为此感慨，现在像钻石婚、金婚、白头偕老这样的美丽故事已经很难得，人们淳朴的爱情婚姻观一去不复返了。

以下哪项如果为真，最可能表明张先生的理解不确切？

A. 现在有不少闪婚一族，他们经常在很短的时间里结婚又离婚。

B. 婚姻存续时间长并不意味着婚姻的质量高。

C. 过去的婚姻主要由父母包办，现在主要是自由恋爱。

D. 尽管婚姻存续时间短，但年轻人谈恋爱的时间比以前增加很多。

E. 婚姻是爱情的坟墓，美丽感人的故事更多体现在恋爱中。

【解析】 张先生的感慨基于如下论证：

论据：甲国的平均婚姻存续时间为 8 年。

结论：现在婚姻存续时间比过去短。

A 项如果为真，则说明，平均婚姻存续时间的缩短是由于闪婚一族造成的，并不说明大多数婚姻存续时间都短。这说明张先生对他的论据的理解不确切。答案是 A。

如何排除 B 项？由题干，张先生并没有断定婚姻存续时间长其质量就高。

【例 3-36】 1991 年 6 月 15 日，菲律宾吕宋岛上的皮纳图博火山突然大喷发，2 000 万吨二氧化硫气体冲入平流层，形成的霾像毯子一样盖在地球上空，把部分要照射到地球的阳光反射回太空。几年之后，气象学家发现这层霾使得当时地球表面的温度累计下降了0.5 摄氏度。而皮纳图博火山喷发前的一个世纪，因人类活动而造成的温度效应已经使地球表面温度升高 1 摄氏度。某位持"人工气候改造论"的科学家据此认为，可以用火箭弹等方式将二氧化硫充入大气层，阻挡部分阳光，达到地球表面降温的目的。

以下哪项如果为真，最能对该科学家提议的有效性构成质疑？

A. 如果利用火箭弹将二氧化硫充入大气层，会导致航空乘客呼吸不适。

B. 如果在大气层上空放置反光物，就可以避免地球表面强烈阳光的照射。

C. 可以把大气中的碳取出来存储到地下，减少大气层的碳含量。

D. 不论何种方式，"人工气候改造"都将破坏地球的大气层结构。

E. 火山喷发形成的降温效应只是暂时的，经过一段时间温度将再次回升。

【解析】 答案是 E。问句中的"提议的有效性"是正确解答本题的关键概念。专家提议是否有效，是指是否能产生降温效应。E 项如果为真，说明上述科学家提议的方式所能产生的降温效应至多只是暂时的，这就会对其有效性构成严重质疑。

如何排除 D 项？D 项如果为真，只能有助于说明，上述科学家提议的方式在产生降温效应时可能对地球产生其他负面影响，但无助于说明此种方式不能产生有效的降温效应，因此不能质疑科学家的提议。

【例 3-37】 张华是甲班学生，对围棋感兴趣。该班学生或者对国际象棋感兴趣，或者对军棋感兴趣；如果对围棋感兴趣，则对军棋不感兴趣。因此，张华对中国象棋感兴趣。

以下哪项最可能是上述论证的假设？

A. 甲班学生感兴趣的棋类只限于围棋、国际象棋、军棋和中国象棋。

B. 甲班对国际象棋感兴趣的学生都对中国象棋感兴趣。

C. 围棋和中国象棋比军棋更具挑战性。

D. 甲班所有学生都对中国象棋感兴趣。

E. 张华出身于中国象棋世家。

【解析】　题干有如下前提：

● 前提一：张华是甲班学生。

● 前提二：张华对围棋感兴趣。

● 前提三：甲班学生或者对国际象棋感兴趣，或者对军棋感兴趣。

● 前提四：如果对围棋感兴趣，则对军棋不感兴趣。

由前提一、前提二和前提四，可得结论一：张华对军棋不感兴趣。

由前提三和结论一，可得结论二：张华对国际象棋感兴趣。

如果假设B项，则由结论二可得题干的结论。因此，如果假设B项，能使题干的论证成立。答案是B。

那么如何排除D项？假设D项不也能得出结论吗？D项作为假设也能使题干的论证成立。但如果D项是上述论证所实际上假设的，则题干的论证只需要前提一就足够了，就无法解释为什么还要构造一个包括其余三个前提的论证来得出结论。这说明，D项不是题干的实际假设。

注意，此题的问题是：以下哪项最可能是上述论证的假设？而不是：假设以下哪项能使上述论证成立？如果是后者，B项和D项都是正确答案，上题就失去正确答案的唯一性，因而不成立了。

二、排除性思考的意义

有的试题确定和理解正确答案有难度，这时排除性思考的意义更为突出。

【例3-38】　目前太阳能发电厂（单位电能的）生产成本只有20年前的1/10，而以燃煤为主的普通发电厂的这一成本却一直在上升。因此，目前发展太阳能发电厂的生产成本不高于普通发电厂。

假设以下哪项，能使上述结论从题干的前提中合乎逻辑地推出？

A. 20年前，太阳能发电厂生产成本不高于普通发电厂的10倍。

B. 目前普通发电厂的生产成本不低于20年前的10倍。

C. 20年前，普通发电厂的发电能力不低于太阳能发电厂的10倍。

D. 目前太阳能发电厂的发电能力不低于普通发电厂的 10 倍。

E. 目前太阳能发电厂的发电能力不低于 20 年前的 10 倍。

【解析】　答案是 A。

此题可直接排除 C、D 和 E。理由是：C、D 和 E 项涉及的是发电能力，而题干仅涉及生产成本，未涉及生产成本和发电能力的关系。

此题可间接排除 B。理由是：题干的结论是两个对象之间的互涉比较，两个论据均是某个对象的自涉比较，不能推出结论。B 仍然是普通电厂的自涉比较，无助于推出结论。

A 项涉及太阳能发电厂和普通发电厂生产成本的互相比较，有助于推出结论。"有助于推出结论"不等于"能推出结论"，后者还需要证明。但由于其余选项均被排除，在应试时这一证明思考可省略。

A 项是答案可如下证明：

令 a 表示太阳能发电厂现在的生产成本，则 20 年前太阳能发电厂的生产成本为 $10a$。令 b 表示 20 年前普通发电厂的生产成本，则由 A 项，得 $10a$ 不大于 $10b$，即 a 不大于 b，即太阳能发电厂目前的成本不高于 20 年前普通发电厂的成本。又题干条件知普通发电厂的生产成本 20 年来一直在上升，因此，目前太阳能发电厂的生产成本比普通发电厂更低。

对于考生来说，无误的解题思考不一定是恰当的解题思考。上述关于 A 项是答案的证明无误，但依此来解答此题不恰当。此题的恰当思考是：直接排除 C、D 和 E；间接排除 B。依此选择 A。

同样，对于辅导来说，无误的试题解析不一定是恰当的试题解析。

【例 3-39】　古人以干支纪年。甲、乙、丙、丁、戊、己、庚、辛、壬、癸为十干，也称天干。子、丑、寅、卯、辰、巳、午、未、申、酉、戌、亥为十二支，也称地支。顺次以天干配地支，如甲子、乙丑、丙寅……癸酉、甲戌、乙亥、丙子等，六十年重复一次，俗称六十花甲子。根据干支纪年，公元 2014 年为甲午年，公元 2015 年为乙未年。

根据以上陈述，可以得出以下哪项？

A. 现代人已不用干支纪年。

B. 21 世纪会有甲丑年。

C. 干支纪年有利于农事。

D. 根据干支纪年，公元 2024 年为甲寅年。

E. 根据干支纪年，公元 2087 年为丁未年。

【解析】　答案是 E。

题干概括：

干支对应：

甲乙丙丁戊己庚辛壬癸（10 干）

子丑寅卯辰巳午未申酉戌亥（12支）

2014年起的干支对应：

甲乙丙丁戊己庚辛壬癸

午未申酉戌亥子丑寅卯辰巳

直接排除A和C。

间接排除B和D。

排除B的理由是：由题干，甲子配对，因此，和甲配对的依次是子、戌、申、午、辰、寅，其中无丑。

排除D的理由是：由2014年是甲午年，得2024年甲辰年。

依此可确定答案为E。

E项的证明如下：

由题干，2014年为甲午年，60年重复一次，得2074年为甲午年，继而得2084年为甲辰年。2084年起的干支对应：

甲乙丙丁戊己庚辛壬癸

辰巳午未申酉戌亥子丑寅卯

由此可得，2087年是丁未年。

此题的E项证明无误。但通过证明E来解答此题不会是你实际考试时的恰当思路。因为，第一，E是最后一个选项，没有理由使你首先思考这最后一个选项；第二，你要思考最后一个选项，必须首先排除前面的选项；第三，排除前面的选项事实上比证明E项较为简单，而不是较为复杂；第四，当前面的选项都被排除了，E项的证明思考就可以省略了。

以上两题正确答案的并不简单的证明在实际考试中可以省略。这就是排除性思考的意义。但对于考前辅导和训练来说，像以上两题正确答案的证明是很好的思维训练素材，不能略过。

要区分实际考试和考前训练。实际考试的目标是尽快地正确解题；考前训练的重要目标是提高思考能力。因此，实际考试可以省略的某些思考环节，在考前训练中不要轻易略过。许多试题真正的思考训练价值，很可能恰恰存在于那些在实际考试中可以省略的环节中。

第六节　解题之"扣"

所谓解题之"扣"，是指如果抓住这一"扣"，就能使题目迎刃而解，否则将大大增加题目的难度。

并非试题都有解题之"扣"，但确实有试题有"扣"。

【例 3-40】 储存在专用电脑中的某财团的商业核心机密被盗窃。该财团的三名高级雇员甲、乙、丙三人涉嫌被拘审。经审讯，查明了以下事实：

第一，机密是在电脑密码被破译后窃取的；破译电脑密码必须受过专门训练。

第二，如果甲作案，那么丙一定参与。

第三，乙没有受过破译电脑密码的专门训练。

第四，作案者就是这三人中的一人或一伙。

从上述条件，可推出以下哪项结论？

A. 作案者中有甲。 　　　　　　　　B. 作案者中有乙。

C. 作案者中有丙。 　　　　　　　　D. 作案者中有甲和丙。

E. 作案者中有甲、乙和丙。

【解析】 此题的解题之"扣"是：假设丙没作案，会推出什么？

假设丙没作案，则甲没作案，从而作案的是乙。又因为乙没有受过破译电脑密码的专门训练，不具备单独作案的条件，故三人中无人作案，与条件矛盾。因此，假设不成立，作案者中一定有丙。答案是 C。

此外，此题一开始就可排除 D 和 E。思考一下：为什么？如果 E 成立，则其余选项均成立；如果 D 成立，则除 B、E 项外，其余选项均成立。这说明，E 项和 D 项不可能成立。

【例 3-41】 （第 1、2 题基于以下题干）某街道综合治理委员会共有六名委员：F、G、H、I、M 和 P。其中每一位委员，在综合治理委员会下属的三个分委会中，至少要担任其中一个分委会的委员。每个分委会由三位不同的委员组成。已知的信息如下：

● 六名委员中有一位分别担任三个分委会的委员。

● F 不和 G 在同一个分委会任委员。

● H 不和 I 在同一个分委会任委员。

1. 以下哪项陈述可能为真？

A. F 分别在三个分委会任委员。

B. H 分别在三个分委会任委员。

C. G 分别在三个分委会任委员。

D. I 任职的分委会中有 P。

E. 在 M 任职的分委会中都有 P，并且在 P 任职的分委会中都有 M。

【解析】 题干分析：不妨简称担任三个分委会委员的人为"全委"。"全委"和其余任何一人都同在某个分委会任委员。由此可得，F、G、H、I 都不是"全委"；"全委"只可能是 M 和 P 中的一个。这是本题之"扣"。

因为 F、H 和 G 不是"全委"，所以 A、B 和 C 不可能为真。因为 M 和 P 中有且只有一个"全委"，所以 E 不可能为真。答案是 D。

2. 如果在 M 任职的分委会中都有 I，以下哪项陈述可能为真？

A. M 是每一个分委会的委员。

B. I 分别在两个分委会任委员。

C. 在 P 任职的分委会中都有 I。

D. F 和 M 在同一个分委会任委员。

E. 在 P 任职的分委会中都有 G。

【解析】　答案是 B。由于"全委"只可能是 M 和 P 中的一个，又在 M 任职的分委会中都有 I，说明 M 不可能是"全委"，否则 I 也是"全委"，可得"全委"是 P。

A 项不可能为真，因为 M 不是"全委"。

C 项、E 项不可能为真，因为 P 是"全委"。如果 C 项、E 项为真，则 I、G 也是"全委"。

D 项不可能为真，否则该分委员会有 F、M、I 和 P 四人，违反条件。

【例 3-42】　（第 1、2 题基于以下题干）年初，为激励员工努力工作，某公司决定根据每月的工作绩效评选"月度之星"。王某在当年前 10 个月恰好只在连续的 4 个月中当选"月度之星"，他的另三位同事郑某、吴某、周某也做到了这一点。关于这四人当选"月度之星"的月份，已知：

（1）王某和郑某仅有三个月同时当选；

（2）郑某和吴某仅有三个月同时当选；

（3）王某和周某不曾在同一个月当选；

（4）仅有 2 人在 7 月同时当选；

（5）至少有 1 人在 1 月当选。

1. 根据以上信息，有 3 人同时当选"月度之星"的月份是：

A. 1～3 月。　　　　　　　　　　B. 2～4 月。

C. 3～5 月。　　　　　　　　　　D. 4～6 月。

E. 5～7 月。

【解析】　除 D 项外，其余各项都违反条件（4）。答案是 D。

2. 根据以上信息，王某当选"月度之星"的月份是：

A. 1～4 月。　　　　　　　　　　B. 3～6 月。

C. 4～7 月。　　　　　　　　　　D. 5～8 月。

E. 7～10 月。

【解析】　由条件（1）和（2），得王某、郑某和吴某当选的月份连续，并且不同月份的数目不超过 6，因此，王某、郑某和吴某都不可能在 1 月当选，否则违反条件（4）。因此，周某 1 月当选，即周某当选的月份是 1～4 月。由此可得王某当选的月份是：5～8 月，或 6～9 月，或 7～10 月。A、B、C 项排除。王某当选的月份不可能是 7～10 月，否则郑某当选的月份是 6～9 月，则吴某当选的月份是 7～10 月或 5～8 月，违反条件（4）。E 项排除。D 项不违反条件：王某当选的月份是 5～8 月，郑某当选的月份是 4～7 月，吴某当选的月份是 3～6 月。此题的解题之"扣"就是，王某、郑某和吴某当选的月份连续，并且不同月份的数目不超过 6。

要证明从题干能推出 D 项，仅说明 D 项不违反条件尚不充分，还须排除王某当选的月份是 6～9 月。实际解题时，排除其他所有选项后，即可确定 D 项。答案是 D。

第七节　重复出现的考点

B 类题的特点是，不同试题的具体内容不同，但考点就是几个"强相关"知识点及其恰当应用。但 A 类题总体上不具有这一特点。本节所谓重复出现的考点，是指历年出现的一些 A 类考题，内容不同，但所考的要点是一样的。这在 A 类题中，是一种较为特殊的情况。下面分析两个这样的考点。

一、比例和因果

【例 3-43】　据世界卫生组织 1995 年调查报告显示，70% 的肺癌患者都有吸烟史。这说明，吸烟将极大增加患肺癌的危险。

以下哪项如果为真，将严重削弱上述结论？

A. 有吸烟史的人在 1995 年超过世界总人口的 65%。

B. 1995 年世界吸烟的人数比 1994 年增加了 70%。

C. 被动吸烟被发现同样有致肺癌的危险。

D. 没有吸烟史的人数在 1995 年超过世界总人口的 40%。

E. 1995 年未成年吸烟者的人数有惊人的增长。

【解析】　答案是 A。如果有吸烟史的人在 1995 年超过世界总人口的 65%，由题干，这个百分比已经接近于有吸烟史的肺癌患者占整个肺癌患者的比例，又考虑到事实上患肺癌的主要是成年人，因此，有吸烟史的肺癌患者占整个世界总人口的比例，绝不会高于有吸烟史的人占世界总人口的比例。这说明吸烟并没有增加患肺癌的危险。

例如，不能因为患艾滋病的中国人中，90% 以上是汉族人，就得出汉族比少数民族更易患艾滋病，因为中国人中 90% 以上都是汉族人。

这一题的要点是：一般地，要确定 A 和 B 有因果关系，不能只依据 A 在某特殊样本中的比例，而且要参照 A 在总体样本中的比例。

这一考点，在历年的考题中重复出现。

【例3-44】　对某高校本科生的某项调查统计发现：在因成绩优异被推荐免试攻读硕士研究生的文科专业学生中，女生占有70%，由此可见，该校本科文科专业的女生比男生优秀。

以下哪项如果为真，能最有力地削弱上述结论？

A. 在该校本科生专业学生中，女生占30%以上。

B. 在该校本科生专业学生中，女生占30%以下。

C. 在该校本科生专业学生中，男生占30%以下。

D. 在该校本科生专业学生中，女生占70%以下。

E. 在该校本科生专业学生中，男生占70%以上。

【解析】　答案是C。C项如果为真，说明推荐免试攻读硕士的学生中女生所占的比例，并不高于在该校本科生专业学生中女生所占的比例。这就有力地削弱了题干的结论。

【例3-45】　某高校实施的一项体检表明：70%自诉失眠的教师都有夜间工作的习惯。因此，夜间工作很可能是导致失眠的原因；改变夜间工作的习惯是克服失眠的一个重要途径。

以下哪项如果为真，最能削弱上述结论？

A. 有些校机关工作人员也患有失眠，但并不在夜间工作。

B. 该高校70%的教师都有夜间工作的习惯。

C. 许多失眠者通过加强体育锻炼减轻了症状。

D. 有个别教师没有参加体检。

E. 教师的职业性质需要夜间工作。

【解析】　答案是B。道理同以上两例，具体解析略。

二、绝对数和百分比

【例3-46】　（2018年真题）最近一项研究发现，某国30岁至45岁人群中，去医院治疗冠心病、骨质疏松等病症的人越来越多，而原来患有这些病症的大多是老年人。调研者由此认为，该国年轻人中"老年病"发病率有不断增加的趋势。

以下哪项如果为真，最能质疑上述调研结论？

A. 由于国家医疗保障水平的提高，相比以往，该国民众更有条件关注自己的身体健康。

B. "老年人"的最低年龄比以前提高了，"老年病"的患者范围也有所变化。

C. 近年来，由于大量移民涌入，该国45岁以下年轻人的数量急剧增加。

D. 尽管冠心病、骨质疏松等病症是常见的"老年病"，老年人患的病未必都是"老年病"。

E. 近几十年来，该国人口老龄化严重，但健康老龄人口的比重在不断增大。

【解析】 C 项断定该国 45 岁以下年轻人的数量急剧增加，这有利于说明，虽然 30 岁至 45 岁人群中，去医院治疗冠心病、骨质疏松等病症的人越来越多，但该国年轻人中"老年病"发病率可能并没有提高，因为年轻人的总量同时增加了。这就有力地削弱了题干。

此题考点：绝对数和百分比。仅根据分子数量的增加，不能确定百分比提高，还须考虑分母的数量是否同时增加。

A 项如果为真，有利于说明，现在患"老年病"的中青年中，可能包括一些在以往因为不关注自身健康而漏诊的病人，因而现在越来越多的病人，可能不是新增加的病人，这能削弱题干。但另一方面，A 项如果为真，一个自然的推论应该是，中青年患"老年病"的数量在减少而不是越来越多。而题干恰恰是根据病人越来越多，得出发病率提高的结论。因此，A 项的质疑力度显然不如 C 项。

答案是 C。

【例 3-47】 去年，有 6 000 人死于醉酒，有 4 000 人死于开车，但只有 500 人死于醉酒开车。因此，醉酒开车比单纯的醉酒或者单纯的开车更安全。

如果以下哪项陈述为真，将最有力地削弱上述论证？

A. 不能仅依据死人绝对数量判断某种行为方式的安全性。

B. 醉酒导致意识模糊，醉酒开车大大增加了酿成交通事故的危险性。

C. 醉酒开车死人的数目已分别包含在醉酒死人的数目和开车死人的数目之中。

D. 醉酒开车的人数，在醉酒的人数以及开车的人数中，都只占极小的比例。

E. 醉驾是交通死亡事故的重要原因。

【解析】 答案是 D。比较"醉酒开车"、"单纯醉酒"和"单纯开车"三者的安全性（哪个更容易导致死亡），依据的应当是死亡率，而不应是绝对数。D 项如果为真，有利于说明，死于醉驾的绝对人数虽然是较少，但死亡率较高。这就有力地削弱了题干的论证。

【例 3-48】 通常认为左撇子比右撇子更容易出操作事故。这是一种误解。事实上，大多数家务事故，大到火灾、烫伤，小到切破手指，都出自右撇子。

以下哪项最为恰当地概括了上述论证中的漏洞？

A. 对两类没有实质性区别的对象作实质性的区分。

B. 在两类不具有可比性的对象之间进行类比。

C. 未考虑家务事故在整个操作事故中所占的比例。

D. 未考虑左撇子在所有人中所占的比例。

E. 忽视了这种可能性：一些家务事故是由多个人造成的。

【解析】 答案是 D。要确定左撇子和右撇子哪个更容易出操作事故，应该比较事故率，不应该比较绝对数。D 项正确地指出了这一点。

【例 3-49】　　在"非典"期间，某地区共有 7 名参与治疗"非典"的医务人员死亡，同时也有 10 名未参与"非典"治疗工作的医务人员死亡。这说明参与"非典"治疗并不比日常医务工作危险。

以下哪项相关断定如果为真，最能削弱上述结论？

A.　因参与"非典"治疗死亡的医务人员的平均年龄，低于未参与"非典"治疗而死亡的医务人员。

B.　参与"非典"治疗的医务人员的体质一般高于其他医务人员。

C.　个别参与治疗"非典"死亡的医务人员的死因，并非是感染"非典"病毒。

D.　医务人员中只有一小部分参与了"非典"治疗工作。

E.　经过治疗的"非典"患者死亡人数，远低于未经治疗的"非典"患者死亡人数。

【解析】　　答案是 D。

D 项如果为真，有利于说明，参与治疗"非典"的医务人员死亡人数虽然不多，但死亡率较高。这就有力地削弱了题干的论证。

第八节　如何应对"推理无起点"

逻辑推断题的起点，一般都是一个或数个题干断定为真的前提。但有的推断题，在题干为真的设定下，并不能直接确定哪个断定为真，这就是所谓的"推理无起点"。

推理无起点，常见的有两种情况：

第一种情况，题干断定，若干个，通常是四个断定中只有一个为真，要求依此推断。应对此种情况，可有三种应对方式。

第一种应对，通常先确定四个断定中有无两个互相矛盾，如有，则其余两个为假，推理因而有了起点。

第二种应对，如果四个断定中没有两个矛盾，则再考虑：其中是否有某个断定，如果为真，则至少有另一个为真？如有，则该断定为假，推理因而有了起点。

第三种应对，考虑是否存在某种情况，在此种情况下，四个断定中不止一个为真？如有，则此种情况不存在，推理因而有了起点。

第二种情况，题干的条件都是由"则"或"或"表达的"复合"命题，依此不能确定哪个"原子"命题为真。应对此种情况，考虑作一假设，从这一假设出发，依据条件能推出矛盾，该假设因而不成立，则假设的否定成立，推理因而获得了起点。

【思考 3-1】　　如果以下四个猜测只有一个为真，则哪个为真？

（1）张珊是上海人。

（2）张珊不是北京人。

（3）张珊是南方人。

（4）张珊是北方人。

【解析】 （3）和（4）矛盾，必有一真。因此，（1）和（2）假。由（1）假，得张珊不是上海人；由（2）假，得张珊是北京人。因此，（4）为真。

注意，（1）和（2）的关系是互相反对，不是互相矛盾，即不能都真，但可以都假。

常用的互相矛盾的断定：

（1）"都是"和"有的不是"；

（2）"必然"和"可能不"；

（3）" A 则 B"和"A 且非 B"。

【例 3-50】 郝大爷过马路时不幸摔倒昏迷，所幸有小伙子及时将他送往医院救治。郝大爷病情稳定后，有四位陌生的小伙陈安、李康、张幸、汪福来医院看望他。郝大爷问他们究竟是谁送他来医院，他们回答如下：

陈安：我们四人都没有送您来医院。

李康：我们四人有人送您来医院。

张幸：李康和汪福至少有一人没有送您来医院。

汪福：送您来医院的不是我。

后来证实上述四人有两人说真话，两人说假话。

根据以上信息，可以得出哪项？

A. 说真话的是李康和张幸。

B. 说真话的是陈安和张幸。

C. 说真话的是李康和汪福。

D. 说真话的是张幸和汪福。

E. 说真话的是陈安和汪福。

【解析】 答案是 A。陈和李的断定互相矛盾，必有一真一假。因此，张和汪两人的断定也必为一真一假。如果汪的断定为真，则张的断定为真，违反条件。因此，汪的断定为假，即汪送郝大爷来医院。因此，说真话的是李和张。

【例 3-51】 （2019 年真题）某大学有位女教师默默资助一偏远山区的贫困家庭长达 15 年。记者多方打听，发现做好事者是该大学传媒学院甲、乙、丙、丁、戊 5 位教师中的一位。在接受记者采访时，5 位老师都很谦虚，她们是这么对记者说的：

甲：这件事是乙做的。

乙：我没有做，是丙做了这件事。

丙：我并没有做这件事。

丁：我也没有做这件事，是甲做的。

戊：如果甲没有做，则丁也不会做。

记者后来得知，上述 5 位老师中只有一人说的话符合真实情况。

根据以上信息，可以得出做这件好事的人是：

A. 甲。　　　　　B. 乙。　　　　　C. 丙。　　　　　D. 丁。

E. 戊。

【解析】　答案是 D。

题干概括：

甲说：乙

乙说：¬乙∧丙

丙说：¬丙

丁说：¬丁∧甲

戊说：¬甲→¬丁

以上五人，只有一人做此好事。以上五个断定，只有一真。

题干断定，只有一个人做了这件事。假设甲真，则丙真，违反题干条件"只有一人说的话符合真实情况"，因此，假设不成立，得甲假，得：这件事不是乙做的。

由不是乙，得乙的断定等值于：丙做了这件事（如果是丙，则乙的断定为真；如果不是丙，则乙的断定为假）。因此，乙和丙的断定矛盾，必有一真。因此，甲、丁和戊均假。

由戊假，得：非甲且丁，即甲没有做，是丁做的。答案是 D。

注意：B 和非 B 矛盾，但"A 且 B"和"非 B"不矛盾（不能都真，可以都假）。

但是，在 A 确定为真的情况下，"A 且 B"当且仅当"B"。本题乙和丙的断定在形式上不是矛盾关系，不能确定必有一真，但因为已知这件事不是乙做的，因此，乙和丙的断定矛盾，必有一真。这是一个以前一月联考未出现过的测试点。

本题另一个测试点是："A→B"和"A∧¬B"矛盾。戊断定：¬甲→¬丁。由戊的断定假，得：¬甲∧丁，由此得：做这件好事的人是丁。

【例 3-52】　某项目招标，赵嘉、钱宜、孙斌、李汀、周武、吴纪六人作为各自公司代表参与投标，有且只有一人中标。关于究竟谁是中标者，招标小组中有三位成员各自谈了自己的看法：

（1）中标者不是赵嘉就是钱宜；

（2）中标者不是孙斌；

（3）周武和吴纪都没有中标。

经过深入调查，发现上述三人中只有一人的看法是正确的。

根据以上信息，以下哪项中的三人都可以确定没有中标？

A. 赵嘉、孙斌、李汀。

B. 赵嘉、钱宜、李汀。

C. 孙斌、周武、吴纪。

D. 赵嘉、周武、吴纪。

E. 钱宜、孙斌、周武。

【解析】 答案是 B。如果（1）真，则（2）和（3）真，违反条件，因此（1）假，即赵嘉和钱宜都没有中标。进一步验证 B 选项。假设李汀中标，则（2）和（3）真，违反条件，因此，李汀没有中标。因此，赵嘉、钱宜和李汀都没有中标。

【例 3-53】 某次足球联赛，四位球迷有如下猜测：

球迷甲：太阳队和月亮队至少有一个入围。

球迷乙：太阳队和金星队至少有一个入围。

球迷丙：月亮队和金星队至少有一个入围。

球迷丁：太阳队和火星队至少有一个入围。

联赛结果说明上述猜测只有一个成立，则以下哪项断定一定为真？

A. 太阳队入围。　　　　　　　　B. 月亮队入围。

C. 金星队入围。　　　　　　　　D. 火星队入围。

E. 上述断定都不一定为真。

【解析】 答案是 D。如果太阳队入围，则甲、乙、丁的猜测都成立，违反条件。因此，太阳队未入围。同理，月亮队、金星队未入围。由太阳队、月亮队、金星队未入围，得甲、乙、丙的猜测都不成立。因此，丁的猜测成立。由丁的猜测成立和太阳队未入围，得火星队入围。

【例 3-54】 一户人家养了四只猫，其中一只猫偷吃了家里的鱼。主人对它们进行审问，只有一只猫说真话。这四只猫的回答如下：

甲："乙是偷鱼贼。"

乙："丙是偷鱼贼。"

丙："甲或者乙是偷鱼贼。"

丁："乙或者丙是偷鱼贼。"

根据以上陈述，请确定以下哪项陈述为假？

A. 丙说真话。　　　　　　　　　B. 丁说假话。

C. 甲不是偷鱼贼。　　　　　　　D. 乙不是偷鱼贼。

E. 丙不是偷鱼贼。

【解析】 答案是 C。如果甲说真话，则丙和丁说真话，违反条件"只有一只猫说真话"。因此甲说假话。同理，乙说假话。由甲和乙说假话，可得乙和丙不是偷鱼贼，因此丁说假话。由甲、乙、丁说假话，可知丙说真话。由丙说真话，可知"甲或者乙是偷鱼贼"，又已推知乙不是偷鱼贼，因此，甲是偷鱼贼。所以，C项为假。

【例 3-55】 某金库发生了失窃案。公安机关侦查确定，这是一起典型的内盗案，可以断定金库管理员甲、乙、丙、丁中至少有一人是作案者。办案人员对四人进行了询问，四人的回答如下：

甲："如果乙不是窃贼，我也不是窃贼。"

乙："我不是窃贼，丙是窃贼。"

丙："甲或者乙是窃贼。"

丁："乙或者丙是窃贼。"

后来事实表明，他们四人中只有一人说了真话。

根据以上陈述，以下哪项一定为假？

A. 丙说假话。　　　B. 丙不是窃贼。　　C. 乙不是窃贼。　　D. 丁说真话。

E. 甲说真话。

【解析】 答案是 D。如果乙是窃贼，则丙和丁都说真话，违反条件，得乙不是窃贼。如果丙是窃贼，则乙和丁都说真话，违反条件，得丙不是窃贼。即乙和丙都不是窃贼。因此丁说假话，D 项一定为假。

【例 3-56】 太阳风中的一部分带电粒子可以到达 M 星表面，将足够的能量传递给 M 星表面粒子，使后者脱离 M 星表面，逃逸到 M 星大气中。为了判定这些逃逸的粒子，科学家们通过三个实验获得了如下信息：

● 试验一：或者是 X 粒子，或者是 Y 粒子。

● 试验二：或者不是 Y 粒子，或者不是 Z 粒子。

● 试验三：如果不是 Z 粒子，就不是 Y 粒子。

根据上述三个实验，以下哪项一定为真？

A. 这种粒子是 X 粒子。

B. 这种粒子是 Y 粒子。

C. 这种粒子是 Z 粒子。

D. 这种粒子不是 X 粒子。

E. 这种粒子不是 Z 粒子。

【解析】 条件：

(1) $X \lor Y$;

(2) $\neg Y \lor \neg Z$;

(3) $\neg Z \rightarrow \neg Y$。

假设这种粒子是 Y 粒子，则由条件Ⅱ和Ⅲ得，这种粒子不是 Y 粒子，矛盾！假设不成立，所以，这种粒子不是 Y 粒子。又由条件 I，得是 X 粒子。答案是 A。

【例 3-57】　李明、王兵、马云三位股民对股票 A 和股票 B 分别作了如下预测：

李明：只有股票 A 不上涨，股票 B 才不上涨。

王兵：股票 A 和股票 B 至少有一个不上涨。

马云：股票 A 上涨当且仅当股票 B 上涨。

若三人的预测都为真，则以下哪项符合他们的预测？

A. 股票 A 上涨，股票 B 才不上涨。

B. 股票 A 不上涨，股票 B 上涨。

C. 股票 A 和股票 B 均上涨。

D. 股票 A 和股票 B 均不上涨。

E. 只有股票 A 上涨，股票 B 才不上涨。

【解析】　答案是 D。

题干概括：

李明：$\neg B \rightarrow \neg A$

　　　　$= A \rightarrow B$

王兵：$\neg A \vee \neg B$

　　　　$= A \rightarrow \neg B$

马云：$A \leftrightarrow B$

如果 A 上涨，则李明和王兵的预测矛盾。因此，A 不上涨。

再由马云的断定可知，A 和 B 均不上涨。

第九节　不混淆题型

下面分析几个因题型混淆造成的失误。

【例 3-58】　新近一项研究发现，海水颜色能够让飓风改变方向，也就是说，海水变色，飓风的移动路径也变向。这也就意味着科学家可以根据海水的"脸色"判断哪些地区将被飓风袭击，哪些地区会幸免于难。值得关注的是，全球气候变暖可能已经让海水变色。

以下哪项最可能是科学家作出判断所依赖的前提？

A. 海水温度变化会导致海水改变颜色。

B. 海水颜色与飓风移动路径之间存在某种相对确定的联系。

C. 海水温度升高会导致生成的飓风数量增加。

D. 海水温度变化与海水颜色变化之间的联系尚不明朗。

E. 全球气候变暖是最近几年飓风频发的重要原因之一。

【解析】　答案是 B。如果 B 项不成立，则海水变色与飓风变向二者之间很可能仅是一种统计相关，事实上没有因果关系。因此，B 项最可能是科学家作出判断所依赖的前提。

为什么不是 E？题干断定：第一，海水变色和飓风变向这两种现象统计相关；第二，全球气候变暖和海水变色因果相关。这两个前提显然有力地支持结论：全球气候变暖是最近几年飓风频发的重要原因之一。（飓风变向自然意味着飓风发生。）因此，如果此题的提问方式是"题干的断定最能支持以下哪个结论"，则 E 作为答案最为合理。但此题问的是：哪项最可能是科学家根据海水的"脸色"判断哪些地区将被飓风袭击所依赖的前提？答案显然是 B，而不是 E。选择 E 为答案，很可能是把一道确定假设的论证分析型试题，误解为依据前提推出结论的逻辑推断型试题。

【例 3-59】　因对微博的无知，某局长和某主任在微博上泄露个人隐私，暴露其不道德行为，受到有关部门的查处。有网友对他们的行为冷嘲热讽，感慨道：知识改变命运，没有知识也改变命运。

以下哪项陈述最接近该网友所表达的意思？

A. 无论是否有知识，都会改变命运。

B. 有知识导致命运由不好向好的方向改变，没有知识导致命运由好向坏的方向改变。

C. "知识就是力量"这一说法过于夸张，实际上，权力和金钱才是力量。

D. "命运"的本义就是先天注定，它不会因有无知识而改变。

【解析】　答案是 B。这是一道语义理解型试题，问的是，哪项最接近题干网友所表达的意思。如果误读为逻辑推断题，就会选 A。这是 GCT（工程硕士）十月联考的一道真题，不止一个网站公布的答案是 A，估计就是混淆了题型。

【例 3-60】　小强是甲班学习成绩最差的学生，但此次期中考试各科成绩均优秀。因此，甲班在此次期中考试中将不会有学生不及格。

以下哪项如果为真，最能削弱上述论证？

A. 虽然小强此次期中考试各科成绩均优秀，但仍然是甲班学习成绩最差的学生。

B. 小强不是甲班学习成绩最不好的学生。

C. 考试成绩只是评价学生的标准之一。

D. 甲班学生小丽在此次期中考试中有多门课程不及格。

E. 甲班学生小华由于家庭变故，学习成绩急剧下降。

【解析】　答案是 D。一个论证有三种构成要素：结论、论据和推理。削弱一个论证，相应有三种方式：削弱以至否定论据；指出推理漏洞；削弱以至推翻结论。对一个论证削弱力度最大的是直接推翻结论。B 项否定论据，D 项直接推翻结论。削弱力度最大的是 D。

　　有一种意见认为，答案是 B，不是 D。理由是，考察是否削弱一个论证，目标是分析一个论证的说服力，因此，只需考虑论据和推理，不必考虑结论。D 项虽然推翻了结论，但并不能说明题干对这一结论的论证没有说服力；而 B 项否定了论据，能说明此种论证没有说服力。这种意见混淆了"论证有效性分析"的写作测试和"如何削弱一个论证"的逻辑测试，这两种测试有不同的目标和要求。

第十节　避免误导

　　技巧，就是正确、快捷的解题方法或要领。技巧必须具有普遍适用性，否则就是伪技巧。伪技巧对某些题适用，换同类型的其他题，可能不适用。仅根据某种快捷的方法对解答某道题适用，就接受其为具有普遍性的解题技巧，是不可靠的。

　　例如，确定争论焦点是一种常见的题型，试分析后面两种应对此类型题目的技巧。第一种，作为正确选项所概括的焦点问题，必须满足两个条件：争论双方都有确定观点，并且观点对立。因此，如果某个选项所概括的问题，双方都没有观点，或者双方都有观点，但观点不对立，或者一方有观点，另一方无观点，则不是正确答案。这一技巧，提供了思考并解答此类题的操作性方法，具有普遍性，可谓真技巧。第二种，解答此类题，不必读反方，只需读正方；不必细读正方，只需读其结论。围绕正方结论的选项，就是正确选项。这一技巧，可能对解答某道题奏效，但不具有普遍性，是伪技巧。

　　引导考生在应试准备中学习和本考试不相关的形式逻辑专业知识，例如直言三段论的形式有效性判定规则，并用这种专业知识解题，是一种误导。和 B 类题的强相关知识点不同，人们的日常思维一般不可能会运用像直言三段论形式判定规则这样的专业知识。如果一道试题必须要用到这样的专业知识才能解答，是违反大纲要求的。真正的试卷中不会出现这样的逻辑试题。有的试题可以用直言三段论的判定规则解读，但问题在于，这种题目不用直言三段论的判定规则，仅依据日常思维能力照样可以解题，而且很可能更为简捷。

第十一节　若干解题要领

　　从实际情况出发，恰当分配用于逻辑应试的时间，即恰当确定逻辑部分在整个综合能力考试中的用时比例。如果必要，可占用一些其他科目的时间，但要做到心中有数，不可过多占用，盲目占用。

　　先答最前面的若干题。一般来说，难题不会排在最前面。

　　不轻易放弃多道试题基于同一题干的试题。

优先答题干简短的试题。

优先答熟悉的试题。所谓熟悉，是指或者在练习中已解答过的，或者虽然没解答过但对试题的类型和解题方法已明显了解的。

把直觉和思考结合起来，以缩短答题时间。通过大量解题来提高敏锐的直觉。多做规范的模拟试题，有利于提高此种直觉。

碰到难题，先放一放。

知识相关型试题涉及相关逻辑知识，但解题不一定要运用相关知识。对任一试题，即使是知识相关型试题，也要首先把它作为独立能力型试题的来思考，除非发现有必要思考相关的逻辑知识及其运用。

独立能力型试题是 MBA 逻辑试题的主要部分，一般没有固定的解题模式或技巧，解题一定要从对具体试题的具体思考出发，不要从所谓的技巧模式出发。

如果题干较长，可先读问题，再带着问题有针对性地读题干。

备考解题，既要有选择思考（为什么选择某项为答案），又要有排除思考（为什么不选择其他项为答案）；实考解题，尽可能既要有选择思考，又要有排除思考，特别是对于有干扰项的试题而言。

第四章　如何应对 A 类题（下）：各种题型及其应对

同一事物，可以进行不同的分类。同样，MBA 试题也可以进行不同的分类。A 类和 B 类，是 MBA 试题最基本的分类。这种分类之所以是最基本的，是因为二者的应对方略有实质性的区别。尽管目标不是测试逻辑知识而是日常逻辑思维能力，但 B 类题的应对方略是某些重要逻辑知识点的准确理解和恰当应用，这样的知识点，我们称为"强相关"。但应对 A 类题则不是基于这样的方略。由于 A 类题是 MBA 试题的主体，因此，也可以说应对 MBA 试题总体上不是基于这样的方略。

那么，什么是应对 A 类题的方略呢？上一节所讨论的应试要关注的基本问题，是应对 A 类题（大都同时适用于 B 类题）的一些方法要点。此外，熟悉 MBA 试题的不同题型，研究不同题型的带有规律性应对方法，也是应对 A 类题的一个重要视角。

MBA 逻辑试题可以分为五种基本题型，其中，主要是推断、论证和语义三种。每种题型又可以分为若干小类型。

- 推断：形式推断（B 类题）/ 非形式推断（A 类题）/ 分析性推理
- 论证：论证理解 / 确定假设 / 加强 / 削弱
- 语义：理解 / 解释 / 概括 / 识别 / 评价 / 确定争论焦点 / 核对
- 谬误：定义不当 / 混淆（偷换）概念 / 集合体误用 / 强置因果 / 倒置因果 / 自相矛盾 / 不当两不可 / 非黑即白 / 诉诸无知 / 以偏概全 / 样本不当 / 不当类比 / 循环论证 / 形式谬误
- 类比：类比评价 / 确定类比对象 / 结构类比 / 方法类比 / 谬误类比

应对 A 类题涉及"弱相关"知识点。虽然不同于"强相关"，"弱相关"知识点一般不能给解题以某种确定性的操作依据，但理解和应用这些知识在不同程度上有利于正确迅速解题。下文将在相关的地方，穿插阐述这些知识点及其在解题中的恰当应用。

第一节　推　断

推断型试题的题干陈述前提，结论在选项中，测试的是考生的依据前提断定结论的推理能力。

推断，分为形式推断和非形式推断。形式推断的主要依据是前提和结论之间形式层面的关系；非形式推断的主要依据是前提和结论之间内容层面的关系。B 类推断题是形式推断，A 类推断题主要是非形式推断。

一、推理及其支持度

推理是一个命题序列，其中，一个命题是结论，其余是前提。在推理的日常规范表达中，在"所以""因此"等语词后面的是结论，其余的是前提；在推理的不规范表达中，前提和结论的区分没有明确的标准，要依据语境进行具体分析。

推理提供前提对于结论的证据支持关系。

前提对于结论的证据支持关系，回答这样的问题：前提的真，在多大程度上保证结论的真？

一个推理的支持度是 100%，是指：如果前提真，则结论真的可能性是 100%。一个推理的支持度是 50%，是指：如果前提真，则结论真的可能性是 50%。以此类推。

一个推理的支持度有值，说明该推理的前提和结论之间存在逻辑关系，即相干。

一个推理的支持度无值，则说明前提与结论之间无逻辑关系，即不相干。

【思考 4-1】　分析下列推理的支持度：

(1) 甲班同学此次考试都及格。因此，甲班张珊此次考试及格。

支持度是 100%：如果前提真，则结论真，即前提推出（infer）结论。

(2) 张珊是甲班平时学习成绩最差的学生，但此次考试及格。因此，甲班同学此次考试都及格。

支持度是高的，但小于 100%。如果前提真，则接受结论为真是合理的。前提有力地支持（justify）结论。

(3) 甲班学习委员此次考试及格。因此，甲班同学此次考试都及格。

支持度是低的，但大于 0。

(4) 甲班同学此次考试都及格。因此，甲班张珊此次考试没及格。

支持度为 0。如果前提真，则结论假。前提推翻结论。

(5) 甲班张珊此次考试及格。因此，张珊是江西人。

支持度无值，即前提与结论不相干。

二、必然性推理和或然性推理

推理分为必然性推理和或然性推理。

对于一个正确的必然性推理来说，如果前提是真的，则结论不可能是假的。

对于一个合理的或然性推理来说，如果前提是真的，则结论很可能是真的，但不必定是真的。

演绎推理是必然性推理。归纳推理、类比推理等，都是或然性推理。如图 4 - 1 所示：

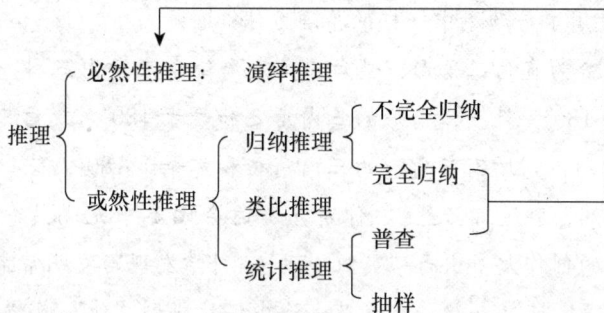

```
                    必然性推理：  演绎推理
                                              ┌─ 不完全归纳
                                归纳推理 ┤
                                              └─ 完全归纳 ┐
         推理 ┤                                           │
                                类比推理                   │
                    或然性推理 ┤
                                              ┌─ 普查
                                统计推理 ┤
                                              └─ 抽样
```

图 4 - 1

下例是演绎推理：

所有的金属都是导电的；

铁是金属。

所以，铁是导电的。

归纳分为完全归纳和不完全归纳。

完全归纳推理是必然性推理，如下例：

当今的社会主义国家是中国、朝鲜、越南和古巴。

中国是发展中国家；

朝鲜是发展中国家；

越南是发展中国家；

古巴是发展中国家。

所以，当今的社会主义国家都是发展中国家。

下例是不完全归纳推理：

铁是导电的；

铜是导电的；

银是导电的；

金是导电的。

金、银、铜、铁都是金属。

所以，金属都导电。

下例是类比推理：

> 中国是发展中的社会主义国家；中国的改革取得了成功。
>
> 越南是发展中的社会主义国家；越南在进行改革。
>
> 所以，越南的改革能取得成功。

【例 4-1】　婚礼看得见，爱情看不见；情书看得见，思念看不见；花朵看得见，春天看不见；水果看得见，营养看不见；刮风看得见，空气看不见；文凭看得见，水平看不见。有人由此得出结论：看不见的东西比看得见的东西有价值。

下面哪个选项使用了与题干中一样的推理方法？

A. 三角形可以分为直角三角形、钝角三角形和锐角三角形三种。直角三角形的三内角之和等于 180°，钝角三角形的三内角之和等于 180°，锐角三角形的三内角之和等于 180°。所以，所有三角形的三内角之和都等于 180°。

B. 我喜欢"偶然"胜过"必然"。你看，奥运会比赛中充满悬念，比赛因此激动人心；艺术家的创作大多出自"灵机一动"，科学发现与发明常常与"直觉""灵感""顿悟""机遇"连在一起；在茫茫人海中偶然碰到"他"或"她"，互相射出丘比特之箭，成就人生中最美好的一段姻缘。因此，我爱"偶然"，我要高呼"偶然性万岁"！

C. 外科医生在给病人做手术时可以看 X 光片，律师在为被告辩护时可以查看辩护书，建筑师在盖房子时可以对照设计图，教师备课时可以看各种参考书，为什么不允许学生在考试时看教科书及其他相关材料？

D. 辩证法断定任何事物都将走向自己的反面。唯物主义不可能走向自己的反面，因此，唯物主义不可能符合辩证法。

E. 玫瑰花好看，因为所有的花都好看。

【解析】　题干的推理是不完全归纳，B 项也是。A 项是完全归纳；C 项是类比；D 项和 E 项是演绎，其中 E 项省略了前提"玫瑰花是花"。答案是 B。

【例 4-2】　（2018 年真题）盛夏时节的某一天，某市早报刊载了由该市专业气象台提供的全国部分城市当天的天气预报，择其内容列表如下：

天津	阴	上海	雷阵雨	昆明	小雨
呼和浩特	阵雨	哈尔滨	少云	乌鲁木齐	晴
西安	中雨	南昌	大雨	香港	多云
南京	雷阵雨	拉萨	阵雨	福州	阴

根据上述信息，以下哪项作出的论断最为准确？

A. 由于所列城市盛夏天气变化频繁，所以上面所列的 9 类天气一定就是所有的天气类型。

B. 由于所列城市并非我国的所有城市，所以上面所列的 9 类天气一定不是所有的天气类型。

C. 由于所列城市在同一天不一定展示所有的天气类型，所以上面所列的 9 类天气可能不是所有的天气类型。

D. 由于所列城市在同一天可能展示所有的天气类型，所以上面所列的 9 类天气一定是所有的天气类型。

E. 由于所列城市分处我国的东南西北中，所以上面所列的 9 类天气一定就是所有的天气类型。

【解析】　题干陈述的是我国 12 个城市在某天的天气预报。这 12 个城市只是我国城市的一小部分，依此信息得出的有关所有天气类型的结论，是不完全归纳推理的结论；不完全归纳的结论，是或然性结论（可能），不是必然性结论（一定）。各选项都是对所有天气类型的断定，其中，只有 C 项是或然性断定，其余都是必然性断定。

本题考点：不完全归纳。

答案是 C。

三、"推出" 和 "有力地支持"（Infer/Justify）

一个推理，其前提推出（infer）结论，是指：如果前提是真的，则结论一定是真的。一个推理，其前提有力地支持（justify）结论，是指：如果前提是真的，则接受结论为真是合理的。这种合理性越高，前提对结论的支持力度越大。

MBA 逻辑推断题，也包括两种类型：一种是测试题干（陈述的前提）能推出哪个结论。通常的提问方式是："如果上述断定为真，以下哪项一定为真？"另一种是测试题干有力地支持（justify）哪个结论。通常的提问方式是："如果上述断定为真，最能支持以下哪个结论？"

如果能"推出"，则一定能"有力地支持"。所以，"推出"型题，也可以问作：如果上述断定为真，最能支持以下哪项结论？但是，能"有力地支持"，不一定能"推出"。因此，"有力支持"型题只能问作：如果上述断定为真，最能支持以下哪项结论？不能问作：如果上述断定为真，则以下哪项一定为真？

【例 4-3】　牛顿力学统领科学 200 多年，它的结果被广泛验证和成功应用，在科学史上，是最具权威性的理论。但是，20 世纪初，爱因斯坦的理论揭示了牛顿力学的实质性局限，超越了这个长期以来被认为是最成功的科学理论。

如果上述断定为真，以下哪项一定为真？

A. 科学发展的模式是，一个成功的理论不断地被另一个理论超越。

B. 一个统领科学的成功理论，不一定能持续地统领科学。

C. 任何成功的科学理论，都必然被一个更为成功的理论超越。

D. 一旦一个理论被科学界广泛接受，它就能长期统领科学界。

E. 爱因斯坦理论统领科学的时间将比牛顿力学长。

【解析】　答案是 B。题干能支持 A、B 和 C 项，但只能推出 B 项，不能推出 A 或 C 项。题干断定的是个例，依此不能得出一般性结论，因此推不出 A 项；题干断定的是某个事实（实然判断），依此不能得出必然判断，因此，推不出 C 项。

【例 4-4】　民主的质量，不光取决于民众是否有权利对社会重大问题发表意见，而且取决于民众是否有能力对社会重大问题发表有理有据的意见。随着科学技术的发展，社会重大问题的专业含量、理论含量和技术含量越来越高，普通民众越来越难以对重大社会问题，例如三峡工程是否应当上马、如何有效控制房价等，发表内行意见。

上述断定能推出以下哪项结论？

A. 专家应当承担对普通民众进行专业教育的责任。

B. 科学技术的发展威胁到民主的质量。

C. 普通民众有责任提高自己的科学技术素养。

D. 非重大社会问题都不涉及专业问题。

E. 只要民众有能力对社会重大问题发表有理有据的意见，民主的质量就能确保。

【解析】　答案是 B。题干能支持 A、B 和 C 项，但只能推出 B 项，不能推出 A 或 C 项。题干要推出 A 和 C 项，还必须断定，专家和普通民众对提高民主的质量都负有责任。但题干并未作这一断定，因此，由题干不能推出 A 和 C 项。专家和普通民众对提高民主的质量都负有责任，显然是一个合理的断定，因此，题干支持 A 和 C 项。

【例 4-5】　2012 年 8 月 10 日，韩国总统李明博访问了与日本存在主权争议的独岛（日本称"竹岛"）。舆论调查结果显示，在李明博访问独岛之后，其支持率由 25.7％升至 34.7％。

如果调查结果属实，最能支持以下哪项结论？

A. 支持李明博访问独岛的韩国人多于不支持的人。

B. 在李明博访问独岛之后，一部分先前不支持他的人现在转而支持他。

C. 2012 年 8 月 10 日前支持李明博的韩国人现在继续支持他。

D. 李明博访问独岛是其支持率上升的原因。

【解析】　答案是 B。

依据题干的舆论调查结果，可以合理地估计：在李明博访问独岛之后，韩国国民对他的支持率有明显的上升。这说明，在李明博访问独岛之后，一部分先前不支持他的人现在转而支持他。因为如果先前不支持他的人都仍然不支持，则其支持率只可能下降，不可能上升。因此，题干有力地支持 B 项。

题干不支持 A 和 C 项。题干支持 D 项，但力度不如 B 项，因为题干说明李明博访问独岛和其支持率提升二者统计相关，统计相关有可能因果相关，但不一定因果相关。

思考：为什么此题的提问方式不能是"如果调查结果属实，以下哪项一定为真?"。

四、"反推"要恰当

所谓"反推"，就是假设选项（结论）的真假情况，推断题干（前提）的真假情况。

对于"推出"型的逻辑推断题（即以"如果上述断定为真，以下哪项一定为真"方式提问的试题），尽量"正推"，必要时可借助"反推"。

"反推"必须恰当，否则得出的结论是不可靠的。

恰当反推的规则是（"排除"＝不是正确答案；"确定"＝是正确答案）：

①假设某选项不成立，可推出题干条件不成立。确定！

②假设某选项不成立，可推出不违反题干条件。排除！

③假设某选项成立，可推出题干条件不成立。排除！

④假设某选项成立，可推出不违反题干条件。既不能排除，也不能确定！

假设某选项成立，可推出满足（不违反）题干的条件，依此确定该选项为正确答案，此种所谓的"代入"方法，是一种不当"反推"。由不当反推确定的答案，有时可能碰巧是正确答案，这容易造成误解，以为这是一种可靠的推理方法。应当注意消除此种误解，避免此种不当。

【例 4-6】　某大学有两个候选上马的项目：实验楼和体育馆。在一次讨论基建的校长办公会上，基建处长主张两个项目都上马；财务处长主张两个项目至少上马一个。校长问主管基建的张副校长的意见。张副校长笑了笑，说：两位处长的意见，我支持一位，反对另一位。

以下哪项等同于张副校长的意见?

A. 实验楼和体育馆都上马。

B. 实验楼和体育馆都不上马。

C. 实验楼上马，体育馆不上马。

D. 实验楼不上马，体育馆上马。

E. 要么实验楼上马，要么体育馆上马。

【解析】　答案是 E。

如果张副校长支持基建处长，则支持财务处长，违反条件。因此，张副校长支持财务处长，反对基建处长，即反对"两个项目都上马"，支持"两个项目至少上马一个"。因此，张副校长的意见是：要么实验楼上马，要么体育馆上马。

这是"正推"。以下是"反推"：

假设 A 项成立，则张副校长支持两位处长的意见，违反题干的条件，因此，A 项不成立。

假设 B 项成立，则张副校长反对两位处长的意见，违反题干的条件，因此，B 项不成立。

假设 C 项成立，则对两位处长的意见，张副校长支持一位，反对另一位，题干的条件满足，但这只能推出"C 项可能是张副校长的意见"，不能推出"C 项一定是张副校长的意见"，因为张副校长的意见可能是 D 项。同理，D 可能是，但不一定是张副校长的意见。即 C 和 D 作为答案均不成立。

如果假设 C 项成立，"代入"题干，符合题干条件，就依此选择 C 项为正确答案。此种所谓"代入"，就是不当反推。

假设 E 项不成立，则有两种可能：第一，张副校长主张两个项目都上马；第二，张副校长主张两个项目都不上马。二者都违反题干。因此，如果 E 项不成立，则题干不成立，即如果题干成立，则 E 项一定成立。这是恰当反推。

【例 4-7】 在潮湿的气候中仙人掌很难成活，在寒冷的气候中柑橘很难生长。在某省的大部分地区，仙人掌和柑橘至少有一种不难成活或生长。

如果上述断定为真，则以下哪项一定为假？

A. 该省的一半地区，既潮湿又寒冷。

B. 该省的大部分地区炎热。

C. 该省的大部分地区潮湿。

D. 该省的某些地区既不寒冷也不潮湿。

E. 柑橘在该省的所有地区都无法生长。

【解析】 答案是 A。

题干断定：在潮湿的气候中仙人掌很难成活，在寒冷的气候中柑橘很难生长。

假设 A 项为真，则由"该省的一半地区，既潮湿又寒冷"，可得：该省的一半地区，既难有仙人掌，也难有柑橘。因此，不可能该省大部分地区仙人掌和柑橘至少有一种不难成活或生长，即题干的条件不成立。因此，如果题干的断定为真，则 A 项一定为假。

此题的解答方法是恰当反推。

五、非形式推断样题例析

【例 4-8】 和逻辑导论与世界历史比起来，陈磊更喜欢外国文学；事实上在所有的大学课程中，他最喜欢经济学；而和逻辑导论比起来，他更不喜欢体育。

除了以下哪项外，其余各项都能从上述信息推出？

A. 比起外国文学，陈磊更喜欢经济学。

B. 比起体育，陈磊更喜欢外国文学。

C. 比起数学分析，陈磊更喜欢经济学。

D. 比起体育，陈磊更喜欢世界历史。

E. 比起外国文学，陈磊更不喜欢体育。

【解析】

←世界历史→

经济学＞外国文学＞逻辑＞体育

由上可知，世界历史和逻辑与体育的关系未定，因此 D 项不能从题干推出。题干虽然未提及数学分析，但根据最喜欢经济学，可推出 C 项。答案是 D。

【例 4-9】 在黑、蓝、黄、白四种由深至浅排列的涂料中，一种涂料只能被它自身或者比它颜色更深的涂料覆盖。

若上述断定为真，则以下哪一项确切地概括了能被蓝色覆盖的颜色？

Ⅰ. 这种颜色不是蓝色。

Ⅱ. 这种颜色不是黑色。

Ⅲ. 这种颜色不如蓝色深。

A. 仅有Ⅰ。   B. 仅有Ⅱ。   C. 仅有Ⅲ。

D. 仅有Ⅰ和Ⅱ。   E. Ⅰ、Ⅱ和Ⅲ。

【解析】 能被蓝色覆盖的颜色是蓝、黄、白。Ⅰ不确切，因为这一概括漏了蓝色，多了黑色。Ⅲ不确切，因为这一概括漏了蓝色。答案是 B。

【例 4-10】 没有人爱每一个人；牛郎爱织女；织女爱每一个爱牛郎的人。

如果上述断定为真，则以下哪项不可能为真？

Ⅰ. 每一个人都爱牛郎。

Ⅱ. 每一个人都爱一些人。

Ⅲ. 织女不爱牛郎。

A. 仅Ⅰ。   B. 仅Ⅲ。   C. 仅Ⅰ和Ⅲ。   D. Ⅰ、Ⅱ和Ⅲ。

E. Ⅰ、Ⅱ和Ⅲ都可能为真。

【解析】 从"织女爱每一个爱牛郎的人"，加上复选项Ⅰ"每一个人都爱牛郎"，就会得出"织女爱每一个人"，而这与题干中给定的条件"没有人爱每一个人"矛盾。所以，Ⅰ不可能为真。其余各项可能为真。答案是 A。

【例 4-11】 甲、乙、丙、丁、戊和己六人围坐在一张正六边形的小桌前，每边各坐一人。已知：

（1）甲与乙正面相对。

（2）丙与丁不相邻，也不正面相对。

如果己与乙不相邻，则以下哪项一定为真？

A. 如果甲与戊相邻，则丁与己正面相对。

B. 甲与丁相邻。

C. 戊与己相邻。

D. 如果丙与戊不相邻，则丙与己相邻。

E. 己与乙正面相对。

【解析】　答案是 D。

题干概括：（1）甲与乙正面相对。（2）丙与丁不相邻。如图 4-2 所示：

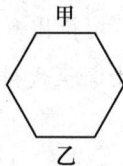

图 4-2

由丙与丁不相邻，由图 4-2，得丙与戊相邻，或者丙与己相邻。由此得：如果丙与戊不相邻，则丙与己相邻。

除了题干概括的以上两个条件，题干的其余条件对于解答本题不是必要的，属不相干信息。

【例 4-12】　31～32 题基于以下题干①：

某次讨论会共有 18 名与会者。已知：

（1）至少有 5 名青年教师是女性；

（2）至少有 6 名女教师已过中年；

（3）至少有 7 名女青年是教师。

31. 根据上述信息，关于与会人员可以得出以下哪项？

A. 有些青年教师不是女性。

B. 有些女青年不是教师。

C. 青年教师至少有 11 名。

D. 女青年至多有 11 名。

E. 女教师至少有 13 名。

【解析】　答案是 E。

题干条件整理：

共有 18 名与会者，其中：

（1）至少有 5 名青年教师是女性＝至少 5 名青年女教师；

_____

① 本题序号为真题序号。

（2）至少有 6 名女教师已过中年＝至少 6 名中年女教师；

（3）至少有 7 名女青年是教师＝至少 7 名青年女教师。

对于解答本题（第 31 题），条件（1）是多余的。由条件（2）和（3），显然得：女教师至少有 13 名。

32. 如上述三句话两真一假，则关于与会人员可以得出以下哪项？

A. 青年教师至少有 5 名。

B. 男教师至多有 10 名。

C. 女青年都是教师。

D. 女青年至少有 7 名。

E. 青年教师都是女性。

【解析】　答案是 A。

题干概括：

（1）至少 5 名青年女教师；

（2）至少 6 名中年女教师；

（3）至少 7 名青年女教师。

上述三句话两真一假。

如果（3）真，则（1）真。因此，假设（1）假，则（3）假，两假，违反条件，假设不成立。因此，（1）真。由（1）真，得：青年教师至少有 5 名。

对于解答 31 题，条件（1）是多余的，可以略去。对于解答第 32 题，条件（1）不是多余的。第 32 题只能确定条件（1）真，其余两个条件的真假不能确定。

【例 4-13】　38～39 题基于以下题干①：

天南大学准备选派 2 名研究生 3 名本科生到山村小学支教。经过个人报名和民主评议，最终人选将在研究生赵婷、唐玲、殷倩 3 人和本科生周艳、李环、文琴、徐昂、朱敏 5 人中产生。按规定，同一学院或者同一社团至多选派 1 人。已知：

（1）唐玲和朱敏均来自数学院；

（2）周艳和徐昂均来自文学院；

（3）李环和朱敏均来自辩论协会。

38. 根据上述条件，以下必定入选的是：

A. 唐玲。　　　　B. 赵婷。　　　　C. 周艳。　　　　D. 殷倩。

E. 文琴。

【解析】　答案是 E。

题干概括：

———————————

① 本题序号为真题序号。

（1）研究生：赵、唐、殷（3 选 2）。

（2）本科生：周、李、文、徐、朱（5 选 3）。

（3）数学院：唐、朱。

（4）文学院：周、徐。

（5）辩协：李、朱。

（6）同一学院或者同一社团至多选派 1 人。

由条件，周艳和徐昂两人中至多选派 1 人；李环和朱敏至多选派 1 人。又周艳、李环、文琴、徐昂、朱敏 5 名本科生中选派 3 人，因此，文琴必定入选。

39. 如果唐玲入选，那么以下必定入选的是：

A. 李环。　　　　B. 徐昂。　　　　C. 周艳。　　　　D. 赵婷。

E. 殷倩。

【解析】　答案是 A。

由唐玲入选，得朱敏不入选。又周艳和徐昂至多选派 1 人，因此，5 个本科生中，李环、文琴必定入选。

【例 4-14】　地球在其形成的早期是一个熔岩状态的快速旋转体，绝大部分的铁元素处于其核心部分。有一些熔岩从这个旋转体的表面甩出，后来冷凝形成了月球。

如果以上这种关于月球起源的理论正确，则最能支持以下哪项结论？

A. 月球是唯一围绕地球运行的星球。

B. 月球将早于地球解体。

C. 月球表面的凝固是在地球表面凝固之后。

D. 月球像地球一样具有固体的表层结构和熔岩状态的核心。

E. 月球的含铁比例小于地球核心部分的含铁比例。

【解析】　由题干，地球的绝大部分的铁元素处于其核心部分。因此，从地球表面被抛出形成月球的熔液中的铁元素的比例显然低于地球的核心部分。答案是 E。

【例 4-15】　人类至今的文化产品，分为互相独立的三类：真的思想、善的行为和美的事物，简称真、善、美。任一文化产品，要么是男人创造的，要么是女人创造的，要么是男女共同创造的。如果没有女人，人类至今创造的文化产品中，将失去 50% 的真、60% 的善和 70% 的美。

如果上述断定为真，最能支持以下哪项结论？

A. 女人创造美的能力强于男人。

B. 女人创造美的能力弱于男人。

C. 男人求真的能力强于女人。

D. 男人求真的能力和女人相同。

E.　男人求真的能力弱于女人。

【解析】　答案是 C。

题干断定，如果没有女人，人类至今创造的文化产品中，将失去 50% 的真。基于题干条件，可推出，剩下的 50% 的真是由男人单独创造的。由于失去的 50% 的真可能有一部分是男女共同创造的，因此，题干有力地支持"男人求真的能力强于女人"，即 C 项正确。

题干对 A 项的支持力度不如对 C 项。题干断定，如果没有女人，人类至今创造的文化产品中，将失去 70% 的美。由此可推出，30% 的美是由男人单独创造的。由于失去的 70% 的美可能有一部分是男女共同创造的，因此，题干很难断定是否支持女人创造美的能力强于男人。

注意，此题的提问方式只能是"如果上述断定为真，最能支持以下哪项结论"，不能是"如果上述断定为真，以下哪项结论一定为真"。因为根据"任一文化产品，要么是男人创造的，要么是女人创造的，要么是男女共同创造的"，只能确定男女共同创造的文化产品可能存在，不能确定男女共同创造的文化产品一定存在。如果男女共同创造的文化产品不存在，则"任一文化产品，要么是男人创造的，要么是女人创造的，要么是男女共同创造的"这一条件依然成立，但得出的结论是 A，而不是 C。

【例 4-16】　（2017 年真题）很多成年人对于儿时熟悉的《唐诗三百首》中的许多名诗，常常仅记得几句名句，而不知诗作者或诗名。甲校中文系硕士生只有三个年级，每个年级人数相等。统计发现，一年级学生都能把该书中的名句与诗名及其作者对应起来；二年级 2/3 的学生能把该书中的名句与作者对应起来；三年级 1/3 的学生不能把该书中的名句与诗名对应起来。

根据上述信息，关于该校中文系硕士生，可以得出以下哪项？

A.　1/3 以上的一、二年级学生不能把该书中的名句与作者对应起来。

B.　1/3 以上的硕士生不能将该书中的名句与诗名或作者对应起来。

C.　大部分硕士生能将该书中的名句与诗名及其作者对应起来。

D.　2/3 以上的一、三年级学生能把该书中的名句与诗名对应起来。

E.　2/3 以上的一、二年级学生不能把该书中的名句与诗名对应起来。

【解析】　题干概括见表 4-1：

表 4-1

	名句与诗名对应	名句与作者对应
一年级	全部能	全部能
二年级	不确定	2/3 能（1/3 不能）
三年级	2/3 能（1/3 不能）	不确定

D 项能从题干推出。由"三年级 1/3 的学生不能把该书中的名句与诗名对应起来"，

可推出"三年级 2/3 的学生能把该书中的名句与诗名对应起来"；再由"一年级学生都能把该书中的名句与诗名及其作者对应起来"，可推出"2/3 以上的一、三年级学生能把该书中的名句与诗名对应起来"。

注意，由"有的 A 不是 B"，推不出"有的 A 是 B"；但由"1/3 的 A 不是 B"，可推出"2/3 的 A 是 B"。

其余各项不能从题干推出。例如，B 项不能推出，因为题干未断定二年级学生中不能将该书中的名句与诗名或作者对应起来的比例，因此，不能排除所有二年级学生都能确定此种对应，在这种情况下，B 项的断定不成立。

答案是 D。

第二节　论　证

推断题是题干中给出了前提，测试依据这一前提得出正确结论的能力。论证题是题干中给出了前提，也给出了结论，同时也给出了依据前提得出结论的论证，测试的是对这一论证的理解和分析能力。

一、什么是论证

（一）论证和推理的联系和区别

推理和论证是两个密切联系又有所区别的概念。

一个推理和一个论证可以用相同的语言形式表达出来。例如

> 所有的金属都是导电的
> 铁是金属
> 所以，铁是导电的

可以认为是推理，也可以认为是论证。这就是为什么 MBA 逻辑试题有时把题干所表达的称为推理，有时则称为论证。

论证由论据、结论和论证方式三个要素组成。推理的前提相当于论据，推理的结论即为论证的结论，推理形式即是论证方式。

那么，推理和论证的区别是什么呢？正如前面已经指出的，推理并不承诺前提是真实的，也不承诺结论是真实的，而仅仅承诺：如果前提是真实的，则结论是真实的。因此，一个有效推理的前提和结论都可能是虚假的。但论证的目的是承诺结论的真实性。因此，一个正确的论证必须满足两个条件：第一，论据（前提）是真实的；第二，论证方式（推理形式）是正确的（有效的）。

考虑下面两个推理。推理 A：

<u>2011 年北京有人的寿命是 399 岁</u>

所以，2012 年北京有人活到 400 岁

推理 B：

所有的人都是自私的

<u>你又不是神仙（你是人）</u>

你还能不自私？（所以，你是自私的）

这两个都是好推理，但都是坏论证。

这就是论证和推理的区别。

反驳是论证所要反驳的命题的虚假。假设所要反驳的命题为 A，论证 A 是假的，也就是要论证"A 是假的"是真的。因此，反驳可以看作一个特殊的论证。

一个论证的论证力度，是指通过该论证所获得的结论真实性的可接受程度。

一个论证的论证力度取决于两点：第一，论据真实性的可靠程度；第二，推理的证据支持度。

加强一个论证，就是指加强该论证的论证力度。有利于说明相关证据真实性和相关推理有效性、合理性的信息，都能加强一个论证；相反的信息则削弱一个论证。能推翻一个论证的结论（即说明该结论为假）的信息，对这一论证削弱力度最大。

（二）论证的结构分析

论证辨析是 MBA 逻辑试题的一种重要类型。恰当分析一个论证首先需要正确分析其结构。

正如前面已经指出的，在推理的规范表达中，前提和结论的区分是明显的：在"所以""因此"等词语后面的是结论，其余的是前提。推理的不规范表达有以下几种情况，要给予注意并做出适当应对：第一，"所以""因此"等标示结论的词语被省略，前提和结论的区分不明显，要依据语境进行具体分析。第二，以省略形式出现，即省略了某个或某些前提，或者省略了结论。这需要根据原意进行适当的整理。第三，有的论据自身也是某个子论证所得出的结论，因此，要区分论证的最终结论和作为论据的中间结论。第四，有时会包含一些既非前提又非结论的断定，这往往是一些容易干扰正确思考的与论证自身不相关的信息，要注意剥离。

【思考 4-2】　试分析以下论证的结构：

为什么我一定要学数学？我的目标是当电影明星，或像我爸爸那样当作家。他的小说拍成了电影，感动了千万人。我爸爸自己说过他的数学成绩不好，即使成绩好又怎样，如果人物的命运是靠数学公式计算出来的，那我爸爸的小说肯定没人看！

【解析】　上述论证包含了若干个推理：

Ⅰ. 前提：我爸爸是作家（1）

我爸爸数学不好（2）

结论：当作家不一定要学数学（3）

Ⅱ. 前提：如果人物的命运是靠数学公式计算出来的，那我爸爸的小说肯定没人看（4）

我爸爸的小说有人看（拍成了电影，感动了千万人）（5）

结论：小说中人物的命运不是靠数学公式计算出来的（6）

Ⅲ. 前提：小说中人物的命运不是靠数学公式计算出来的（6）

结论：当作家不一定要学数学（3）

Ⅳ. 前提：我的目标是当电影明星，或当作家（7）

当作家不一定要学数学（3）

结论：我不一定要学数学（8）

上述推理中，（8）是题干推理的最终结论。（1）、（2）、（4）、（5）是题干的前提，（3）和（6）既是题干的前提推出的结论，又是推出题干最终结论的前提。

上述推理可用图 4-3 的树状结构刻画：

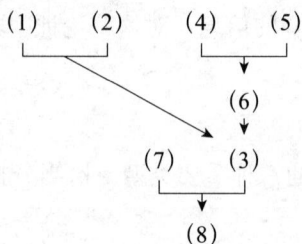

图 4-3

（三）论证题的基本类型

论证辨析试题通常有以下几种提问方式：为对上述论证作出评价，回答以下哪个问题最为重要（或最不重要）？上述论证依赖以下哪项假设？以下哪项如果为真，最能加强（或削弱）上述论证？不同提问方式的试题，测试的角度各有不同。

二、什么与评价一个论证相关？

此类型试题的题干陈述一个论证，提问方式是：为对上述论证作出评价，回答以下哪个问题最为重要（或最不重要）？一个问题与评价一个论证相关，是指对这一问题的不同回答会对论证的说服力产生不同的影响（加强或削弱）。否则，就是不相关。解答此类型题，要求在诸选项中，首先排除不相干选项，保留相干选项；其次在相干选项中，选择最相干，即对论证力度影响最大的选项。

【例 4-17】① 　　教授：美国和加拿大等国早就招收写作学的硕士生、博士生了，而我们还在为争取写作学的学位授予权而竭力呼吁。这就是对应用性、技能性学科两种截然不同的态度。是我们错了，还是人家错了？

以下哪项表述的问题对评估上述论证的合理性最为重要？

A. 如果允许我们招收写作学的硕士和博士，有多少人会报考这个专业？

B. 我们在写作学的师资和学科研究水平上是否具有招收硕士和博士的条件？

C. 我们在写作学以外的其他应用性、技能性学科是否招收了硕士和博士？

D. 我们是否应该重视对应用性、技能性学科硕士和博士的培养？

【解析】　答案是 B。

题干概括：

论据：美国招写作学研究生，我们不招。

结论：美国重视应用性、技能性学科，我们不重视。

对于评价上述论证，A、B 和 C 项的问题均相关，其中，B 项的相关性最强。D 项与题干论证不相关。

【例 4-18】　　任何一篇译文都带有译者的行文风格。有时，为了及时地翻译出一篇公文，需要几个笔译同时工作，每人负责翻译其中的一部分。在这种情况下，译文的风格往往显得不协调。与此相比，用于语言翻译的计算机程序显示出优势：准确率不低于人工笔译，但速度比人工笔译快得多，并且能保持译文风格的统一。所以，为及时译出那些较长的公文，最好使用机译而不是人工笔译。

为对上述论证作出评价，回答以下哪个问题最不重要？

A. 是否可以通过对行文风格的统一要求，来避免或减少合作译文在风格上的不协调？

B. 不同的计算机翻译程序，是否也和不同的人工译者一样，会具有不同的行文风格？

C. 机译的准确率是否同样不低于翻译专家的笔译？

D. 根据何种标准可以准确地判定一篇译文的准确率？

E. 日常语言表达中是否存在由特殊语境决定的含义，这些含义只有靠人的头脑，而不能靠计算机程序把握？

【解析】　题干概括如下：

● 结论：用机译不用人工笔译。

● 论据：机译相对于笔译的三大优势：准确、迅速、风格统一。

● 问题：哪项与评价上述论证的关系最弱？

B 项涉及的问题和评价题干的论证无关，因为每篇公文的机译在正常情况下是由

---

① 本题为 GCT 真题，共四个选项。

同一计算机翻译程序完成的，因此，即使不同的计算机翻译程序有不同的风格，也不会影响同一篇译文在行文风格上的统一。也就是说，无论是肯定还是否定地回答 B 项的问题，都不会加强或削弱题干的相关论据，即 B 项与评价题干的论证无关。答案是 B。

【例 4-19】 影响个人行为的唯一动机是个人利益。有些崇高行为，看来不是出于个人利益，甚至是牺牲个人利益，其实，是行为者对何为个人利益有不同于常人的理解。因此，个人利益是影响个人行为的决定性因素。

以下哪项对上述论证的评价最为恰当？

A. 上述论证所运用的推理是成立的，即如果前提成立，则结论成立。

B. 上述论证所运用的推理不成立，因为前提所断定的，只是关于个人利益和个人行为关系的一种见解，这种见解不一定是正确的，事实上还有其他不同的见解。

C. 上述论证有漏洞，因为它忽视了：行为者个人动机并不是影响他的行为的唯一因素。

D. 上述论证有漏洞，因为它模糊了高尚行为和卑劣行为的界限。

E. 上述论证有漏洞，因为它忽视了：维护个人利益的行为也能有利于公共利益。

【解析】 题干概括如下：

● 论据：个人利益决定个人行为动机。

● 结论：个人利益决定个人行为。

题干的论证假设了一个未加表述的前提（隐条件）"个人动机决定个人行为"，否则，这一论证就不成立。C 项指出了这一隐条件不成立，对此的忽视是题干论证的漏洞。这是对题干的恰当评价。答案是 C。

【例 4-20】 随着年龄的增长，人们每天对卡路里的需求量日趋减少，而对维生素 B_6 的需求量却逐渐增加。除非老年人摄入维生素 B_6 作为补充，或者吃些比他们年轻时吃的含更多维生素 B_6 的食物，否则，他们不大可能获得所需要的维生素 B_6。

对以下哪项问题的回答，最有助于评价上述论证？

A. 大多数人在年轻时的饮食所含维生素 B_6 的量是否远超出他们当时每天所需的量？

B. 强化食品中的维生素 B_6 是否比日常饮食中的维生素 B_6 更容易被身体吸收？

C. 每天需要的卡路里的量减少是否比每天需要增加的维生素 B_6 的量更大？

D. 老年人每天未获得足够的维生素 B_6 的后果是否比年轻人更严重？

E. 保健品是否会产生危害健康的副作用？

【解析】 要使题干的论证有说服力，必须假设，大多数人在年轻时的饮食所含维生素 B_6 的量并非远超出他们当时每天所需的量。否则，就不能根据老年人和年轻人相比，对维生素 B_6 的需求量增加，就得出结论说老年人必须比他们年轻时摄入更多的维生素 B_6。

答案是 A。

三、如何确定一个论证的假设

日常思维中的论证（推理）的前提分为两部分，一部分是表达出来的，另一部分是未加表达的。后者称为这一论证的隐前提或假设。MBA 逻辑试题的一种重要类型，是确定一个论证的假设。

在能力型逻辑测试中，论证的假设有两种类型。一种是必要性假设，即如果该假设不成立，则论证不成立。通常的提问方式是：为使上述论证成立，以下哪项是必须假设的？另一种是充分性假设，即如果该假设成立，则论证成立。通常的提问方式是：假设以下哪项，能使上述论证成立？也有提问方式是中性的，如：以下哪项是上述论证所假设的？可根据试题的实际情况确定假设的类型。一般地说，都是要求确定必要性假设。

【例 4-21】　在某条单向行驶的公路上，在一个小时中，一架"电子眼"共摄下了 50 辆超速的汽车的照片。从这架"电子眼"出发，在这条公路前方的 1 公里处，一批交通警察于隐蔽处在进行目测超速汽车能力的测试。在上述同一个小时中，某个警察测定，共有 25 辆汽车超速通过。由于经过电子眼的汽车一定经过目测处，因此，可以推定，这个警察的目测超速汽车的准确率不高于 50%。

假设以下哪项，能使题干的论证成立？

A. 在该警察测定为超速的汽车中，包括在电子眼处不超速而到目测处超速的汽车。

B. 在该警察测定为超速的汽车中，包括在电子眼处超速而到目测处不超速的汽车。

C. 在上述一个小时中，在电子眼前不超速的汽车，到目测处不会超速。

D. 在上述一个小时中，在电子眼前超速的汽车，都一定超速通过目测处。

E. 在上述一个小时中，通过目测处的非超速汽车一定超过 25 辆。

【解析】　如果 D 项为真，则通过目测处的超速汽车不少于 50 辆，因此可以得出结论：上述警察的目测准确率不高于 50%，即题干的论证成立。答案是 D。

【例 4-22】　某纺织厂从国外引进了一套自动质量检验设备。开始使用该设备的 10 月份和 11 月份，产品的质量不合格率由 9 月份的 0.04% 分别提高到 0.07% 和 0.06%。因此，使用该设备对减少该厂的不合格产品进入市场起到了重要的作用。

上述论证基于以下哪项假设？

A. 上述设备检测为不合格的产品中，没有一件事实上是合格的。

B. 上述设备检测为合格的产品中，没有一件事实上是不合格的。

C. 9 月检测为合格的产品中，至少有一些是不合格的。

D. 9 月检测为不合格的产品中，至少有一些是合格的。

E. 上述设备是国内目前同类设备中最先进的。

【解析】   为使题干的论证成立，C项显然是必须假设的。否则，9月就没有不合格的产品漏检，因而就没有理由认为：10月和11月产品不合格率的相对提高，和质量检验设备的使用有关。这样题干的论证就不能成立。答案是C。

【例4-23】   蝙蝠奇特的捕食方式一直是研究者感兴趣的。一项研究成果成功地把一种荧光粉抹在千岛湖畔出没的蝙蝠的背上，这使得研究者可以较为清楚地观察蝙蝠夜间的活动。因此，这项成果大大增进了研究者对于蝙蝠捕食方式的了解。

为使上述论证成立，以下哪项是必须假设的？

A. 千岛湖畔出没的蝙蝠只在夜间捕食。

B. 研究者只对蝙蝠的捕食方式感兴趣而对其他行为方式不感兴趣。

C. 在蝙蝠的背部抹荧光粉并不会改变蝙蝠的捕食方式。

D. 千岛湖的地理环境非常适合研究者做夜间观察。

E. 在蝙蝠的背部抹荧光粉会改变蝙蝠的飞行方式。

【解析】   C项是必须假设的。否则，在蝙蝠的背部抹荧光粉虽然有助于研究者观察蝙蝠夜间的活动，但无助于了解蝙蝠的捕食方式。

为使题干的论证成立，自然必须假设蝙蝠在夜间捕食，但不必须假设蝙蝠只在夜间捕食，A项的断定过强了，不是必须假设的。

【例4-24】   肖群一周工作五天，除非这周内有法定休假日。除了周五在志愿者协会，其余四天肖群都在大平保险公司上班。上周没有法定休假日。因此，上周的周一、周二、周三和周四肖群一定在大平保险公司上班。

以下哪项是上述论证所假设的？

A. 一周内不可能出现两天以上的法定休假日。

B. 大平保险公司实行每周四天工作日制度。

C. 上周的周六和周日肖群没有上班。

D. 肖群在志愿者协会的工作与保险业有关。

E. 肖群是个称职的职员。

【解析】   由题干的条件，只能推出，上周肖群有四天在大平保险公司上班，不能推出这四天是周一、周二、周三和周四。要推出这一结论，还必须假设上周的周六和周日肖群没有上班。答案是C。

【例4-25】   在高速公路上行驶时，许多司机都会超速。因此，如果规定所有汽车都必须安装一种装置，这种装置在汽车超速时会发出声音提醒司机减速，那么，高速公路上的交通事故将会明显减少。

上述论证依赖于以下哪项假设？

Ⅰ. 在高速公路上超速行驶的司机，大都没有意识到自己超速。

Ⅱ. 高速公路上发生交通事故的重要原因，是司机超速行驶。

Ⅲ. 上述装置的价格十分昂贵。

A. 只有Ⅰ。　　　　B. 只有Ⅱ。　　　　C. 只有Ⅲ。

D. 只有Ⅰ和Ⅱ。　　E. Ⅰ、Ⅱ和Ⅲ。

【解析】　如果Ⅰ不成立，即超速行驶的司机大都意识到自己超速，则题干提及的关于减速的声音提示就没有意义。

如果Ⅱ不成立，即司机超速行驶不是高速公路上发生交通事故的重要原因，则即使题干的设置起到了提示减速的作用，也难以得出结论：高速公路上的交通事故将会因此明显减少。答案是 D。

【例 4-26】　（第 1、2 题基于以下题干）某家长认为，有想象力才能进行创造性劳动，但想象力和知识是天敌。人在获得知识的过程中，想象力会消失。因为知识符合逻辑，而想象力无章可循。换句话说，知识的本质是科学，想象力的特征是荒诞。人的大脑一山不容二虎：学龄前，想象力独占鳌头，脑子被想象力占据；上学后，大多数人的想象力被知识驱逐出境，他们成为知识渊博但丧失了想象力、终身只能重复前人发现的人。

1. 以下哪项是该家长论证所依赖的假设？

Ⅰ. 科学是不可能荒诞的，荒诞的就不是科学。

Ⅱ. 想象力和逻辑水火不相容。

Ⅲ. 大脑被知识占据后很难重新恢复想象力。

A. 仅Ⅰ。　　　　B. 仅Ⅱ。　　　　C. 仅Ⅰ和Ⅱ。

D. 仅Ⅱ和Ⅲ。　　E. Ⅰ、Ⅱ和Ⅲ。

【解析】　此题包括两个论证：

论证 1

结论：人在获得知识的过程中，想象力会消失。（知识和想象力不相容）

论据：①知识符合逻辑，想象力无章可循。

　　　②知识的本质是科学，想象力的特征是荒诞。

论证 2

结论：上学（获得知识）后，大多数不能进行创造性劳动。

论据：①知识和想象力不相容。

　　　②有想象力才能进行创造性劳动。

论证的结构如图 4-4 所示：

Ⅰ是要假设的，否则就不可能根据"知识的本质是科学"得出"知识和想象力不相容"。

Ⅱ是要假设的，否则就不能根据"知识符合逻辑，想象力无章可循"得出"知识和想

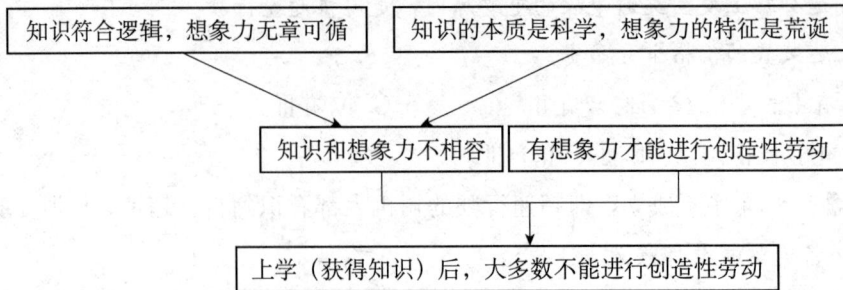

图 4－4

象力不相容"。

Ⅲ是要假设的。如果大脑被知识占据后消失的想象力可以重新恢复，题干的结论就不能成立。答案是 E。

2. 以下哪项与该家长的上述观点矛盾？

A. 如果希望孩子能够进行创造性劳动，就不要送他们上学。

B. 如果获得了足够知识，就不能进行创造性劳动。

C. 发现知识的人是有一定想象力的。

D. 有些人没有想象力，但能进行创造性劳动。

E. 想象力被知识驱逐出境是一个逐渐的过程。

【解析】　题干：（只）有想象力才能进行创造性劳动。

D 项：（有些人）没有想象力，但能进行创造性劳动。

二者矛盾。答案是 D。

【例 4-27】　人类经历了上百年的自然进化，产生了直觉、多层次抽象等独特智能。尽管现代计算机已经具备了一定的学习能力，但这种能力还需要人类的指导，完全的自我学习能力还有待进一步发展。因此，计算机要达到甚至超过人类的智能水平是不可能的。

以下哪项最可能是上述论证的假设？

A. 计算机很难真正懂得人类语言，更不可能理解人类的感情。

B. 理解人类复杂的社会关系需要自我学习能力。

C. 计算机如果具备完全的自我学习能力，就能形成直觉、多层次抽象等智能。

D. 计算机可以形成自然进化能力。

E. 直觉、多层次抽象等人类的独特智能无法通过学习获得。

【解析】　答案是 E。

题干概括：

论据：人类具备直觉、多层次抽象等独特智能。

　　　　计算机具备并在发展学习能力。

结论：计算机达到甚至超过人类的智能水平是不可能的。

在实考中，这是一道难度不大的题目，不难正确地选择 E 为答案。这道题的考前训练价值在于，思考并回答：为什么选择 E，不选择 A？

选择 E 的一个理由是：如果 E 为真，则题干的论证成立。

依据这个理由不能排除 A。因为 A 项如果为真，题干的论证同样成立。

选择 E 而排除 A 的理由是：如果 E 项为真，则题干成立；如果 E 项为假，则题干不成立。因此，对于题干的论证，E 既是充分性假设，又是必要性假设。如果 A 项为真，则题干成立；如果 A 项为假，则题干仍然可以成立（懂人类语言，不一定能把握人类基于直觉等的独特智能）。因此，对于题干的论证，和 E 不同，A 是充分性假设，但不是必要性假设。

【例 4-28】 （第 1、2 题基于以下题干）美国是当今世界上最富裕的国家，所以，每一个美国人都是富人。

1. 假设以下哪项，能使上述论证成立？

Ⅰ. 世界最富裕的国家的含义是人均收入世界上最高。

Ⅱ. 世界最富裕的国家的含义是每个国民都是富人。

Ⅲ. 世界最富裕的国家的含义是国民中没有赤贫者。

A. 仅Ⅰ。　　　　B. 仅Ⅱ。　　　　C. 仅Ⅲ。

D. 仅Ⅱ和Ⅲ。　　E. Ⅰ、Ⅱ和Ⅲ。

2. 为使上述论证成立，以下哪项必须假设？

Ⅰ. 世界最富裕的国家的含义是人均收入世界上最高。

Ⅱ. 世界最富裕的国家的含义是每个国民都是富人。

Ⅲ. 世界最富裕的国家的含义是国民中没有赤贫者。

A. 仅Ⅰ。　　　　B. 仅Ⅱ。　　　　C. 仅Ⅲ。

D. 仅Ⅱ和Ⅲ。　　E. Ⅰ、Ⅱ和Ⅲ。

【解析】 第 1 题要求确定的是充分性假设；第 2 题要求确定的是必要性假设。复选项Ⅱ如果成立，则题干的论证就能成立；如果不成立，则题干的论证就不成立。因此，Ⅱ既是充分性假设，又是必要性假设。复选项Ⅲ如果不成立，即如果世界最富裕国家的含义是国民中仍然可以有赤贫者，则题干的论证就不成立；但是，Ⅲ如果成立，题干的论证不一定成立，因为国民中没有赤贫者，不等于国民都是富人。因此，Ⅲ是必要性假设，不是充分性假设。第 1 题的答案是 B；第 2 题的答案是 D。

【例 4-29】 由垃圾渗出物所导致的污染问题，在那些人均产值为每年 4 000 至 5 000 美元的国家最严重，相对贫穷或富裕的国家倒没有那么严重。工业发展在起步阶段，其污染问题都比较严重。当工业发展能创造出足够多的手段来处理这类问题时，污染问题就会减少。目前 X 国的人均产值是每年 5 000 美元，未来几年，X 国由垃圾渗出物引起的污染会逐渐减少。

假设以下哪项能使上述结论合乎逻辑地得出？

A. 在随后几年里，X国将对不合法的垃圾处理制定罚款制度。

B. 在随后几年里，X国周边国家将减少排放到空气和水中的污染物。

C. 在随后几年里，X国的工业发展将有足够大的进步。

D. 在随后几年里，X国的工业化进程将会受到治理污染问题的影响。

E. 在随后几年里，X国政府将加大对环境污染的惩治力度。

【解析】　答案是C。

题干概括：

论据：穷国和富国少污染。

　　　中等国有污染。

　　　X国是中等国。

结论：未来几年，X国少污染。

题干断定，当工业发展能创造出足够多的手段来处理垃圾渗出物所导致的问题时，污染问题就会减少。题干又断定，X国的人均产值是每年5 000美元，接近相对富裕的水平。因此，如果在随后几年里，X国的工业发展能有足够大的进步，则X国由垃圾渗出物引起的污染就会逐渐减少。

思考：为什么此题的提问方式只能是"假设以下哪项能使上述结论合乎逻辑地得出"，不能是"为使上述论证成立，以下哪项必须假设"？

【例4-30】　热光发电机是一种可以有效地把热能转化为电能的设备。钢铁厂在炼钢的过程中产生大量的热，这些热都未被利用而浪费了。因此，如果钢铁厂能把在生产过程中产生的热通过某种工艺输入热光发电机而转化为电，则可以大大降低钢铁厂的生产成本，因为电的消耗是这一成本的重要部分。

上述论证依赖于以下哪项假设？

A. 除了热光发电机外，没有其他设备可以把热能转化为电能。

B. 至少仍有一些钢铁厂把燃煤作为主要生产能源。

C. 通过上述方式节省的生产成本，至少可以补偿购置、运行热光发电机的开支。

D. 钢铁厂只有把炼钢过程中产生的热转化为电，才能大大降低生产成本。

E. 有一定数量的钢铁厂已经成功使用热光发电机，有效地将炼钢过程中产生的热转化为电。

【解析】　答案是C。

C项如果不成立，则钢铁厂即使能把在生产过程中产生的热通过某种工艺输入热光发电机而转化为电，也不能降低钢铁厂的生产成本，题干的论证就不能成立。因此，C项是题干的论证必须假设的。

四、如何加强或削弱一个论证

（一）加强、削弱型试题的解题要领

（1）尽快读懂题干，区分并概括结论和论据。

（2）一般的提问方式是：以下哪项如果为真，最能加强（削弱）题干的论证？逐一思考每个选项，排除"不能"的，保留"能"的，再在其中确定"最能"的。

（3）论证有三个要素：论据、推理和结论。对论证的加强或削弱，就是对这三个要素的加强或削弱。其中，能直接推翻结论的选项，削弱力度最大。

（4）按所运用的推理方法，论证有演绎论证、归纳论证、类比论证、统计论证、因果论证等类型，每一种类型都有相对应的谬误，如演绎论证对应的谬误是"形式谬误"；归纳论证对应的谬误是"以偏概全"；类比论证对应的谬误是"不当类比"；统计论证对应的谬误是"样本不当"；因果论证对应的谬误是"强置因果""倒置因果"。确认一个论证中存在的谬误，就能否定其推理。因此，熟悉这些谬误，有利于解答削弱型试题。（参看本章的"谬误辨析"）

（5）解答加强削弱型试题，一定要从对试题具体内容的具体思考出发，不要从某种解题模式出发。例如，有这样一种应对削弱型试题的解题模式：先确定论证类型（不细读题干也能确定），若确定为因果关系型，再依据被总结出来的因果关系论证的削弱点（另有他因、倒置因果等）查看选项，确定答案。这种方法，必要时可以借助，但作为解题模式，则不可靠。因为，第一，一个论证所依据的推理是复杂的，大多数试题的论证，很难简单地归为某种论证类型；第二，即使可以归为某种类型，但被总结出来的削弱点可能并不在试题选项中出现；第三，即使被总结出来的削弱点在选项中出现，也可能并不是答案；第四，被总结出来的这类削弱点越多，如果作为解题的思考出发点，越可能耽误迅速思考试题具体内容的宝贵时间，而思考试题具体内容对于正确解答此类题，恰恰是最具有实质性的、不可绕过的途径。

（二）如何加强一个论证？

【例 4-31】　爱尔兰有大片泥煤蕴藏量丰富的湿地。环境保护主义者一直反对在湿地区域采煤。他们的理由是开采泥煤会破坏爱尔兰湿地的生态平衡，其直接严重后果是会污染水源。这一担心是站不住脚的。据近 50 年的相关统计，从未发现过因采煤而污染水源的报告。

以下哪项如果为真，最能加强题干的论证？

A. 在爱尔兰的湿地采煤已有 200 年的历史，其间从未因此造成水源污染。

B. 在爱尔兰，采煤湿地的生态环境和未采煤湿地没有实质性的不同。

C. 在爱尔兰，采煤湿地的生态环境和未开采前没有实质性的不同。

D. 爱尔兰具备足够的科技水平和财政支持来治理污染，保护生态。

E. 爱尔兰是世界上生态环境最佳的国家之一。

【解析】　在诸选项中，只有 C 项如果为真，能得出结论：在湿地采煤并没有破坏生态环境。其余各项都能加强题干的论证，但都不能得出这一结论。例如，B 项如果为真，并不能保证在湿地采煤不改变生态环境，因为无法排除这种可能性：采煤湿地的生态环境虽然和未采煤湿地没有实质性的不同，但却和自身开采前的生态环境有实质性的不同。再如，A 项如果为真，只能加强题干的论据，但却不能保证得出题干的结论。答案是 C。

【例 4-32】　抚仙湖虫是泥盆纪澄江动物群中的一种，属于真节肢动物中比较原始的类型，成虫体长 10 厘米，有 31 个体节，外骨骼分为头、胸、腹三部分，它的背、腹分节数目不一致。泥盆纪直虾是现代昆虫的祖先，抚仙湖虫化石与直虾类化石类似，这间接表明了抚仙湖虫是昆虫的远祖。研究者还发现，抚仙湖虫的消化道充满泥沙，这表明它是食泥的动物。

以下除哪项外，均能支持上述论证？

A. 昆虫的远祖也有不食泥的生物。

B. 泥盆纪直虾的外骨骼分为头、胸、腹三部分。

C. 凡是与泥盆纪直虾类似的生物都是昆虫的远祖。

D. 昆虫是由真节肢动物中比较原始的生物进化而来的。

E. 抚仙湖虫消化道中的泥沙不是在化石形成过程中由外界渗透进去的。

【解析】　题干的结论是：抚仙湖虫是昆虫的远祖。论据一：抚仙湖虫化石与直虾类化石类似，而泥盆纪直虾是现代昆虫的祖先。论据二：抚仙湖虫的消化道充满泥沙，这表明它是食泥动物（隐论据：昆虫的祖先是食泥动物）。B、C、D 和 E 项均能支持上述论证。A 项事实上削弱了题干。答案是 A。

【例 4-33】　科学研究中使用的形式语言和日常生活中使用的自然语言有很大的不同。形式语言看起来像天书，远离大众，只有一些专业人士才能理解和运用。但其实这是一种误解，自然语言和形式语言的关系就像肉眼与显微镜的关系。肉眼的视域广阔，可以从整体上把握事物的信息；显微镜可以帮助人们看到事物的细节和精微之处，尽管用它看到的范围小，所以，形式语言和自然语言都是人们交流和理解信息的重要工具，把它们结合起来使用，具有强大的力量。

以下哪项如果为真，最能支持上述结论？

A. 通过显微镜看到的内容可能成为新的"风景"，说明形式语言可以丰富自然语言的表达，我们应重视形式语言。

B. 正如显微镜下显示的信息最终还是要通过肉眼观察一样，形式语言表述的内容最终也要通过自然语言来实现，说明自然语言更基础。

C. 科学理论如果仅用形式语言表达，很难被普通民众理解；同样，如果仅用自然语言表达，有可能变得冗长且很难表达准确。

D. 科学的发展很大程度上改善了普通民众的是日常生活，但人们并没有意识到科学表达的基础——形式语言的重要性。

E. 采用哪种语言其实不重要，关键在于是否表达了真正想表达的思想内容。

【解析】　题干的结论是形式语言和自然语言结合的必要性。A 项说明形式语言的重要性；B 项说明自然语言的重要性。C 项说明二者结合的必要性。因此，C 项最能支持题干。答案是 C。

【例 4-34】　某研究人员在 2004 年对一些 12～16 岁的学生进行了智商测试，测试得分为 77～135 分；4 年之后再次测试，这些学生的智商得分为 87～143 分。仪器扫描显示，那些得分提高了的学生，其脑部比此前呈现更多的灰质（灰质是一种神经组织，是中枢神经的重要组成部分）。这一测试表明，个体的智商变化确实存在，那些早期在学校表现并不突出的学生未来仍有可能成为佼佼者。

以下除哪项外，都能支持上述实验结论？

A. 随着年龄的增长，青少年脑部区域的灰质通常也会增加。

B. 有些天才少年长大后智力并不出众。

C. 学生的非言语智力表现与他们大脑结构的变化明显相关。

D. 部分学生早期在学校表现不突出与其智商有关。

E. 言语智商的提高伴随着大脑左半球运动皮层灰质的增多。

【解析】　答案是 D。

这是一道有难度的题。

题干概括：

①个体的智商变化确实存在
②个体的智商变化与其脑部灰质结构变化有关 ｝实验结论 ｝论据

↓

个体的智商变化确实存在
早期在校表现并不突出的学生未来仍有可能成为佼佼者 ｝结论

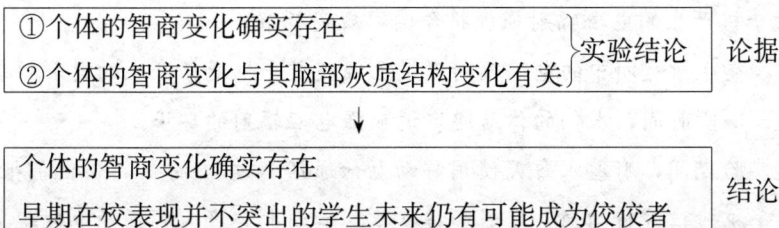

本题问的是，哪个选项不能支持上述实验结论，即论据，而不是指整个论证的结论。

A、C 和 E 项支持实验结论②；B 项支持实验结论①。

D 项显然不支持实验结论②。

题干的实验并未涉及所测试学生的在校表现，同时，D 项不能说明这些早期在学校表现不突出的学生以后表现会突出，因此，D 项不支持①。

因此，D 项不支持上述实验结论，即不支持题干的论据。

但是，D 项支持题干的整个论证及其结论。这是这一选项的干扰性。

（三）如何削弱（质疑）一个论证?

【例 4-35】　卫生部的报告表明，这些年来医疗保健费的确是增加了。可见，我们每个人享受到的医疗条件大大改善了。

以下哪项对上述结论提出了最严重的质疑?

A. 医疗保健费绝大部分用于对高危病人的高科技强化护理。

B. 在不增加费用的情况下，我们的卫生条件也可能提高。

C. 国家给卫生部的拨款中有 70% 用于基础设施的建设。

D. 老年慢性病的护理费用是非常庞大的。

E. 每个公民都有享受国家提供的卫生保健的权利。

【解析】　答案是 A。

B、C 和 E 项为不相干项，直接排除。A 和 D 都能质疑题干结论，但 D 的力度不如 A。

A 项如果为真，说明这些年来增加的医疗保健费绝大部分用在了对高危病人的高科技强化护理上，因此，只可能有极少部分用于改善普通人的医疗条件。这就有力地质疑了题干的结论。

【例 4-36】　长期以来，手机产生的电磁辐射是否威胁人体健康一直是极具争议的话题。一项长达 10 年的研究显示，每天使用移动电话通话 30 分钟以上的人患神经胶质癌的风险比从未使用者要高出 40%。由此某专家建议，在取得进一步证据之前，人们应采取更加安全的措施，如尽量使用固定电话通话或使用短信进行沟通。

以下哪项如果为真，最能表明该专家的建议不切实际?

A. 大多数手机产生的电磁辐射强度符合国家规定标准。

B. 现有在人类生活空间中的电磁辐射强度已经超过手机通话产生的电磁辐射强度。

C. 经过较长一段时间，人们的体质逐渐适应强电磁辐射的环境。

D. 在上述实验期间，有些人每天使用移动电话通话超过 40 分钟，但他们很健康。

E. 即使以手机短信进行沟通，发送和接收信息瞬间也会产生较强的电磁辐射。

【解析】　答案是 B。

题干概括:

每天使用移动电话通话 30 分钟以上的人患神经胶质癌的风险高出 40%

↓

手机产生的电磁辐射威胁人体健康　　　　　　　　　　　　　　　　　论据

↓

应采取更加安全的措施防范手机产生的电磁辐射，如……　　　　　　结论

除 D 项外，其余各项均能削弱专家的建议。其中，B 项的力度最大。

注意排除 E 项。E 项质疑的是专家的建议所举的例子。例子不恰当，不等于建议不成立。

【例 4-37】　某市推出一项月度社会公益活动，市民报名踊跃。由于活动规模有限，主办方决定通过摇号抽签的方式选择参与者，第一个月中签率为 1∶20；随后连创新低，到下半年的 10 月份已达 1∶70。大多数市民屡摇不中，但从今年 7 月至 10 月，"李祥"这个名字连续 4 个月中签，不少市民就此认为，有人在抽签过程中作弊，并对主办方提出质疑。

以下哪项如果为真，最能削弱上述市民的质疑？

A. 摇号抽签全过程是在有关部门监督下进行的。

B. 在报名的市民中，名叫"李祥"的近 300 人。

C. 已经中签的申请者中，叫"张磊"的有 7 人。

D. 曾有一段时间，家长给孩子取名不回避重名。

E. 在摇号系统中，每一申请人都被随机赋予一个不重复编码。

【解析】　答案是 B。

每个选项都能削弱题干市民的质疑。A 项和 E 项有利于说明摇号抽签的公正性，但不能解释题干市民产生质疑的根据，即为什么"李祥"这个名字连续 4 个月中签。

B、C 和 D 项都说明不同的人可以同名，因而有利于说明，"李祥"这个名字连续 4 个月中签，不等于同一个人连续 4 个月中签。这就有力地削弱了市民的质疑，其削弱力度大于 A 和 E 项。在 B、C 和 D 项中，显然削弱力度最大的是 B 项。

【例 4-38】　人们普遍认为适量的体育运动能够有效降低中风的发生率，但科学家还注意到有些化学物质也有降低中风风险的效用。番茄红素是一种让番茄、辣椒、西瓜和番木瓜等果蔬呈现红色的化学物质。研究人员选取 1 000 余名年龄在 46 至 55 岁的人，进行了长达 12 年的跟踪调查，发现其中番茄红素水平最高的 1/4 的人中有 11 人中风，番茄红素水平最低的 1/4 的人中有 25 人中风。他们由此得出结论：番茄红素能降低中风的发生率。

以下哪项如果为真，最能针对上述研究结论提出质疑？

A. 番茄红素水平较低的中风者中有 1/3 的人病情较轻。

B. 吸烟、高血压和糖尿病等会诱发中风。

C. 如果调查 56 至 65 岁的人，情况也许不同。

D. 番茄红素水平高的人约有 1/4 喜爱进行适量的体育运动。

E. 被跟踪调查的另一半人中有 50 人中风。

【解析】 答案是 E。

题干概括：

结论：番茄红素能降低中风的发生率。

论据：见表 4-2。

表 4-2

1/4	番茄红素水平最高	11 人中风
1/2		
1/4	番茄红素水平最低	25 人中风

A、B 和 C 项不能质疑，排除。

D 项说明"另有他因"，能够质疑。但此题的答案是 E。

E 项说明，表格中第二部分和第三部分的中风比例是一样的，但第二部分比第三部分的番茄红素水平高。这有利于说明中风和番茄红素水平没有关系，有力地质疑了题干。

D 项只能说明"另有他因"，不能说明"此因"不是其因。E 项直接针对"此因"，说明"此因"不是其因。如果不深入对本题具体内容的具体思考，仅凭借试题的一些外在的形式的特征，仅凭借一些所谓的模式、技巧解题，此题就会误选 D 项。

【例 4-39】 因偷盗、抢劫或流氓罪入狱的刑满释放人员的重新犯罪率，要远远高于因索贿受贿等职务犯罪入狱的刑满释放人员。这说明，在狱中对上述前一类罪犯教育改造的效果，远不如对后一类罪犯。

以下哪项如果为真，最能削弱上述论证？

A. 与其他类型的罪犯相比，职务犯罪者往往有较高的文化水平。

B. 对贪污、受贿的刑事打击，并没能有效地扼制腐败，有些地方的腐败反而愈演愈烈。

C. 刑满释放人员很难再得到官职。

D. 职务犯罪的罪犯在整个服刑犯中只占很小的比例。

E. 统计显示，职务犯罪者很少有前科。

【解析】 索贿受贿等职务犯罪的条件是具有一定的职务和权力。C 项指出了这样一个事实，即刑满释放人员很难再得到官职，这说明职务犯罪的刑满释放人员，和因偷盗、抢劫或流氓罪入狱的刑满释放人员相比，较难具备重新犯罪的条件，因此，不能根据偷盗、抢劫或流氓罪入狱的刑满释放人员的重新犯罪率，高于职务犯罪的刑满释放人员，而得出结论：在狱中对上述前一类罪犯教育改造的效果，远不如对后一类罪犯。这就有力地削弱了题干的论证。答案是 C。其余各项均不能削弱题干。

【例 4-40】 《乐记》和《系辞》中都有"天尊地卑""人以类聚，物以群分"等文句，由于《系辞》的文段写得比较自然，一气呵成，而《乐记》则显得勉强生硬，分散拖沓，所以，一定是《乐记》沿袭或引用了《系辞》的文句。

以下哪项陈述如果为真，能最有力地削弱上述论证的结论？

A. "天尊地卑"在比《系辞》更古老的《尚书》中被当作习语使用过。

B. 《系辞》以礼为重来讲天地之别，《乐记》以乐为重来讲天地之和。

C. 经典著作的形成通常都经历了一个由不成熟到成熟的漫长过程。

D. 《乐记》和《系辞》都是儒家的经典著作，成书年代尚未确定。

E. 《乐记》中也有自然的文段。

【解析】 如果 A 项为真，则有利于说明，《乐记》中出现的"天尊地卑"等文句，不一定是引用《系辞》。这就有力地削弱了题干的结论。答案是 A。

【例 4-41】 书最早是以昂贵的手稿复制品出售的，印刷机问世后，就便宜多了。在印刷机问世的最初几年里，市场上对书的需求量成倍增长。这说明，印刷图书的出现刺激了人们的阅读兴趣，大大增加了购书者的数量。

以下哪项如果为真，最能质疑上述论证？

A. 书的手稿复制品比印刷品更有收藏价值。

B. 在印刷机问世的最初几年里，手稿复制品书籍的原先购买者，大都以原先只能买一本书的钱，买了多本印刷品书籍。

C. 在印刷机问世的最初几年里，印刷品质量远不如现代印刷品。

D. 在印刷机问世的最初几年里，印刷书籍都没有插图。

E. 在印刷机问世的最初几年里，读者的主要阅读兴趣从小说转到了科普读物。

【解析】 题干概括如下：

● 结论：买书的人多了。

● 论据：书卖出的多了。

如果 B 项为真，有利于说明，对书的需求量的增长，并不意味着购书者数量的增长。这就有力地质疑了题干的论证。答案是 B。

【例 4-42】 脊髓中受到损害的神经依靠自身不能自然地再生，即使在神经生长刺激剂的激发下也无法再生。最近发现，其原因是脊髓中存在着抑制神经生长的物质。现在已经开发出降低这种物质的活性的抗体。显然，在可以预见的未来，神经修复将是一项普通的对人体有益无害的医疗技术。

如果以下哪项陈述为真，将会对上述预测的准确性提出最严重的质疑？

A. 某种神经生长刺激剂与这种抑制神经生长的物质具有相似的化学结构。

B. 研究人员只使用神经生长刺激剂，已经能够做到激发不在脊髓内的神经生长。

C. 阻止受损的神经再生只是这种抑制神经生长的物质在人体中主要功能的一个副作用。

D. 要在持续很长的一段时间内降低抑制神经生长物质的活性，必须有抗体的稳定供应。

【解析】　题干三个关键词，概括为"神经"、"物质"和"抗体"。

● 结论：神经修复将不困难。

● 论据：神经不能再生是由于"物质"的抑制；"抗体"的开发能抑制"物质"。

C项如果为真，说明"抗体"虽然能抑制"物质"，促进"神经"再生，但付出的代价是同时抑制了"物质"对人体的主要功能，这种功能可能比修复受损"神经"更重要。答案是C。

削弱论据和削弱结论都能削弱一个论证。但直接削弱结论比削弱论据能更有力地削弱论证。

【例4-43】　一般人认为，广告商为了吸引顾客不择手段。但广告商并不都是这样。最近，为了扩大销路，一家名为《港湾》的家庭类杂志改名为《炼狱》，主要刊登暴力与色情内容。结果，原先《港湾》杂志的一些常年广告客户拒绝续签合同，转向其他刊物。这说明这些广告商不只考虑经济效益，而且顾及道德责任。

以下各项如果为真，都能削弱上述论证，除了：

A. 《炼狱》杂志所登载的暴力与色情内容在同类杂志中较为节制。

B. 刊登暴力与色情内容的杂志通常销量较高，但信誉度较低。

C. 上述拒绝续签合同的广告商主要推销家居商品。

D. 改名后的《炼狱》杂志的广告费比改名前提高了数倍。

E. 《炼狱》因登载虚假广告被媒体曝光，一度成为新闻热点。

【解析】　B、C、D和E项如果为真，都有助于说明，原先《港湾》杂志的一些常年广告客户转向其他刊物，是出于对广告经济效益的考虑，而非道德方面的考虑，因此都能削弱题干的论证。例如，C项如果为真，有助于说明，广告商拒绝续签合同，不是因为《炼狱》刊登暴力与色情内容，而是因为在《炼狱》上登广告不再像在《港湾》上登广告那样有利于推销家居商品。

A项不能削弱题干。答案是A。

【例4-44】　现在越来越多的人拥有了自己的轿车，但明显地缺乏汽车保养的基本知识，这些人会按照维修保养手册或4S店售后服务人员的提示做定期保养。可是，某位有经验的司机会告诉你，每行驶5 000公里做一次定期检查，只能检查出汽车可能存在问题的一小部分，这样的检查是没有意义的，是浪费时间和金钱。

以下哪项不能削弱该司机的结论？

A. 每行驶 5 000 公里做一次定期检查是保障车主安全所需要的。

B. 每行驶 5 000 公里做一次定期检查能发现引擎的某些主要故障。

C. 在定期检查中所做的常规维护是保证汽车正常运行所必需的。

D. 赵先生的新车未做定期检查行驶到 5 100 公里时出了问题。

E. 某公司新购的一批汽车未做定期检查，均安全行驶了 7 000 公里以上。

【解析】　题干的结论是：每行驶 5 000 公里做一次定期检查是没有意义的。E 项不能削弱，事实上加强了题干。其余各项均能削弱题干。答案是 E。

【例 4-45】　在某次课程教学改革的研讨会上，负责工程类教学的齐老师说，在工程设计中，用于解决数学问题的计算机程序越来越多了，这样就不必要求工程技术类大学生对基础数学有深刻的理解。因此，在未来的教学体系中，基础数学课程可以用其他重要的工程类课程替代。

以下哪项如果为真，能削弱齐老师的上述论证？

Ⅰ. 工程类基础课程中已经包含了相关的基础数学内容。

Ⅱ. 在工程设计中，设计计算机程序需要对基础数学有全面的理解。

Ⅲ. 基础数学课程的一个重要目标是培养学生的思维能力，这种能力对工程设计来说很关键。

A. 只有Ⅱ。　　　B. 只有Ⅰ和Ⅱ。　　　C. 只有Ⅰ和Ⅲ。

D. 只有Ⅱ和Ⅲ。　　　E. Ⅰ、Ⅱ和Ⅲ。

【解析】　题干概括如下。

● 结论：基础数学课程可以不上。

● 论据：在工程设计中，用于解决数学问题的计算机程序越来越多了，不必要求工程技术类大学生对基础数学有深刻的理解。

Ⅱ和Ⅲ都能削弱上述论证。Ⅰ不但不能削弱，事实上还加强了齐老师的论证。答案是 D。

【例 4-46】　研究人员对四川地区出土的一批恐龙骨骼化石进行分析后发现，骨骼化石内的砷、钡、铬、铀、稀土元素等含量超高，与现代陆生动物相比，其体内的有毒元素要高出几百甚至上千倍。于是一些古生物学家推测这些恐龙毁灭于慢性中毒。

以下哪项如果为真，能够质疑上述推测？

Ⅰ. 恐龙化石附近土壤中的有毒元素会渗进化石。

Ⅱ. 恐龙化石内还有很多相应的解毒元素。

Ⅲ. 这批恐龙化石都是老年恐龙，属于自然死亡。

Ⅳ. 在恐龙化石附近的植物化石里，有毒元素含量很少。

A. 仅仅Ⅰ和Ⅱ。　　　B. 仅仅Ⅱ和Ⅲ。　　　C. 仅仅Ⅰ和Ⅲ。

D. 仅仅Ⅰ、Ⅱ和Ⅲ。　　　E. Ⅰ、Ⅱ、Ⅲ和Ⅳ。

【解析】　结论：恐龙毁灭于慢性中毒。论据：恐龙骨骼化石有毒元素极大超标。

Ⅰ如果为真，说明化石中的有毒元素不是恐龙体内的；Ⅱ如果为真，说明恐龙有化解体内毒素的能力。Ⅲ如果为真，说明这批恐龙化石的恐龙不是死于中毒。因此，这三项都能质疑题干。

Ⅳ不能质疑。答案是D。

【例4-47】　为了减肥，张女士在今年夏秋之交开始严格按规定服用减肥药物。但经过整个秋季三个月的疗程，她的体重反而又增加了5公斤。由此可见，减肥药物是完全无效的。

以下哪项如果是真的，最能削弱上述论证？

A. 她服用的减肥药物价格昂贵。

B. 她服用的减肥药曾经申请国家专利。

C. 她服用的减肥药有合格证书。

D. 她服用的减肥药无副作用。

E. 如果不服用药物，她的体重在秋季会增加10公斤。

【解析】　E项如果为真，能说明上述减肥药物确实有效。A、B和C如果为真，都有利于说明该药物可能有效，因而能削弱题干的论证，但都不足以说明该药物一定有效。D项无助于说明该药物有效。答案是E。

【例4-48】　（第1、2题基于以下题干）一般认为，一个人80岁时和他在30岁时相比，理解和记忆能力都显著减退。最近的一项调查显示，80岁的老人和30岁的年轻人在玩麻将时所表现出的理解和记忆能力没有明显差别。因此，认为一个人到了80岁理解和记忆能力会显著减退的看法是站不住脚的。

1. 以下哪项如果为真，最能削弱上述论证？

A. 玩麻将需要的主要不是理解和记忆能力。

B. 玩麻将只需要较低的理解和记忆能力。

C. 80岁的老人比30岁的年轻人有更多的时间玩麻将。

D. 玩麻将有利于提高一个人的理解和记忆能力。

E. 一个人到了80岁理解和记忆能力会显著减退的看法，是对老年人的偏见。

【解析】　如果B项为真，则题干的论证难以有说服力。例如，80岁的健康老人可以和年轻人一样轻松地提起一公斤大米，但由此不能得出"一个人到了80岁臂力并不显著减退"的结论，因为提起一公斤大米只需要较小的臂力。答案是B。

其余各项均不能削弱题干。A项如果表达为"玩麻将不需要理解和记忆能力"，则自然能有力削弱题干，但A项表达的是"玩麻将需要的主要不是理解和记忆能力"，由此可说明，玩麻将还是需要理解和记忆能力的，题干的论据涉及此种能力。因此，A 项如果为真，不能削弱题干。

2. 以下哪项如果为真，最能加强上述论证？

A. 目前 30 岁的年轻人的理解和记忆能力高于 50 年前的同龄人。

B. 上述调查的对象都是退休或在职的大学教师。

C. 上述调查由权威部门策划和实施。

D. 记忆能力的减退不必然导致理解能力的减退。

E. 科学研究证明，人的平均寿命可以达到 120 岁。

【解析】　如果 A 项为真，有利于说明，现在 80 岁的老人理解和记忆能力高于他们 30 岁的时候。（由题干，目前 80 岁的老人和 30 岁的年轻人在玩麻将时所表现出的理解和记忆能力没有明显差别；由 A 项，目前 30 岁的年轻人的理解和记忆能力高于 50 年前的同龄人。由此可推出，现在 80 岁的老人理解和记忆能力高于他们 30 岁的时候。）这就有力地加强了题干的论证。可作如下分析：

现在 80 岁＝现在 30 岁

现在 30 岁＞50 年前 30 岁

由此可得：

现在 80 岁＞50 年前 30 岁

也就是说，现在 80 岁的老人理解和记忆能力，高于他们 30 岁的时候。答案是 A。

第三节　语　义

MBA 逻辑试题测试考生的两种能力：日常语言理解能力和逻辑思考能力。每道试题都测试语言理解能力。逻辑推断和论证辨析型试题，主要测试逻辑思考能力，但同时或者说首先测试语言理解能力。以下讨论的语义辨析型试题，一般来说不测试逻辑分析能力，只测试语言理解能力，包括理解、概括、解释、确定争论焦点等。这是 MBA 逻辑测试的一种主要题型。

一、理解

【例 4-49】　根据学习在动机形成和发展中所起的作用，人的动机可分为原始动机和习得动机两种。原始动机是与生俱来的动机，它们是以人的本能需要为基础的，习得动机是指后天获得的各种动机，即经过学习产生和发展起来的各种动机。

根据以上陈述，以下哪项最可能属于原始动机？

A. 宁可食无肉，不可居无竹。

B. 尊敬老人，孝敬父母。

C. 窈窕淑女，君子好逑。

D. 尊师重教，崇文尚武。

E. 不入虎穴，焉得虎子？

【解析】　答案是 C。

【例 4-50】　小莫十分渴望成为一名微雕艺术家，为此，他去请教微雕大师孔先生：
"您如果教我学习微雕，我要多久才能成为一名微雕艺术家？"孔先生回答道："大约十
年。"小莫不满足于此，再问："如果我不分昼夜每天苦练，能否缩短时间？"孔先生道：
"那要用二十年。"

以下哪项最可能是孔先生的回答所提示的微雕艺术家的重要素质？

A. 谦虚。　　　　　B. 勤奋。　　　　　C. 尊师。

D. 耐心。　　　　　E. 执着。

【解析】　小莫的第二个问题说明，他缺乏耐心。孔先生对此的回答提示了这一点。
答案是 D。

【例 4-51】　任何方法都是有缺陷的。如何公正合理地选拔合格的大学生？目前通行
的高考制度恐怕是所有带缺陷的方法中最好的方法了。

以下各项都符合上述断定的含义，除了：

A. 被录取的大多数大学生的实际水平与他们的考分是基本相符的。

B. 存在落榜的考生，他们有较高的实际水平。

C. 存在被录取的考生，他们并无合格的实际水平。

D. 目前，没有比高考更能使人满意的招生制度。

E. 无合格的实际水平的考生被录取，是考场舞弊所致。

【解析】　题干实际上作出了三个断定：

● 断定一：目前的高考制度从总体上说有利于公正合理地选拔合格的大学生。

● 断定二：目前的高考制度不可能保证绝对公正合理地选拔大学生，其中存在的缺陷
　　是不可避免的。

● 断定三：目前，没有比高考更能使人满意的招生制度。

A 项符合断定一；B 和 C 项符合断定二；D 项即是断定三。

题干显然没有断定 E 项断定的内容。答案是 E。

【例 4-52】　以下诸项结论都是根据 2009 年时代商城各个部收到的雇员报销单据综合
统计所得到的。在此项综合统计做出后，各个部又都收到了雇员交来的补充报销单据。

以下哪项结论不可能被补充报销单据的新的统计事实推翻？

A. 会计部仅有 15 个雇员交了报销单据，报销了至少 4 000 元。

B. 销售部至少有 25 个雇员交了报销单据，报销了至少 20 万元。

C. 超市部至少有 20 个雇员交了报销单据，报销额不多于 3 万元。

D. 公关部至多只有一个雇员交了报销单据，报销额不多于 2 000 元。

E. 后勤部至多只有 10 个雇员交了报销单据，报销额不多于 5 万元。

【解析】 补充报销单据的新的统计事实对于原有的统计结论来说：第一，不可能减少交报销单据的雇员的人数；第二，不可能减少报销金额的总数。

B 项断定销售部至少有 25 个雇员交了报销单据，报销了至少 20 万元，不管新的统计事实显示报销总额增加了多少，交报销单据的雇员人数增加了多少，这个原有的统计结论总是成立的。因此 B 项中的结论不可能被补充报销单据的新的统计事实推翻。其余各项的结论都可能被推翻。答案是 B。

【例 4-53】 有人提出通过开采月球上的氦-3 来解决地球上的能源危机，在熔合反应堆中氦-3 可以用作燃料。这一提议是荒谬的。即使人类能够在月球上开采出氦-3，要建造上述熔合反应堆在技术上至少也是 50 年以后的事。地球今天面临的能源危机到那个时候再着手解决就太晚了。

以下哪项对题干所要表达的主要意思的理解最为准确？

A. 如果地球今天面临的能源危机不能在 50 年内得到解决，那就太晚了。

B. 开采月球上的氦-3 不可能解决地球上近期的能源危机。

C. 开采和利用月球上的氦-3 只是一种理论假设，实际上做不到。

D. 人类解决能源危机的技术突破至少需要 50 年。

E. 人类的太空探索近年内不可能有效解决地球面临的问题。

【解析】 B 项最为准确地表达了题干的意思。其余各项均不恰当。例如，A 项虽然表达了题干的一个观点，但这并不是题干所要表达的主要意思。C 项不符合题干表达的观点。答案是 B。

【例 4-54】 （第 1、2 题基于以下题干）人的行为，分为私人行为和社会行为，后者直接涉及他人和社会利益。有人提出这样的原则：对于官员来说，除了法规明文允许的以外，其余的社会行为都是禁止的；对于平民来说，除了法规明文禁止的以外，其余的社会行为都是允许的。

1. 为使上述原则能对官员和平民的社会行为产生不同约束力，以下哪项必须假设？

A. 官员社会行为的影响力明显高于平民。

B. 法规明文涉及（允许或禁止）的行为，并不覆盖所有的社会行为。

C. 平民比官员更愿意接受法规的约束。

D. 官员的社会行为如果不加严格约束，其手中的权力就会被滥用。

E. 被法规明文允许的社会行为，要少于被禁止的社会行为。

【解析】　题干的原则要表达的意思是，有一些社会行为，法律既不允许，也不禁止。这类行为，禁止官员实施，但允许平民实施。因此，要使题干的原则能对官员和平民的社会行为产生不同的约束力，必须假设，法规明文涉及（允许或禁止）的行为，并不覆盖所有的社会行为。答案是 B。

2. 如果实施上述原则能对官员和平民的社会行为产生不同的约束力，则以下各项断定均不违反这一原则，除了：

A. 一个被允许或禁止的行为，不一定是被法规明文允许或禁止的。

B. 有些行为，允许平民实施，但禁止官员实施。

C. 有些行为，允许官员实施，但禁止平民实施。

D. 官员所实施的行为，如果法规明文允许，则允许平民实施。

E. 官员所实施的行为，如果法规明文禁止，则禁止平民实施。

【解析】　由题干，允许官员实施的行为，一定是法律允许的行为，不可能禁止平民实施。因此，C 项违反题干的原则。答案是 C。

其余各项均不违反题干的原则。例如，B 项不违反。因为允许平民实施的行为，包括法律允许和法律既不允许也不禁止这两部分。由题干，后一部分禁止官员实施。

二、概括

【例 4-55】　在黑、蓝、黄、白四种由深至浅排列的涂料中，一种涂料只能被它自身或者比它颜色更深的涂料覆盖。

若上述断定为真，则以下哪一项确切地概括了能被蓝色覆盖的颜色？

Ⅰ. 这种颜色不是蓝色。

Ⅱ. 这种颜色不是黑色。

Ⅲ. 这种颜色不如蓝色深。

A. 仅有Ⅰ。　　　　B. 仅有Ⅱ。　　　　C. 仅有Ⅲ。　　　　D. 仅有Ⅰ和Ⅱ。

E. Ⅰ、Ⅱ和Ⅲ。

【解析】　答案是 B。非形式推断样题例析中已解析过此题。

【例 4-56】　甲：恐龙灭绝的原因是由于全球性的气候剧变极大地减少了以前丰富的食物来源。

乙：不对，恐龙的灭绝是由于出现了新的动物家族哺乳动物。哺乳动物繁殖迅速，动作敏捷，生存力极强，成为与恐龙争夺食物的致命对手。

丙：曾经发生过行星撞击地球，引起烟云遮日达数十年之久，大量的作为恐龙食物的植物相继枯亡。

以下哪项最为恰当地概括了三人的意见？

A. 三人都同意饥饿是引起恐龙灭绝的原因，但对引起食物短缺的原因有不同意见。

B. 三人都同意气候的改变引起了恐龙食物的短缺，但在食物短缺如何造成恐龙灭绝的问题上有不同的看法。

C. 三人都同意巨大的气候变化引起了恐龙的灭绝，但对气候剧变的原因有不同的解释。

D. 三人都认为恐龙的生存竞争力极差，由此导致了它的灭绝。

E. 三人都认为恐龙的灭绝是外星体作用于地球的结果。

【解析】　对于恐龙灭绝的原因，甲的意见是饥饿（极大地减少了以前丰富的食物来源），但认为造成饥饿的原因是全球性的气候剧变；乙的意见也是饥饿（新的动物家族成为与恐龙争夺食物的致命对手），但认为造成饥饿的原因是新的动物家族哺乳动物；丙的意见还是饥饿（大量的作为恐龙食物的植物相继枯亡），但认为造成饥饿原因是行星撞击地球，引起烟云遮日达数十年之久。由此可见，三人都同意饥饿是引起恐龙灭绝的原因，但对引起食物短缺的原因有不同的意见，所以选项 A 成立。答案是 A。

【例 4-57】　张教授：弗朗肖是一个伟大的作家，她超越所处的时代，认识到西方的工业化是以工人阶级的悲惨生活为代价的，造成此种悲惨生活，违背自由、平等、博爱的价值观。

李研究员：弗朗肖不能被称为一个伟大的作家。一个伟大作家要具备的能力是用语言去打动读者，而不是率先把握某种深刻的社会见解。况且工业化的非人道，在弗朗肖的时代，并不是个别人的见解。

以下哪项最为准确地概括了上述李研究员的论证？

A. 接受张教授关于伟大作家的标准，但以新的事实反对张教授的结论。

B. 反驳张教授的论据，并依据新的论据得出一般性的结论。

C. 反对张教授关于伟大作家的标准，并反驳张教授的一个论据。

D. 反对张教授关于伟大作家的标准，并提供事实支持自己关于伟大作家的标准。

E. 指出张教授用来支持结论的论据自相矛盾。

【解析】　张教授的结论：弗朗肖是一个伟大的作家。论据：第一，伟大作家的一个标准是，率先把握某种深刻的社会见解；第二，弗朗肖超越所处的时代，认识到西方的工业化是以工人阶级的悲惨生活为代价的。

李研究员指出，一个伟大作家要具备的能力是用语言去打动读者，而不是率先把握某种深刻的社会见解。这是反对张教授所提出的伟大作家的标准。李研究员又指出，工业化的非人道，在弗朗肖的时代，并不是个别人的见解。这说明这一见解并不是弗朗肖率先提出的。这是反驳张教授的论据。

其余各项概括均不准确。例如 D 项不准确，因为李研究员确实提出了自己的关于伟大作家的标准，但并没有提供事实来支持自己的标准。答案是C。

【例4-58】 法学家：《刑法修正案（八）草案》规定，对75周岁以上的老人不适用死刑，这一修改引起不小的争论。有人说，如果这样规定，一些犯罪集团可能会专门雇用75岁以上老人去犯罪。我认为，这种说法不能成立。按照这种逻辑，不满18岁的人不判处死刑，一些犯罪集团也会专门雇用不满18岁的人去犯罪，我们是否应当判处不满18岁人的死刑呢？

上面的论证使用了以下哪一种论证技巧？

A. 通过表明一个观点不符合事实，来论证这个观点为假。

B. 通过表明一个观点缺乏事实的支持，来论证这个观点不能成立。

C. 通过假设一个观点为正确会导致明显荒谬的结论，来论证这个观点是错误的。

D. 通过表明一个观点违反公认的一般性准则，来论证这个观点是错误的。

E. 通过表明一个观点所基于的假设荒谬，来论证这个观点是错误的。

【解析】 题干要反驳的是对75周岁以上的老人不适用死刑规定的非议。题干的反驳方式是：假设这一观点成立，则对不满18岁的人不判处死刑的非议也同样能成立，而这会导致荒谬的结论。因此，C项准确地概括了此种论证技巧。答案是C。

【例4-59】 赞扬一个历史学家对于具体历史事件阐述的准确性，就如同是在赞扬一个建筑师在完成一项宏伟建筑物时使用了合格的水泥、钢筋和砖瓦，而不是赞扬一个建筑材料供应商提供了合格的水泥、钢筋和砖瓦。

以下哪项最为恰当地概括了题干所要表达的意思？

A. 合格的建筑材料对于完成一项宏伟的建筑是不可缺少的。

B. 准确地把握具体的历史事件，对于科学地阐述历史发展的规律是不可缺少的。

C. 建筑材料供应商和建筑师不同，他的任务仅是提供合格的建筑材料。

D. 就如同一个建筑师一样，一个历史学家的成就，不可能脱离其他领域的研究成果。

E. 一个历史学家必须准确地阐述具体的历史事件，但这并不是他的主要任务。

【解析】 A和C项可以直接排除。因为题干的主要意思显然有关历史而不是有关建筑。

建筑师和建筑材料供应商的区别在于：对于建筑材料供应商来说，如果他提供的建筑材料是合格的，他的任务就完成了；对于建筑师来说，使用合格的建筑材料，只是他完成任务的必要条件，而不意味着他已完成了任务。

题干把对具体历史事件的准确阐述，比作使用了合格的建筑材料；把作了此种准确阐述的历史学家，比作建筑师，而不是比作完成了任务的建筑材料供应商。这意在说明，准确地阐述具体的历史事件，对于历史学家的工作来说是必不可缺的，但这并不是他的主要任务。这正是E项所断定的。其余各项对题干的概括均不如E项恰当。答案是E。

三、评价

【例 4-60】　以下是在一场关于"人工流产是否合理"的辩论中正反方辩手的发言：

正方：反方辩友反对人工流产最基本的根据是珍视人的生命。人的生命自然要珍视，但是反方辩友显然不会反对，有时为了人类更高的整体性、长远性利益，不得不牺牲部分人的生命，例如在正义战争中我们见到的那样。让我再举一个例子。我们完全可以把法定的汽车时速限制为不超过自行车，这样汽车交通死亡事故发生率不是几乎可以下降到零吗？这说明，有时确实需要以生命的数量为代价来换取生命的质量。

反方：对方辩友把人工流产和交通死亡事故做以上的类比是毫无意义的。因为不可能有人会进行这样的交通立法。设想一下，如果汽车行驶得和自行车一样慢，那还要汽车干什么？对方辩友，你愿意我们的社会再回到没有汽车的时代？

以下哪项最为确切地评价了反方的言论？

A. 有力地反驳了正方的论证。

B. 实际上支持了正方的论证。

C. 有力地支持了反人工流产的立场。

D. 完全离开了正方阐述的论题。

E. 恰当地指出了正方论证中的逻辑漏洞。

【解析】　正方为了说明人类有时从整体性、长远性利益出发，不得不牺牲部分人的生命的观点，举出了汽车的例子：我们完全可以把汽车的速度限制为不超过自行车，这样汽车交通死亡事故的发生率不是几乎可以下降到零吗？

反方没有理解正方举出此例的目的，反而赞同地说："如果汽车行驶得和自行车一样慢，那还要汽车干什么？对方辩友，你愿意我们的社会再回到没有汽车的时代？"这表明，他实际上支持了对方的论证。答案是 B。

【例 4-61】　贾女士：如果外星人访问过地球，那么，他们肯定是为了寻找能和他们交流的智能动物。但从来没有我们人类和外星人交往的记录。因此可以断定，从来没有外星人访问过我们这个星球。

陈先生：或许他们不认为人类具有智能。

以下哪项是对陈先生的反应的最恰当评价？

A. 他没有领会贾女士的观点。

B. 他认为贾女士表述的假设或许不能成立。

C. 他认为贾女士隐含的假设或许不能成立。

D. 他认为外星人访问过我们这个星球。

E. 他认为外星人没访问过我们这个星球。

【解析】　在贾女士的论证中，表述出来的假设是：如果外星人访问过地球，那么，他们肯定是为了寻找能和他们交流的智能动物（假设1）。为了使贾女士的论证成立，还必须有一个假设，即外星人认为人类是智能动物（假设2），否则，就不能由假设1和"从来未有我们人类和外星人交往的记录"，得出"从来没有外星人访问过我们这个星球"的结论。假设2没有表述出来，因而是隐含的前提。

陈先生并没有对假设1提出质疑，因而B不恰当。

陈先生表示疑问的是假设2，因而C恰当。

其余各项都不恰当。答案是C。

四、解释

【例 4-62】　革命根据地等叫作"红色景点"，到红色景点参观叫作"红色旅游"。浙江长兴县新四军苏浙军区纪念馆以前收费卖门票时游客非常多，去年7月按省文物局规定免费开放后却变得冷冷清清。全国不少红色景点都出现了类似的尴尬局面。

如果以下哪项陈述为真，能够最好地解释上述奇怪的现象？

A. 很多游客为上海世博会所吸引。

B. 一些红色景点的公共设施比较落后，服务质量不高。

C. 国家六部委号召免费开放红色景点，旨在取消价格门槛，让更多的人接受红色教育。

D. 大部分游客通过旅行社的安排进行红色旅游，而旅行社的大部分盈利来自门票提成。

E. 每年的7月份是旅游旺季。

【解析】　答案是 D。答案是显然的。

【例 4-63】　2014 年，为迎接 APEC 会议的召开，北京、天津、河北等地实施"APEC 治理模式"，采取了有史以来最严格的减排措施。果然，令人心醉的"APEC 蓝"出现了。然而，随着会议的结束，"APEC 蓝"也渐渐消失了。对此，有些人士表示困惑，既然政府能在短期内实施 APEC 治理模式，并且取得良好效果，为什么不将这一模式长期坚持下去呢？

以下除哪项外，均能解释人们的困惑？

A. 最严格的减排措施在落实过程中已产生很多难以解决的实际困难。

B. 如果近期将"APEC 治理模式"常态化，将会严重影响地方经济和社会发展。

C. 任何环境治理都需要付出代价，关键在于付出的代价是否超出收益。

D. 短期严格的减排措施只能是权宜之计，大气污染治理仍需从长计议。

E. 如果 APEC 会议期间北京雾霾频发，会影响我们国家的形象。

【解析】 答案是 E。

题干提及的困惑是：既然政府能在短期内实施"APEC 治理模式"，并且取得良好效果，为什么不将这一模式长期坚持下去？

除 E 项外，其余各项均有助于解释这一困惑。

E 项能解释的是为什么要实施"APEC 治理模式"，但不能解释"既然政府能在短期内实施'APEC 治理模式'，并且取得良好效果，为什么不将这一模式长期坚持下去"。

【例 4-64】 某架直升机上有 9 名乘客，其中有 1 名科学家，2 名企业家，2 名律师，3 名美国人，4 名中国人。

以下哪项，能够解释题干中提到的总人数和不同身份的人数之间的不一致？

A. 那位科学家和其中的 1 名美国人是夫妻。

B. 其中 1 名企业家的产品主要出口到美国。

C. 2 名企业家都是中国人，另有 1 名美国人是律师。

D. 其中 1 名律师是其中 1 名企业家的法律顾问。

E. 以上各项均不能解释。

【解析】 乘客的双重身份有利于说明题干中乘客总人数和不同身份的人数之间的不一致。C 项正是断定了此种双重身份。答案是 C。

【例 4-65】 某大学一寝室中住着若干个学生。其中，1 个是哈尔滨人，2 个是北方人，1 个是广东人，2 个在法律系，3 个是进修生。该寝室中恰好住了 8 个人。

如果题干中关于身份的介绍涉及了寝室中所有的人，则以下各项关于该寝室的断定都不与题干矛盾，除了：

A. 该校法律系每年都招收进修生。

B. 该校法律系从未招收过进修生。

C. 来自广东的学生在法律系就读。

D. 来自哈尔滨的学生在财政金融系就读。

E. 该室的三个进修生都是南方人。

【解析】 答案是 C。

如果 C 项为真，则不可能该寝室中恰好住了 8 个人。

【例 4-66】 某地召开有关《红楼梦》的小型学术研讨会。与会者中，4 个是北方人，3 个是黑龙江人，1 个是贵州人；3 个是作家，2 个是文学评论家，1 个是教授。以上提到的是全体与会者。

根据以上陈述，参加该研讨会的最少可能有几人，最多可能有几人？

A. 最少可能有 4 人，最多可能有 6 人。

B. 最少可能有 5 人，最多可能有 11 人。

C.　最少可能有 6 人，最多可能有 14 人。

D.　最少可能有 8 人，最多可能有 10 人。

E.　最少可能有 5 人，最多可能有 14 人。

【解析】　答案是 B。

最多是几人？如图 4－5 所示：

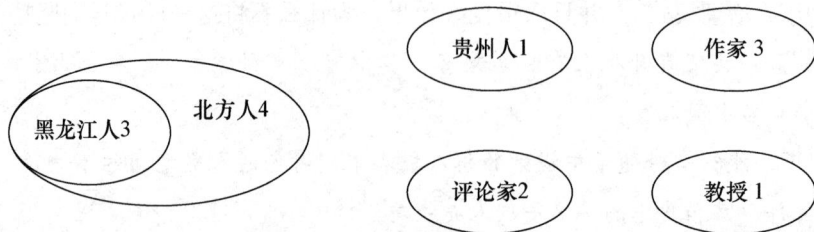

图 4－5

最少是几人？情形之一如图 4－6 所示：

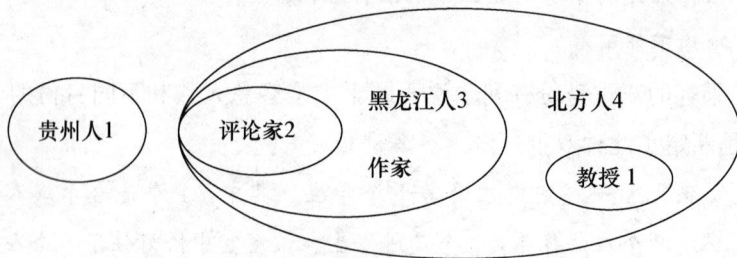

图 4－6

【例 4-67】　夜晚点燃艾叶驱蚊曾是龙泉山区引起家庭火灾的重要原因。近年来，尽管使用艾叶驱蚊的人家显著减少，但是，家庭火灾所导致的死亡人数并没有呈现减少的趋势。

以下各项如果为真，能够解释上述情况，除了：

A.　与其他引起龙泉山区家庭火灾的原因比较，夜晚点燃艾叶引起的火灾所导致的损害相对较小。

B.　夜晚点燃艾叶所导致的火灾一般在家庭成员睡熟后发生。

C.　龙泉人对夜晚点燃艾叶导致火灾的防范意识增加了，但对其他火灾隐患防范并没有加强。

D.　随着生活水平的提高，近年来居室内木质家具和家用电器增多，一旦发生火灾，火势比过去更为猛烈。

E.　现在龙泉山区家庭住宅一般都是相邻而建，因此，一户失火随即蔓延，死亡人数因而比过去增多。

【解析】　A、C、D 和 E 项均能解释题干。如 A 项有助于这样解释题干：近年来家庭火灾主要不是由夜晚点燃艾叶引起的。与其他引起龙泉山区家庭火灾的原因比较，夜晚点燃艾叶引起的火灾所导致的损害相对较小。这样，尽管近年来使用艾叶驱蚊的人家显著减少，但是，家庭火灾所导致的死亡人数并没有呈现减少的趋势。

B项不能解释题干。答案是B。

【例4-68】　马晓敏是眼科医院眼底手术的一把刀，也是湖城市最好的眼底手术医生。但是，令人费解的是，经马晓敏手术后患者视力获得明显提高的比例较低。

以下哪项如果为真，最有助于解释以上陈述？

A. 眼底手术大多是棘手的手术，需要较长的时间才能完成。

B. 除了马晓敏以外，湖城市眼科医院缺乏能干的眼底手术医生。

C. 除了眼底手术，马晓敏同时精通其他眼科手术。

D. 目前经马晓敏手术后患者视力获得明显提高的比例比过去有所提高。

E. 湖城市眼科医院难治的眼底疾病患者的手术大多数都是由马晓敏医生完成的。

【解析】　题干需要解释的是，为什么马晓敏医术最高，但其手术效果明显的比例并不高。E项的解释是：因为其手术的眼病大都较为难治。在诸选项中，显然是最有力的。答案是E。

【例4-69】　汽车保险公司的统计数据显示：在所处理的汽车被盗索赔案中，安装自动防盗系统汽车的比例明显低于未安装此种系统的汽车。这说明，安装自动防盗系统能明显减少汽车被盗的风险。但警察局的统计数据却显示：在报案的被盗汽车中，安装自动防盗系统的比例高于未安装此种系统的汽车。这说明，安装自动防盗系统不能减少汽车被盗的风险。

以下哪项如果为真，最有利于解释上述看来矛盾的统计结果？

A. 许多安装了自动防盗系统的汽车车主不再购买汽车被盗保险。

B. 有些未安装自动防盗系统的汽车被盗后，车主报案但未索赔。

C. 安装自动防盗窃案系统的汽车大都档次较高；汽车的档次越高，越易成为盗窃的对象。

D. 汽车失盗后，车主一般先到警察局报案，再去保险公司索赔。

E. 有些安装了自动防盗系统的汽车被盗后，车主索赔但未报案。

【解析】　如果A项为真，则说明，许多安装了自动防盗系统的被盗汽车车主并未购买汽车被盗保险，他们会去警察局报案，但不会去保险公司索赔。这有说服力地解释了题干看来矛盾的统计结果。答案是A。

【例4-70】　胡萝卜、西红柿和其他一些蔬菜含有较丰富的β胡萝卜素，β胡萝卜素具有防止细胞癌变的作用。近年来提炼出的β胡萝卜素被制成片剂并建议吸烟者服用，以防止吸烟引起的癌症。然而，意大利博洛尼亚大学和美国得克萨斯大学的科学家发现，经常服用β胡萝卜素片剂的吸烟者反而比不常服用β胡萝卜素片剂的吸烟者更易于患癌症。

以下哪项如果为真，最能解释上述矛盾？

A. 有些β胡萝卜素片剂含有不洁物质，其中有致癌物质。

B. 意大利博洛尼亚大学和美国得克萨斯大学地区的居民吸烟者中癌症患者的比例都较其他地区高。

C. 经常服用β胡萝卜素片剂的吸烟者有其他许多易于患癌症的不良习惯。

D. β胡萝卜素片剂不稳定，易于分解变性，从而与身体发生不良反应，易于致癌。而自然β胡萝卜素性质稳定，不会致癌。

E. 吸烟者吸入体内烟雾中的尼古丁与β胡萝卜素发生作用，生成一种比尼古丁致癌作用更强的有害物质。

【解析】　E项如果为真，说明β胡萝卜素的抗癌作用不是无条件的。吸烟者吸入体内烟雾中的尼古丁与β胡萝卜素发生作用，生成一种比尼古丁致癌作用更强的有害物质，这就造成经常服用β胡萝卜素片剂的吸烟者反而比不常服用β胡萝卜素片剂的吸烟者更易于患癌症。这有说服力地解释了题干陈述的现象。答案是E。

【例4-71】　若成为白领的可能性无性别差异，按正常男女出生率102∶100算，当这批人中的白领谈婚论嫁时，女性与男性数量应当大致相等。但实际上，某市妇联近几年举办的历次大型白领相亲活动中，报名的男女比例约为3∶7，有时甚至达到2∶8，这说明：文化程度越高的女性越难嫁，文化程度低的反而好嫁；男性则正好相反。

以下除哪项外，都有助于解释上述分析与实际情况的不一致？

A. 与男性白领不同，女性白领要求高，往往只找比自己更优秀的男性。

B. 与本地女性竞争的外地优秀女性多于与本地男性竞争的外地优秀男性。

C. 大学毕业后出国的精英分子中，男性多于女性。

D. 一般来说，男性参加大型相亲会的积极性不如女性。

E. 男性因长相、身高、家庭条件等被女性淘汰者多于女性因长相、身高、家庭条件等被男性淘汰者。

【解析】　答案是E。

大型白领相亲活动中，报名的男女比例失衡。题干对此的解释是：文化程度越高的女性越难嫁，文化程度低的反而好嫁；男性则正好相反。除E项外，其余各项都陈述了一种实际情况，这些实际情况都能解释上述现象，但和题干的结论不一致。

E项陈述的情况不能解释题干的现象。

五、识别

【例4-72】　研究表明，在大学教师中，有90%的重度失眠者经常工作到凌晨2点。

张宏是一名大学教师，而且经常工作到凌晨 2 点，所以，张宏很可能是一位重度失眠者。

以下哪项陈述最准确地指明了上文推理中的错误？

A. 它没有考虑到这种情况：张宏有可能属于那些 10% 经常工作到凌晨 2 点而没有患重度失眠症的人。

B. 它依赖一个未确证的假设：经常工作到凌晨 2 点的大学教师有 90% 是重度失眠者。

C. 它没有考虑到这种情况：除了经常工作到凌晨 2 点以外，还有其他导致大学教师重失眠症的原因。

D. 它依赖一个未确证的假设：经常工作到凌晨 2 点是人们患重度失眠症的唯一原因。

E. 它依赖一个未确证的假设：90% 的大学教师经常工作到凌晨 2 点。

【解析】　题干的推理的漏洞在于：把题干的条件"大学教师中 90% 的重度失眠者经常工作到凌晨 2 点"，误读为"经常工作到凌晨 2 点的大学教师有 90% 是重度失眠者"。只有依赖这个误读的未确证的假设才能得出题干的结论。B 项正确地指明了这一点。答案是 B。

【例 4-73】　顾颉刚先生认为，《周易》卦爻辞中记载了商代到西周初叶的人物和事迹，如高宗伐鬼方、帝乙归妹等，并据此推定《周易》卦爻辞的著作年代当在西周初叶。《周易》卦爻辞中记载的这些人物和事迹已被近年来出土的文献资料所证实，所以，顾先生的推定是可靠的。

以下哪项陈述最准确地描述了上述论证的缺陷？

A. 卦爻辞中记载的人物和事迹大多数都是古老的传说。

B. 依据上述论证中的论据并不能确定著作年代的下限。

C. 传说中的人物和事迹不能成为证明著作年代的证据。

D. 上述论证只是依赖权威者的言辞来支持其结论。

E. 上述论证包含自相矛盾的论据。

【解析】　《周易》卦爻辞中记载了商代到西周初叶的人物和事迹，只能说明其著作年代不早于西周初叶，不能说明不晚于西周初叶。B 项指出，依据《周易》卦爻辞中记载了商代到西周初叶的人物和事迹，只能确定其著作年代的上限，不能确定其下限，这准确地概括了题干论证的缺陷。答案是 B。

【例 4-74】　和平基金会决定中止对 S 研究所的资助，理由是这种资助可能被部分地用于武器研究。对此，S 研究所承诺：和平基金会的全部资助，都不会用于任何与武器相关的研究。和平基金会因此撤销了上述决定，并得出结论：只要 S 研究所遵守承诺，和平基金会的上述资助就不再会有利于武器研究。

以下哪项最为恰当地概括了和平基金会上述结论中的漏洞？

A. 忽视了这种可能性：S 研究所并不遵守承诺。

B. 忽视了这种可能性：S 研究所可以用其他来源的资金进行武器研究。

C. 忽视了这种可能性：和平基金会的资助使 S 研究所有能力把其他资金改用于武器研究。

D. 忽视了这种可能性：武器研究不一定危害和平。

E. 忽视了这种可能性：和平基金会的上述资助额度有限，对武器研究没有实质性意义。

【解析】　题干的结论断定：S 研究所遵守承诺，是和平基金会的资助不再会有利于武器研究的充分条件。C 项陈述了这一条件关系不能成立的理由，因此最为恰当地概括了这一结论的漏洞。其余各项均不足以说明这一条件关系不成立。例如，即使事实上 S 研究所并不遵守承诺，题干所断定的条件关系仍然可以成立。因此，A 项不恰当。答案是 C。

【例 4-75】　统计显示，在汽车事故中，装有安全气囊的汽车的比例高于未装安全气囊的汽车。因此，在汽车中安装安全气囊，并不能使车主更安全。

以下哪项最为恰当地指出了上述论证的漏洞？

A. 不加说明就予假设：任何装有安全气囊的汽车都有可能遭遇汽车事故。

B. 忽视了这种可能性：未装安全气囊的车主更注意谨慎驾驶。

C. 不当地假设：在任何汽车事故中，安全气囊都会自动打开。

D. 不当地把发生汽车事故的可能程度，等同于车主在事故中受伤害的严重程度。

E. 忽视了这种可能性：装有安全气囊的汽车所占的比例越来越大。

【解析】　安全气囊的效用，不在于避免汽车事故，而在于当事故发生时减少车主受伤害的程度。题干的论证忽略了这一点。D 项恰当地指明了这一点。答案是 D。

【例 4-76】　禁止步行者闯红灯的规定没有任何效果。总是违反该规定的步行者显然没有受到它的约束，而那些遵守该规定的人显然又不需要它，因为即使不禁止步行者闯红灯，这些人也不会闯红灯。

下面哪一个选项最准确地指出了上述论证中的漏洞？

A. 在其前提和结论中，它分别使用了意义不同的"规定"。

B. 它没有提供任何证据去证明，闯红灯比不闯红灯更危险。

C. 它理所当然地认为，多数汽车司机会遵守禁止驾车闯红灯的规定。

D. 它忽视了：任何规定在实施中都不可能完全达到预期的目的。

E. 它没有考虑到上述规定是否会对那些偶尔闯红灯但不经常闯红灯的人产生影响。

【解析】　题干的漏洞在于把部分当作全部。题干提及的两类步行者，只是步行者当中的一部分。答案是 E。

【例 4-77】　世界上第一辆自行车是在 1817 年发明的。自行车出现后只流行了很短一段时间就销声匿迹了，直到 1860 年才重新出现。为什么会出现这种情况？只有当一项新技术与社会的价值观念相一致时该技术才会被接受。所以，1817 年到 1860 年期间社会价值观一定发生了某种变化。

以下哪项对上述论证中的评价最为恰当？

A. 上述论证把一个明显不成立的断定作为论据。

B. 上述论证的前提不能推出结论。

C. 上述论证中一个关键概念的内涵前后未保持一致。

D. 上述论证把需要论证的结论当作得出此种结论的论据。

【解析】　答案是 B。

题干概括：

$$一项新技术被接受 \rightarrow 与社会价值一致$$

题干的漏洞是忽视了：由 1860 年自行车被接受，可得"与社会价值一致"；但由 1817 年自行车未被接受，不可得"与社会价值不一致"。因此，题干的前提不能得出结论：1817 年到 1860 年期间社会价值观一定发生了某种变化。

六、确定争论焦点

确定争论焦点，是语义辨析试题中常见的一种类型。题干是两方分别陈述自己的观点，问题要求确定争论的焦点。正确选项是一个问题，或能还原成一个问题。正确选项具有这样两个特点，或者说必须满足这样两个要求：第一，题干双方对这一问题都有自己明确的观点；第二，这两种观点是对立的。不正确的选项不具有这两个特点。这使得解答这种类型的试题可用一种具有操作性的方法，这在 A 类题的解答中是不多见的。

【例 4-78】　吴大成教授：各国的国情和传统不同，但是对于谋杀和其他严重刑事犯罪实施死刑，至少是大多数人可以接受的。公开宣判和执行死刑可以有效地阻止恶性刑事案件的发生，它所带来的正面影响比可能存在的负面影响肯定要大得多，这是社会自我保护的一种必要机制。

史密斯教授：我不能接受您的见解。因为在我看来，对于十恶不赦的罪犯来说，终身监禁是比死刑更严厉的惩罚，而一般的民众往往以为只有死刑才是最严厉的。

以下哪项最为恰当地概括了两人争论的焦点？

A. 两人对各国的国情和传统有不同的理解。

B. 两人对什么是最严厉的刑事惩罚有不同的理解。

C. 两人对执行死刑的目的有不同的理解。

D. 两人对产生恶性刑事案件的原因有不同的理解。

E. 两人对是否大多数人都接受死刑有不同的理解。

【解析】　答案是 C。

由题干，吴大成教授认为执行死刑的目的是有效地阻止恶性刑事案件的发生，而史密斯认为执行死刑的目的是给十恶不赦的罪犯以最严厉的惩罚。两人对执行死刑的目的有不同的理解。

A项：双方都无观点。排除！

B项：史密斯教授有观点，吴大成无观点。排除！

C项：双方都有观点，观点对立。保留！

D项：双方都无观点。排除！

A项：双方都有观点，观点一致。排除！

这就是解答"确定争论焦点"型试题的可操作方法。这种方法对每一道这种类型的试题都适用，而不是对有些题适用，对有些题不适用。这样的方法，才能称为技巧。

【例4-79】　郑女士：衡远市过去十年的国内生产总值增长率比易阳市高，因此衡远市的经济前景比易阳市好。

胡先生：我不同意你的观点。衡远市的国内生产总值增长率虽然比易阳市高，但易阳市的国内生产总值数值却更大。

以下哪项最为准确地概括了郑女士和胡先生争议的焦点？

A. 易阳市的国内生产总值数值是否确实比衡远市大？

B. 衡远市的国内生产总值增长率是否确实比易阳市高？

C. 一个城市的国内生产总值数值大，是否经济前景一定好？

D. 一个城市的国内生产总值增长率高，是否经济前景一定好？

E. 比较两个城市的经济前景，国内生产总值数值与国内生产总值增长率哪个更重要？

【解析】　由题干，郑女士认为衡远市的经济前景比易阳市好，根据是衡远市的国内生产总值增长率较高。胡先生认为易阳市的经济前景比衡远市好，根据是易阳市的国内生产总值数值较大。显然，两人争论的焦点是，比较两个城市的经济前景，国内生产总值数值与国内生产总值增长率哪个更重要。答案是E。

【例4-80】　生产部经理：本厂生产的建筑材料虽然达到了国家现有质量标准，但严格地说，还存在某些安全隐患。目前的新技术使得我们已经能生产具有更高安全性的同类产品。因此，为了确保安全，应该停止生产旧产品，只生产和销售新产品。

销售部经理：我不完全同意你的意见。要推广新技术，批量生产新产品，需要大量资金。如果停止销售已有的旧产品，则无法筹集足够的流动资金。

以下哪项最为准确地概括了两人争论的焦点？

A. 安全和赢利，哪个更重要？

B. 是否应当停止生产旧产品？

C. 新产品是否具有足够的安全性？

D. 是否有足够的资金批量生产新产品？

E. 是否应当停止销售旧产品？

【解析】　生产部经理主张停止生产和销售旧产品。销售部经理只反对停止销售旧产品，并陈述了理由；但对是否反对停止生产旧产品，没有提及。因此，答案是 E，不是 B。

【例 4-81】　张教授：和谐的本质是多样性的统一。自然界是和谐的，例如没有两片树叶是完全相同的。因此，克隆人是破坏社会和谐的一种潜在危险。

李研究员：你设想的那种危险是不现实的。因为一个人和他的克隆复制品完全相同的仅仅是遗传基因。克隆人在成长和受教育的过程中，必然在外形、个性和人生目标等诸方面形成自己的不同特点。如果说克隆人有可能破坏社会和谐的话，我看一个现实危险是，有人可能把他的克隆复制品当作自己的活"器官银行"。

以下哪项最为恰当地概括了张教授与李研究员争论的焦点？

A. 克隆人是否会破坏社会的和谐？

B. 一个人和他的克隆复制品的遗传基因是否可能不同？

C. 一个人和他的克隆复制品是否完全相同？

D. 和谐的本质是否为多样性的统一？

E. 是否可能有人把他的克隆复制品当作自己的活"器官银行"？

【解析】　由题干可以得出，张教授认为一个人和他的克隆复制品完全相同，而李研究员认为一个人和他的克隆复制品不完全相同。这是两人的争论焦点。因此，C 项恰当。

其余各项均不恰当。例如，A 项不恰当。因为由题干能得出，张教授认为克隆人会破坏社会的和谐，但由题干不能得出，李研究员对此持对立的观点。事实上，李研究员指出了克隆人有可能破坏社会和谐的一个现实危险。答案是 C。

【例 4-82】　（第 1、2 题基于以下题干）

陈先生：有的学者认为，蜜蜂飞舞时发出的嗡嗡声是一种交流方式，例如，蜜蜂在采花粉时发出的嗡嗡声，是在给同一蜂房的伙伴传递它们正在采花粉的位置的信息。但事实上，蜜蜂不必通过这样费劲的方式来传递这样的信息。它们从采花粉处飞回蜂房时留下的气味踪迹足以引导同伴找到采花粉的地方。

贾女士：我不完全同意你的看法。许多动物在完成某种任务时都可以有多种方式。例如，有些蜂类可以根据太阳的位置，也可以根据地理特征来辨别方位，同样，对于蜜蜂来说，气味踪迹只是它们的一种交流方式，而不是唯一的交流方式。

1. 以下哪项最为恰当地概括了陈先生和贾女士所争论的问题？

A. 关于动物行为方式的一般性理论，是否能只基于对某种动物的研究？

B. 对蜜蜂飞舞时发出的嗡嗡声，是否可以有多种不同的解释？

C. 是否只有蜜蜂才有能力向同伴传递位置信息？

D. 蜜蜂在采花粉时发出的嗡嗡声，是否在给同一蜂房的伙伴传递所在位置的信息？

E. 气味踪迹是否为蜜蜂的主要交流方式？

【解析】　陈先生认为，蜜蜂飞舞时发出的嗡嗡声，并不是在给同一蜂房的伙伴传递它们正在采花粉的位置的信息，因为蜜蜂从采花粉处飞回蜂房时留下的气味踪迹足以引导同伴找到采花粉的地方。

贾女士认为，动物在完成某种任务时都可以有多种方式，因此，不能根据蜜蜂从采花粉处飞回蜂房时留下的气味踪迹足以引导同伴找到采花粉的地方，就得出结论：蜜蜂飞舞时发出的嗡嗡声不是在给同一蜂房的伙伴传递它们正在采花粉的位置的信息。

因此，两人所争论的问题是：蜜蜂在采花粉时发出的嗡嗡声，是否在给同一蜂房的伙伴传递所在位置的信息？答案是 D。

2. 在贾女士的应对中，提到有些蜂类辨别方位的方式。以下哪项最为恰当地概括了这一议论在贾女士应对中所起的作用？

A. 指出陈先生所使用的"动物交流方式"这一概念存在歧义。

B. 提供具体证据用以支持一般性的结论。

C. 对陈先生的一个关键论据的准确性提出质疑。

D. 指出陈先生的结论直接与他的某一个前提矛盾。

E. 对蜜蜂飞舞时发出的嗡嗡声提出了另一种解释。

【解析】　贾女士的结论是：对于蜜蜂来说，气味踪迹只是它们的一种交流方式，而不是唯一的交流方式。这是一般性的结论。贾女士的论据是：有些蜂类可以根据太阳的位置，也可以根据地理特征来辨别方位。这是具体证据。因此，贾女士的论证方法是：提供具体证据用以支持一般性的结论。答案是 B。

【例 4-83】　卫生部官员：X 油虽然是一种植物油，但含有很高的饱和脂肪，饱和脂肪会增加患心脏病的危险。X 油有一种特别为消费者所喜欢的口感，其实，Y 油也有此种口感，只是消费者不大知道。因此，有必要加强宣传力度，使更多的人知道 X 油的此种潜在危害，选用健康食用油，减少患心脏病的风险。

营养学家：对于我国城市人口来说，摄入饱和脂肪的主要来源是肉类、海鲜类、家禽类食品，特别是肥肉、无鳞鱼、松花蛋等，而不是食用油。因此，把公众的注意力集中在 X 油的危害性上，会使他们忽视摄入饱和脂肪的主要途径，这实际上麻痹而不是提高了公众改变不健康饮食结构的紧迫意识。

以下哪项最为准确地概括了两人争论的焦点？

A. 为了公众保健，加强宣传 X 油的潜在危害是否为一种正确的处置？

B. 我国城市人口摄取饱和脂肪的主要途径是否为 X 油？

C. X 油可否由其他食用油取代？

D. 食用由 X 油烹调的食物是否一定会增加患心脏病的危险？

E. 把公众的注意力集中在 X 油的危害性上，是否会麻痹公众改变不健康饮食结构的紧迫意识？

【解析】　由题干，对于 A 项的问题，卫生部官员和营养学家都有明确的观点，前者的回答是肯定的，后者的回答是否定的。因此，A 项最为恰当地概括了两人争论的焦点。

其余各项作为争论焦点都不恰当。例如，由题干，对于 B 项所概括的问题，营养学家有确定的观点，但卫生部官员并没有确定的观点。答案是 A。

【例 4-84】　甲：目前中日关于钓鱼岛的领土争端不会导致军事冲突。因为如果发生此种冲突，不管是何种结果，对于冲突双方乃至相关的第三方，都是弊大于利。

乙：我不同意你的看法。对于中国来说，为了维护领土的主权，做出任何利益上的牺牲都是值得的。

在以下哪个问题上，甲乙双方最可能有不同意见？

A. 中日关于钓鱼岛的领土争端是否会导致军事冲突？

B. 中日关于钓鱼岛的领土争端如果导致军事冲突，中国是否有把握在军事上取胜？

C. 中日关于钓鱼岛的领土争端如果导致军事冲突，不管结果如何，对日本来说，是否都一定弊大于利？

D. 中日关于钓鱼岛的领土争端如果导致军事冲突，不管结果如何，对中国来说，是否都一定弊大于利？

E. 中日关于钓鱼岛的领土争端是否涉及第三方的利益？

【解析】　答案是 D。

解答确定争论焦点题的方法，要从具体试题的内容出发，不要从一般性的要领出发。注意以下两题的解答思路和方法，和以上各题相比，有特殊性。

【例 4-85】　（2017 年真题）王研究员：我国政府提出的"大众创业、万众创新"激励着每一个创业者。对于创业者来说，最重要的是需要一种坚持精神。不管在创业中遇到什么困难，都要坚持下去。

李教授：对于创业者来说，最重要的是要敢于尝试新技术。因为有些新技术一些大公司不敢轻易尝试，这就为创业者带来了成功的契机。

根据以上信息，以下哪项最准确地指出了王研究员与李教授的分歧所在？

A. 最重要的是敢于迎接各种创业难题的挑战，还是敢于尝试那些大公司不敢轻易尝试的新技术。

B. 最重要的是坚持创业，有毅力有恒心把事业一直做下去，还是坚持创新，做出更

　　多的科学发现和技术发明。

C. 最重要的是坚持把创业这件事做好，成为创业大众的一员，还是努力发明新技术，成为创新万众的一员。

D. 最重要的是需要一种坚持精神，不畏艰难，还是要敢于尝试新技术，把握事业成功的契机。

E. 最重要的是坚持创业，敢于成立小公司，还是尝试新技术，敢于挑战大公司。

　　【解析】　题干概括：对于创业者，什么最重要？王研究员认为是坚持精神，李教授认为是尝试新技术。何谓坚持精神和尝试新技术，两人各自给出了界定。

　　A项未涉及"坚持精神"，B项未准确表述"尝试新技术"，C项和E项未准确概括"坚持精神"和"尝试新技术"，均不恰当。D项对"坚持精神"和"尝试新技术"的概括均符合题干。

　　答案是D。

　　【例4-86】　陈先生：未经许可侵入别人的电脑，就好像开偷来的汽车撞伤了人，这些都是犯罪行为。但后者性质更严重，因为它既侵占了有形财产，又造成了人身伤害；而前者只是在虚拟世界中捣乱。

　　林女士：我不同意，例如，非法侵入医院的电脑，有可能扰乱医疗数据，甚至危及病人的生命。因此，非法侵入电脑同样会造成人身伤害。

　　以下哪项最为准确地概括了两人争论的焦点？

A. 非法侵入别人电脑和开偷来的汽车是否同样会危及人的生命？

B. 非法侵入别人电脑和开偷来的汽车伤人是否同样构成犯罪？

C. 非法侵入别人电脑和开偷来的汽车伤人是否同样性质的犯罪？

D. 非法侵入别人电脑的犯罪性质是否和开偷来的汽车伤人一样严重？

E. 是否只有侵占有形财产才构成犯罪？

　　【解析】　非法侵入别人电脑的犯罪性质是否和开偷来的汽车伤人一样严重？对D项所概括的这一问题，两人有明确的不同观点：陈先生的观点是后者比前者严重；林女士认为二者可能一样严重。因此这可能是两人争论的焦点。由题干，对A项的问题两人有不同的明确观点，但以A项来概括两人的争论焦点显然不如D项恰当。

　　由题干，对B项的问题两人持相同的观点，不可能是争论的焦点。

　　由题干，对C项和E项的问题无法确定两人的观点，不可能是争论的焦点。

　　本题的考点是确定争论焦点。本题的解题思路和方法对应对这类题有一般意义。

　　答案是D。

七、核对

　　近年MBA逻辑测试多次出现一种比较特殊的语义辨析题，这种题型的试题实际上只涉及核对条件，可以说不涉及逻辑思考。如果从逻辑思考角度解答，会走弯路。

【例 4-87】 李赫、张岚、林宏、何柏、邱辉五位同事近日他们各自买了一台不同品牌小轿车，分别为雪铁龙、奥迪、宝马、奔驰、桑塔纳。这五辆车的颜色分别与五人名字最后一个字谐音的颜色不同。已知，李赫买的是蓝色的雪铁龙。

以下哪项排列可能依次对应张岚、林宏、何柏、邱辉所买的车？

A. 灰色奥迪、白色宝马、灰色奔驰、红色桑塔纳。

B. 黑色奥迪、红色宝马、灰色奔驰、白色桑塔纳。

C. 红色奥迪、灰色宝马、白色奔驰、黑色桑塔纳。

D. 白色奥迪、黑色宝马、红色奔驰、灰色桑塔纳。

E. 黑色奥迪、灰色宝马、白色奔驰、红色桑塔纳。

【解析】 A 项可能为真。

B 项不可能为真，因为林宏不买红色车。

C 项不可能为真，因为何柏不买白色车。

D 项不可能为真，因为邱辉不买灰色车。

E 项不可能为真，因为何柏不买白色车。

答案是 A。

【例 4-88】 小明、小红、小丽、小强、小梅五人去听音乐会，他们五人在同一排且座位相连，其中只有一个座位最靠近走廊，结果小强想坐在最靠近走廊的座位上，小丽想跟小明紧挨着，小红不想跟小丽紧挨，小梅想跟小丽紧挨着，但不想跟小强或小明紧挨着。

以下哪项顺序符合上述五人的意愿？

A. 小明、小梅、小丽、小红、小强。

B. 小强、小红、小明、小丽、小梅。

C. 小强、小梅、小红、小丽、小明。

D. 小明、小红、小梅、小丽、小强。

E. 小强、小丽、小梅、小明、小红。

【解析】 A 项不符合：小丽想跟小明紧挨着。

C 项不符合：小梅不想跟小强或小明紧挨着。

D 项不符合：小丽想跟小明紧挨着。

E 项不符合：小丽想跟小明紧挨着。答案是 B。

【例 4-89】 丹丹、小颖、淑珍去参加奥林匹克竞赛。奥林匹克竞赛有数学、物理和化学三种，每人只参加一种。建国、小杰、大牛做了以下猜测：

● 建国：丹丹参加了数学竞赛，小颖参加了物理竞赛。

● 小杰：淑珍没参加物理竞赛，小颖参加了数学竞赛。

● 大牛：丹丹没参加数学竞赛，小颖参加了化学竞赛。

如果他们的猜测都对了一半，则以下哪项为真？

A. 丹丹、小颖、淑珍分别参加数学、物理和化学竞赛。

B. 丹丹、小颖、淑珍分别参加物理、数学和化学竞赛。

C. 丹丹、小颖、淑珍分别参加数学、化学和物理竞赛。

D. 丹丹、小颖、淑珍分别参加化学、数学和物理竞赛。

E. 丹丹、小颖、淑珍分别参加化学、物理和数学竞赛。

【解析】如表 4－3 所示：

表 4－3

	建国	小杰	大牛
A	√√	—	—
B	××	—	—
C	√×	××	—
D	××	—	—
E	×√	√×	√×

答案是 E。

八、语义题综合例析

【例 4-90】 成品油生产商的利润很大程度上受国际市场原油价格的影响，因为大部分原油是按国际市场价购进的。今年来，随着国际原油市场价格的不断提高，成品油生产商的运营成本大幅度增加，但某国成品油生产商的利润并没有减少，反而增加了。

以下哪项如果为真，最有助于解释上述看似矛盾的现象？

A. 原油成本只占成品油生产商运营成本的一半。

B. 该国成品油价格根据市场供需确定，随着国际原油市场价格的上涨，该国政府为成品油生产商提供相应的补助。

C. 在国际原油市场价格不断上涨期间，该国成品油生产商降低了个别高薪雇员的工资。

D. 在国际原油市场价格上涨之后，除进口成本增加外，成品油生产的其他成本也有所提高。

E. 该国成品油生产商的原油有一部分来自国内，这部分受国际市场价格波动影响较小。

【解析】 答案是 B。

A. 有助于解释。

B. 有助于解释（最强）。

C. 有助于解释（很弱）。

D. 无助于解释。

E. 有助于解释。

【例 4-91】　美国某大学医学院的研究人员在《小儿科杂志》上发表论文指出，在对 2 702 个家庭的孩子进行跟踪调查后发现，如果孩子在 5 岁前每天看电视超过 2 小时，他们长大后出现行为问题的风险将会增加 1 倍多。所谓行为问题是指性格孤僻、言行粗鲁、侵犯他人、难与他人合作等。

以下哪项最好地解释了以上论述？

A. 电视节目会使孩子产生好奇心，容易导致孩子出现暴力倾向。

B. 电视节目中有不少内容容易使孩子长时间处于紧张、恐惧的状态。

C. 看电视时间过长，会影响孩子与其他人的交往，久而久之，孩子便会缺乏与他人打交道的经验。

D. 儿童模仿能力强，如果只对电视节目感兴趣，长此以往，会阻碍他们分析能力的发展。

E. 每天长时间地看电视，容易使孩子神经系统产生疲劳，影响身心发展。

【解析】　试题要求解释的是，为什么看电视时间过长会导致行为问题。诸选项中，只有 C 和 E 涉及看电视时间过长的影响，其中 C 最能解释题干。答案是 C。

【例 4-92】　鸽子走路时，头部并不是有规律地前后移动，而是一直在往前伸。行走时，鸽子脖子往前一探，然后，头部保持静止，等待着身体和爪子跟进。有学者曾就鸽子走路时伸脖子的现象作出假设：在等待身体跟进的时候，暂时静止的头部有利于鸽子获得稳定的视野，看清周围的食物。

以下哪项如果为真，最能支持上述假设？

A. 鸽子行走时如果不伸脖子，很难发现远处的食物。

B. 步伐太大鸟类，伸脖子的幅度远比步伐小的要大。

C. 鸽子行走速度的变化，刺激内耳控制平衡的器官，导致伸脖子。

D. 鸽子行走时一举翅一投足，都可能出现脖子和头部肌肉的自然反射，所以头部不断运动。

E. 如果雏鸽步态受到限制，功能发育不够完善，那么，成年后鸽子的步伐变小，脖子伸缩幅度则会随之降低。

【解析】　试题要求理解和解释的现象是，为什么鸽子走路时，脖子往前一探，然后，头部保持静止。题干提出了一种解释：有利于鸽子获得稳定的视野，看清周围的食物。A 项如果为真，最能支持此种解释。

A 项断定的是伸脖子和发现食物的关系；B 项断定的是伸脖子的幅度和体型的关系；

C项断定的是伸脖子和行走速度的关系；D项和E项断定的都是伸脖子和行走方式的关系。显然，A项最能支持题干的解释。答案是A。

【例4-93】　在某次思维训练课上，张老师提出"尚左数"这一概念的定义：在连续排列的一组数字中，如果一个数字左边的数字都比其大（或无数字），且其右边的数字都比其小（或无数字），则称这个数字为尚左数。

根据张老师的定义，在8、9、7、6、4、5、3、2这列数字中，以下哪项包含了该列数字中所有的尚左数？

A. 4、5、7和9。

B. 2、3、6和7。

C. 3、6、7和8。

D. 5、6、7和8。

E. 2、3、6和8。

【解析】　答案是B。

【例4-94】　一般认为，剑乳齿象是从北美洲迁入南美洲的。剑乳齿象的显著特征是具有较直的长剑型门齿，颚骨较短，齿的齿冠隆起，齿板数目为7～8个，并呈乳状突起，剑乳齿象因此得名。剑乳齿象的牙齿比较复杂，这表明它能吃草，在南美洲的许多地方都有证据显示史前人类捕捉过剑乳齿象。由此可以推测，剑乳齿象的灭绝可能与人类的过度捕杀有密切关系。

以下哪项如果为真，最能反驳上述结论？

A. 史前动物之间经常发生大规模相互捕杀的现象。

B. 剑乳齿象在遇到人类攻击时缺乏自我保护能力。

C. 剑乳齿象也存在由南美洲进入北美洲的回迁现象。

D. 由于人类活动范围的扩大，大型食草动物难以生存。

E. 幼年剑乳齿象的牙齿结构比较简单，自我生存能力弱。

【解析】　试题要求解释的是剑乳齿象灭绝的原因。题干提出了一种解释。A项最能削弱此种解释。B项加强题干的解释。D项有助于说明人类的活动与剑乳齿象的灭绝有关，但不能加强题干，因为不涉及人的活动中的捕杀，当然也不削弱题干。C项不相关。E项削弱的力度不大，因为一般地任何动物幼年时自我生存能力都弱。答案是A。

【例4-95】　某教育专家认为："男孩危机"是指男孩调皮捣蛋、胆小怕事、学习成绩不如女孩好等现象。近些年，这种现象已经成为儿童教育专家关注的一个重要问题。这位专家在列出一系列统计数据后，提出了"今日男孩为什么从小学、中学到大学全面落后于同年龄段的女孩"的疑问，这无疑加剧了无数男生家长的焦虑。该专家通过分析指出，恰恰是家庭和学校的不适当的教育方法导致了"男孩危机"现象。

以下哪项如果为真，最能对该专家的观点提出质疑？

A. 家庭对独生子女的呵护，在很大程度上限制了男孩发散思维的拓展和冒险性格的养成。

B. 现在的男孩比以前的男孩在女孩面前更喜欢表现出"绅士"的一面。

C. 男孩在发展潜能方面要优于女孩，大学毕业后他们更容易在事业上有所成就。

D. 在家庭、学校教育中，女性充当了主要角色。

E. 现代社会游戏泛滥，男孩天性比女孩更喜欢游戏，这耗去了他们大量的精力。

【解析】　要求质疑的观点是：家庭和学校不适当的教育方法导致了"男孩危机"现象。A 项有所加强。B、C 和 D 项不相干。E 项指出了导致"男孩危机"现象的一个社会原因，这一原因不能归于家庭和学校的不当教育，这对题干的观点有所削弱，因而构成质疑。答案是 E。

【例 4-96】　2010 年某省物价总水平仅上涨 2.4%，涨势比较温和，涨幅甚至比 2009 年回落了 0.6 个百分点。可是，普通民众觉得物价涨幅较高，一些统计数据也表明，民众的感觉有据可依。2010 年某月的统计报告显示，该月禽蛋类商品价格涨幅达 12.3%，某些反季节蔬菜涨幅甚至超过 20%。

以下哪项如果为真，最能解释上述看似矛盾的现象？

A. 人们对数据的认识存在偏差，不同来源的统计数据会产生不同结果。

B. 影响居民消费品价格总水平变动的各种因素互相交织。

C. 虽然部分日常消费品涨幅很小，但居民感觉很明显。

D. 在物价指数体系中占相当权重的工业消费品价格持续走低。

E. 不同的家庭，其收入水平、消费偏好、消费结构都有很大的差异。

【解析】　要解释的是：为什么物价总水平涨幅回落，而民众感觉涨幅较高。由题干，普通民众上述感觉的依据是副食品。D 项如果为真，说明影响物价总水平的重要因素是工业消费品。这就有力地解释了题干。答案是 D。

【例 4-97】　随着数字技术的发展，音频、视频的播放形式出现了革命性转变。人们很快接受了一些新形式，比如 MP3、CD、DVD 等。但是对于电子图书的接受并没有达到专家所预期的程度，现在仍有很大一部分读者喜欢捧着纸质出版物。纸质书籍在出版业中依然占据重要地位。因此有人说，书籍可能是数字技术需要攻破的最后一个堡垒。

以下哪项最不能对上述现象提供解释？

A. 人们固执地迷恋着阅读纸质书籍时的舒适体验，喜欢纸张的质感。

B. 在显示器上阅读，无论是笨重的阴极射线管显示器还是轻薄的液晶显示器，都会让人无端地心浮气躁。

C. 现在仍有一些怀旧爱好者喜欢收藏经典图书。

D. 电子书显示设备技术不够完善，图像显示速度较慢。

E. 电子书和纸质书籍的柔软沉静相比，显得面目可憎。

【解析】　需要解释的是，为什么电子数字读物有优势，但很大一部分读者仍喜欢阅读纸质出版物。A、B、D 和 E 项都能对此做出解释。C 项说的是收藏，不能解释阅读，最不能解释题干。答案是 C。

【例 4-98】　随着文化知识越来越重要，人们花在读书上的时间越来越多，文人学子中近视患者的比例也越来越高。即便在城里工人、乡镇农民中，也能看到不少人戴近视眼镜。然而，在中国古代很少发现患有近视的文人学子，更别说普通老百姓了。

以下除哪项外，均可以解释上述现象？

A. 古时候，只有家庭条件好或者有地位的人才读得起书；即便读书，用在读书上的时间也很少，那种头悬梁、锥刺股的读书人更是凤毛麟角。

B. 古时交通工具不发达，出行主要靠步行、骑马，足量的运动对于预防近视有一定的作用。

C. 古人生活节奏慢，不用担心交通安全，所以即使患了近视，其危害也非常小。

D. 古代自然科学不发达，那时学生读的书很少，主要是四书五经，一本《论语》要读好几年。

E. 古人书写用的是毛笔，眼睛和字的距离比较远，写的字也相对大些。

【解析】　要解释的现象是：为什么古代人近视的少。除 C 项外，其余各项均能解释。答案是 C。

【例 4-99】　乘客使用手机及便携式电子设备会通过电磁波谱频繁传输信号，机场的无线电话和导航网络等也会使用电磁波谱，但电信委员会已根据不同用途把电磁波谱分成了几大块。因此，用手机打电话不会对专供飞机通讯系统或全球定位系统使用的波段造成干扰。尽管如此，各大航空公司仍然规定，禁止机上乘客使用手机等电子设备。

以下哪项如果为真，能解释上述现象？

Ⅰ. 乘客在空中使用手机等电子设备可能对地面导航网络造成干扰。

Ⅱ. 乘客在起飞和降落时使用手机等电子设备，可能影响机组人员工作。

Ⅲ. 便携式电脑或者游戏设备可能导致自动驾驶仪出现断路或仪器显示发生故障。

A. 仅Ⅰ。　　　　　B. 仅Ⅱ。　　　　　C. 仅Ⅰ、Ⅱ。

D. 仅Ⅱ、Ⅲ。　　　E. Ⅰ、Ⅱ和Ⅲ。

【解析】　答案是 E。

第四节　谬　误

真理分为三种：事实真理、价值真理和逻辑真理。错误也分为三种：事实错误、价值错误和逻辑错误。逻辑错误称为谬误（Fallacy）。

谬误分为形式谬误和非形式谬误。MBA 逻辑主要测试非形式谬误。

历年真题中被多次测试过的非形式谬误包括：定义不当、混淆（偷换）概念、集合体误用、强置因果、倒置因果、自相矛盾、不当两不可、非黑即白、诉诸无知、以偏概全、样本不当、不当类比、循环论证等。

逻辑推断、论证分析和语义理解是三种独立的题型。对谬误的辨析可以出现在论证分析，也可以出现在语义理解型试题中。每个非形式谬误，都涉及相关的知识点。区别于 B 类题，A 类题总体不涉及逻辑知识的理解和应用，但有一部分涉及弱相关知识点，这部分 A 类题主要就是指谬误题。

一、相关知识点

（一）概念的内涵和外延

概念是逻辑思维的最基本单位。逻辑思维的基本要求是准确地把握和运用概念。综合能力测试日常思维能力，自然包括测试准确把握和运用概念的能力。

准确把握概念，就要准确理解概念的含义，特别是它的内涵。一个概念的含义，是指这一概念所反映的那类对象都具有的属性；一个概念的内涵，指这一概念所反映的那类对象都具有，并且仅仅为此类对象具有的属性。显然，一个概念的内涵，一定是其含义；但含义不一定是其内涵。准确理解内涵，才能区分不同的概念，特别是相近的概念。

例如，"价廉物美"不是"商品"这一概念的含义，因为并非所有商品都价廉物美；"劳动产品"是"商品"的含义，但不是内涵，因为所有的商品都是劳动产品，但并非劳动产品都是商品，"为交换而生产的劳动产品"才是"商品"的内涵。

再如，"计划经济"不是"社会主义"这一概念的含义，因为并非社会主义都采取计划经济；"发展生产力"是"社会主义"这一概念的含义，但不是内涵，因为社会主义就是解放生产力，但解放生产力的不都是社会主义。社会主义的内涵是什么？这是一个正在探索中的问题。

具有概念内涵的所有对象构成的类，就构成该概念的外延。例如，所有的人构成的对象类，就是"人"这个概念的外延。对"人"这个对象类，"男人""女人"等称为子类，"鲁迅""华盛顿"等个体称为分子。

准确把握概念，就是要准确把握其内涵和外延。

（二）概念的定义和划分

定义是明确概念内涵的逻辑方法。例如，"人是有思想的动物"，就是关于人的一个定义。其中，"人"是被定义项。"有思想的动物"称为定义项。

定义有以下规则：

（1）被定义项与定义项在外延上必须是全同关系。

违反这一规则，如果定义项的外延大于被定义项，所出现的逻辑错误称为定义过宽；如果定义项的外延小于被定义项，称为定义过窄。

（2）定义项中不能直接或间接地包含被定义项。

违反这一规则，如果定义项中直接包含被定义项，称为同语反复；如果定义项中间接地包含被定义项，称为循环定义。

（3）对正概念（如"城市人口"是正概念，"非城市人口"是负概念）下定义不能使用否定句。

（4）不能以比喻代定义。

【思考4-3】   以下断定作为定义是否严格？

（1）法律是人们的行为规范。

答：定义过宽。因为人们的行为规范还包括伦理道德。

（2）直系亲属是指和当事人具有直接血缘关系的人。

答：定义过窄。因为直系亲属还包括和当事人具有婚姻关系的人。

（3）逻辑学是研究思维的逻辑规律的科学。

答：同语反复。

（4）生命是有机体的新陈代谢。

答：循环定义。因为"有机体"定义为"有生命的个体"。

划分是明确概念外延的逻辑方法。例如，"国家分为发达国家和发展中国家"就是一个划分。

划分有母项、子项和划分标准三个构成要素。在上述划分中，母项是"国家"，子项是"发达国家"和"发展中国家"，划分标准是"经济发展水平"。

同一母项，在不同的划分标准下，可得到不同的子项。

划分有以下规则：

（1）每次划分必须使用同一标准。违反这一规则，称为划分标准不一。

（2）子项必须不相容。违反这一规则，称为子项相容。

（3）母项的外延必须等于子项的外延之和。违反这一规则，如果母项的外延小于子项的外延之和，称为划分过宽；如果母项的外延大于子项的外延之和，称为划分过窄。

（4）子项必须是同一层次的概念。违反这一规则，称为子项不当并列，或概念不当并列。

概念的层次性可通过图4-7举例说明。

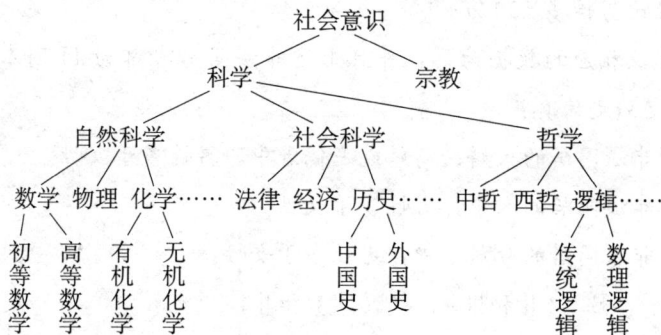

图 4-7

【思考 4-4】　以下断定作为划分是否严格？

（1）战争分为常规战争和世界战争。

答：划分标准不一；子项相容。

（2）"直系亲属"分为"双亲"（父母）、"胞亲"（兄弟姐妹）、"配偶"和"子女"。

答：划分过宽。

（3）"要把任务落实到每个工厂、农村、机关、学校。"

答：概念不当并列。"农村"和其他并列概念不属同一层次。

【思考 4-5】　写出下文中相关概念间的树状结构（横式）。

在 H 国 2000 年进行的人口普查中，婚姻状况分为四种：未婚、已婚、离婚和丧偶。其中，已婚分为正常婚姻和分居；分居分为合法分居和非法分居；非法分居指分居者与人非法同居；非法同居指无婚姻关系的异性之间的同居，包括分居者之间的非法同居和分居者与未婚、离婚和丧偶者之间的非法同居。

答：如图 4-8 所示。

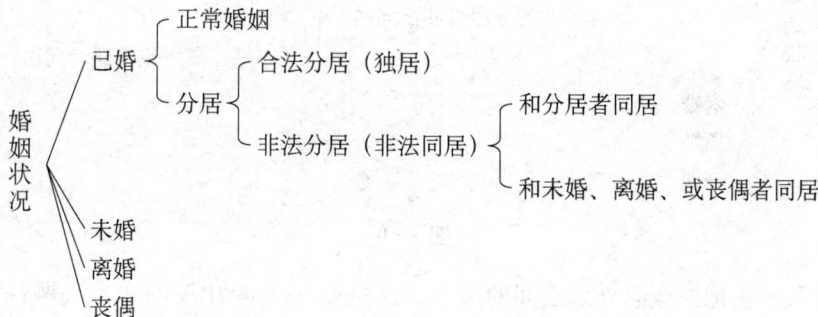

图 4-8

【例 4-100】　在 H 国 2000 年进行的人口普查中，婚姻状况分为四种：未婚、已婚、离婚和丧偶。其中，已婚分为正常婚姻和分居；分居分为合法分居和非法分居；非法分居指分居者与人非法同居；非法同居指无婚姻关系的异性之间的同居。普查显示，非法同居的分居者中，女性比男性多 100 万。

如果上述断定及相应的数据为真，并且上述非法同居者都为 H 国本国人，则以下哪项有关 H 国的断定必定为真？

Ⅰ．与分居者非法同居的未婚、离婚或丧偶者中，男性多于女性。

Ⅱ．与分居者非法同居的人中，男性多于女性。

Ⅲ．与分居者非法同居的分居者中，男性多于女性。

A．仅Ⅰ和Ⅲ。　　B．仅Ⅱ和Ⅲ。　　　C．仅Ⅰ和Ⅱ。

D．Ⅰ、Ⅱ和Ⅲ。　E．Ⅰ、Ⅱ和Ⅲ都不一定为真。

【解析】　　与分居者的非法同居包括两种类型：第一，分居者和分居者同居；第二，分居者与非已婚者（未婚、离婚或丧偶者）同居。

由题干，非法同居是指异性之间的同居，因此，与分居者非法同居的分居者中，男性和女性各占一半。所以复选项Ⅲ为假。

由题干，非法同居的分居者中，女性比男性多 100 万，这说明与分居者非法同居的未婚、离婚或丧偶者中，男性多于女性。所以复选项Ⅰ为真。

与分居者非法同居的人，包括两部分：一部分是分居者；另一部分是未婚、离婚或丧偶者。上面已得出两个结论：第一，与分居者非法同居的分居者中，男性和女性各占一半；第二，与分居者非法同居的未婚、离婚或丧偶者中，男性多于女性。因此，可以得出结论：与分居者非法同居的人中，男性多于女性。所以复选项Ⅱ真。

以下相关概念间的树状结构（图 4-9）有利于分析解答该题。

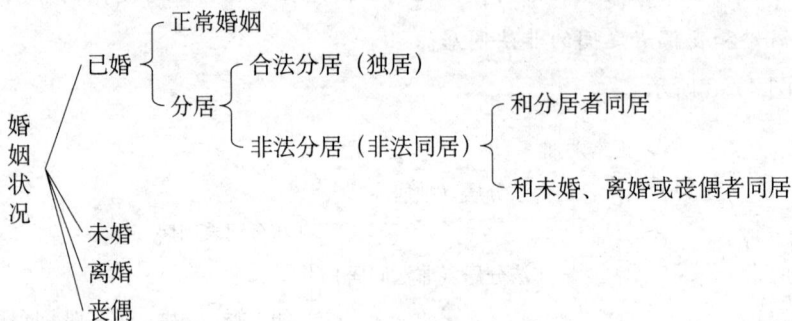

图 4-9

该题涉及准确把握概念外延之间的关系。这是 2002 年 MBA 的实考真题，难度偏大。答案是 C。

（三）欧拉图方法

概念可以分为相容和不相容两类。两个概念的外延有共同的分子，称为是相容的，否则是不相容的。这两类关系又各有不同的类型。见图 4-10：

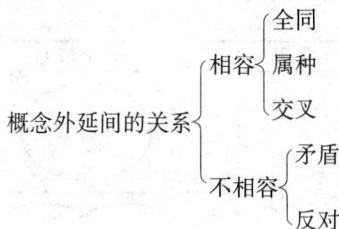

图 4 - 10

下面通过图形例示来说明这些关系。这种图形称为欧拉图。欧拉图是一种在综合能力解题中有用的辅助方法。

相容：

1. 全同

例如：A＝北京
　　　B＝中国的首都

2. 属种

例如：A＝动物
　　　B＝人

说明：具有属种关系的两个概念，外延较大的称为属概念，外延较小的称为种概念。

3. 交叉
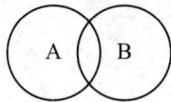
例如：A＝白种人
　　　B＝美国人

不相容：

1. 矛盾
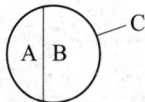
例如：A＝男人
　　　B＝女人
　　　C＝人

2. 反对
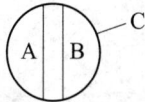
例如：A＝老人
　　　B＝青年人
　　　C＝人

说明：两个不相容的概念，如果它们的外延之和等于某种语境下共同的属概念，则称在该语境下具有矛盾关系。

两个不相容的概念，如果它们的外延之和小于某种语境下共同的属概念，则称在该语境下具有反对关系。

欧拉图是刻画概念外延关系的图示方法，可以用来辅助解答综合能力相关试题。

当主谓项的外延关系确定了，则相应的直言命题的真假也就唯一地确定了，例如，如果 A 和 B 是交叉关系，则"有的 A 是 B"真。但是当直言命题的真假确定了，其主谓项外延间的关系不能唯一地确定。例如，如果"所有 A 都是 B"真，则 A 和 B 可以是全同关系，也可以是种属关系。如表 4 - 4 所示：

表 4 - 4

所有 A 都是 B	所有 A 都不是 B	有 A 是 B	有 A 不是 B

可以做些约定，使得一个直言命题唯一地对应于一个欧拉图形。这有利于在解题中运用。

第一，图 4 - 11 表示所有 A 都是 B。

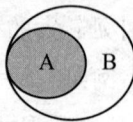

图 4 - 11

约定：上图的非阴影部分是否非空未作断定，如果非空，则是种属关系，否则是全同关系。

第二，图 4 - 12 表示所有 A 都不是 B。

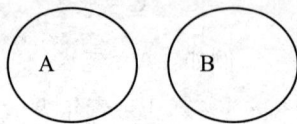

图 4 - 12

第三，图 4 - 13 表示有 A 是 B。

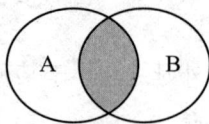

图 4 - 13

约定：上图的非阴影部分分左、右两部分。如果两部分都空，则是全同关系；如果左不空，右空，则是属种关系；如果左空，右不空，则是种属关系；如果两部分都不空，则是交叉关系。

第四，图 4 - 14 表示有 A 不是 B 。

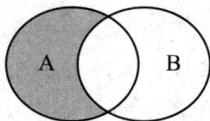

图 4-14

上图的非阴影部分分左、右两部分。如果左不空，右空，则是属种关系；如果左空，右不空，则是不相容关系；如果两部分都不空，则是交叉关系。

如表 4-5 所示：

表 4-5

所有 A 都是 B	所有 A 都不是 B	有 A 是 B	有 A 不是 B
(A B)	(A) (B)	(A B)	(A) (B)
(A B)		(A B)	(B A)
		(A B)	(A B)
		(B A)	

【例 4-101】　（第 1、2 题基于以下题干）所有安徽来京打工人员，都办理了暂住证；所有办理了暂住证的人员，都获得了就业许可证；有些安徽来京打工人员当上了门卫；有些业余武术学校的学员也当上了门卫；所有的业余武术学校的学员都未获得就业许可证。

1. 如果上述断定都是真的，则除了以下哪项，其余的断定也必定是真的？

A. 所有安徽来京打工人员都获得了就业许可证。

B. 没有一个业余武术学校的学员办理了暂住证。

C. 有些安徽来京打工人员是业余武术学校的学员。

D. 有些门卫没有就业许可证。

E. 有些门卫有就业许可证。

2. 以下哪个人的身份，不可能符合上述题干所作的断定？

A. 一个获得了就业许可证的人，但并非是业余武术学校的学员。

B. 一个获得了就业许可证的人，但没有办理暂住证。

C. 一个办理了暂住证的人，但并非是安徽来京打工人员。

D. 一个办理了暂住证的业余武术学校的学员。

E. 一个门卫，他既没有办理暂住证，又不是业余武术学校的学员。

【解析】 题干的条件可由下面的欧拉图刻画。参照图4-15可清晰准确地解答该题。第1题的答案是C。第2题的答案是D。

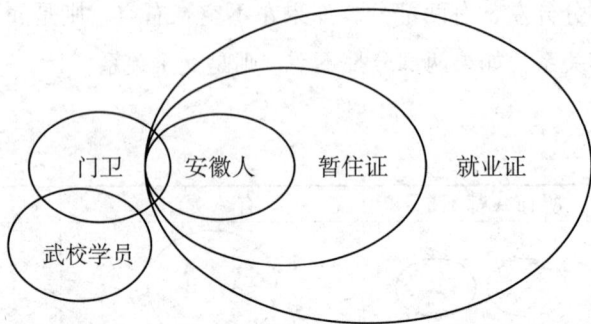

图4-15

【例4-102】 宏达超市的所有商品都是合格产品。有些贴有蓝箭商标的商品不是合格产品。

如果以上两个命题为真，则以下哪个命题能确定真假？

Ⅰ. 贴有蓝箭商标的商品都是宏达超市的商品。

Ⅱ. 贴有蓝箭商标的商品都不是宏达超市的商品。

Ⅲ. 有些贴有蓝箭商标的商品是合格产品。

A. 仅Ⅰ。　　B. 仅Ⅱ。　　C. 仅Ⅲ。　　D. 仅Ⅰ和Ⅲ。　　E. Ⅰ、Ⅱ和Ⅲ。

【解析】 题干条件如图4-16所示：

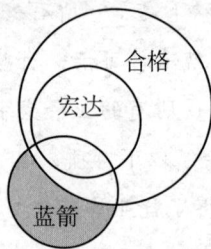

图4-16

由题干，上图表示"贴有蓝箭商标的商品"外延的圆形中，只有阴影部分确定为非空；非阴影部分是否非空未作确定，即可能空也可能非空。

因为阴影部分非空，所以Ⅰ假。因为非阴影部分可能空，也可能非空，因此，Ⅱ和Ⅲ不能确定真假。答案是A。

【例4-103】 "男女"和"阴阳"似乎指的是同一种区分标准，但实际上，"男人和女人"区分人的性别特征，"阴柔和阳刚"区分人的行为特征。按照"男女"的性别特征，正常人分为两个不重叠的部分；按照"阴阳"的行为特征，正常人分为两个重叠的部分。

以下哪项不可能符合题干含义？

A. 女人的行为，不一定具有阴柔的特征。

B. 男人的行为，不一定具有阳刚的特征。

C. 人的性别不能确定人的行为特征。

D. 同一个人的行为，可以既有阴柔又有阳刚的特征。

E. 一个人的同一个行为，可以既有阴柔又有阳刚的特征。

【解析】

条件 1："男女"区分人的性别，如图 4-17。条件 2："阴阳"区分人的行为，如图 4-18。

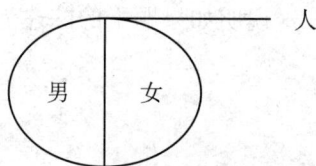

图 4-17

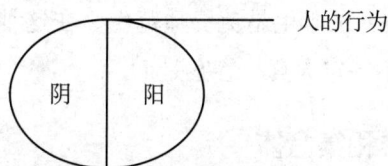

图 4-18

条件 3：按照"阴阳"的行为特征，正常人分为两个重叠的部分。如图 4-19：

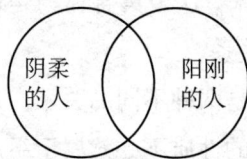

图 4-19

题干断定，"阴柔和阳刚"区分人的行为特征，即任何一种行为，如果阴柔，就不阳刚；如果阳刚，就不阴柔。E 项显然不符合题干的上述含义。

其余各项都符合题干的含义。例如，D 项符合题干的含义。因为题干断定，按照"阴阳"的行为特征，正常人分为两个重叠的部分。这就是说，同一个人的行为，可以既有阴柔又有阳刚的特征。答案是 E。

【例 4-104】 高校 2007 年秋季入学的学生中有些是免费师范生。所有的免费师范生都是家境贫寒的。凡家境贫寒的学生都参加了勤工助学活动。

如果以上陈述为真，则以下各项必然为真，除了：

A. 2007 年秋季入学的学生中有人家境贫寒。

B. 凡没有参加勤工助学活动的学生都不是免费师范生。

C. 有些参加勤工助学活动的学生是 2007 年秋季入学的。

D. 有些参加勤工助学活动的学生不是免费师范生。

　　E. 凡家境富裕的学生都不是免费师范生。

【解析】　如图 4 - 20 所示：

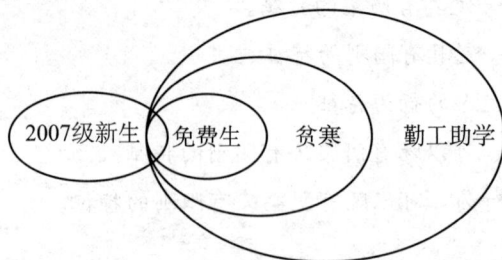

图 4 - 20

　　如果题干为真，则不能排除这种可能：参加勤工助学活动的学生都是家境贫寒的，并且家境贫寒的学生是免费师范生。在这种情况下，D 项假。这说明如果题干的陈述为真，则 D 项不一定为真。答案是 D。

（四）类和集合体

　　类是由分子组成的。"人"这个类，是由张三、李四等一个个人组成的。"人"和"张三"的关系，是类和分子的关系。

　　集合体是由个体组成的。"森林"这个集合体，是由一棵棵树木组成的。"森林"和"树木"关系，是集合体和个体的关系。

　　类和分子，与集合体和个体，是两种不同的关系。这种不同点在于：类的性质必然地属于组成类的每个分子，而集合体的性质不必然属于组成集合体的每个个体。例如，人具有的性质张三必然具有，但森林具有的性质树木不一定具有。

　　表达集合体的概念称为集合概念。表达类的概念称为非集合概念。这种非集合概念也称为类概念。

　　问题的复杂性在于，在日常思维中，同一个概念，可以在集合的意义上使用，也可以在非集合的意义，即类的意义上使用。换句话说，同一语词，在不同的语境下，可以表达集合概念，也可以表达非集合概念。这就容易出现"偷换概念"的逻辑错误。

【思考 4-6】　人是世界上第一宝贵的

　　　　　　　我是人
　　　　　　　―――――――――――
　　　　　　　所以，我是世界上第一宝贵的

【解析】　在上述推理中，第一个前提中的"人"是集合概念，第二个前提中的"人"是类概念。该推理犯了"偷换概念"的错误。

【思考 4-7】　以下画横线的概念，是在集合意义上还是在非集合意义上使用的？

　　A. 森林是重要的自然环境，是全人类共同的财富。

B. 森林在全球陆地的覆盖率，已由 20 世纪初的 19％ 下降到 20 世纪初的 11％。

C. 遵纪守法，是公民应尽的基本义务。

D. 教师是人类灵魂的工程师。

【解析】　A 项中的"森林"是类概念，因为"是全人类共同的财富"这种性质属于每一块森林。

B 项中的"森林"是集合概念，因为所提及的覆盖率只为全球森林的整体具有。

C 项中的"公民"是类概念，因为遵纪守法是每个公民应尽的基本义务。

D 项中的"教师"是集合概念，因为"人类灵魂的工程师"是对教师的整体评价，并不一定是对每个教师的评价。

（五）同一律、矛盾律和排中律

同一律、矛盾律和排中律被称为逻辑学的基本规律，要求思维具有确定性和协调性（不矛盾），这是思维合乎逻辑的最基本的要求。

同一律有三条逻辑要求。

第一，在同一思维过程中，概念必须保持同一。违反这一要求的逻辑错误，称为"混淆概念"或"偷换概念"。如：

世间万物中，人是第一宝贵的

我是人。

————————————————

因此，我是世间万物中第一宝贵的

在这一推理中，两个前提中的"人"不是同一概念。第一个"人"是集合概念，第二个"人"是非集合概念，因此，犯了"混淆概念"或"偷换概念"的错误。

第二，在同一思维过程中，论题必须保持同一。违反这一要求的逻辑错误，称为"转移论题"或"偷换论题"。

第三，同一思维过程中，保持语境自身的同一。违反这一要求的逻辑错误，称为"混淆或偷换语境"。

在日常思维中，任何思想断定都有特定的具体背景，这种特定背景，称为"语境"，也称为"上下文"。对任何思想作评价，特别是批评，必须严格基于该思想原有的语境，保持该语境的同一，不得随意改变。

理解矛盾律和排中律，需要把握两个重要概念：互相矛盾和互相反对。

两个命题互相矛盾，是指这两个命题不能同真，也不能同假。

两个命题互相反对，是指这两个命题不能同真，但可以同假。

如"小张是湖南人"和"小张不是湖南人"这两个命题互相矛盾，不能同真，也不能同假，必有一真一假；而"小张是湖南人"和"小张是江西人"这两个命题不互相矛盾，而是互相反对，不能同真，但可以同假。

常用的互相矛盾命题有：

- "所有 S 是 P"与"有些 S 不是 P"
- "所有 S 不是 P"与"有些 S 是 P"
- "S 是 P"与"S 不是 P"（S 是单独概念）
- "P 并且 Q"与"非 P 或者非 Q"
- "P 或者 Q"与"非 P 并且非 Q"
- "如果 P 则 Q"与"P 并且非 Q"
- "只有 P 才 Q"与"非 P 并且 Q"
- "必然 P"与"可能非 P"
- "必然非 P"与"可能 P"

常用的互相反对命题有：

- "所有 S 是 P"与"所有 S 不是 P"
- "必然 P"与"不可能（必然非）P"

矛盾律的逻辑要求是：对两个互相矛盾或互相反对的命题，不能同时肯定，必须否定其中的一个。违反这一要求的逻辑错误，通常称为"自相矛盾"。事实上，违反不矛盾律的错误，包括"自相矛盾"和"自相反对"，但在日常语言中，通常把"自相反对"（即对两个互相反对的命题同时都加肯定）也称作"自相矛盾"。

有时两个或若干个命题之间，并不明显是互相矛盾或互相反对的，但如果对它们同时断定，就会推出互相矛盾或互相反对的结论。如果这样，这种断定也违反矛盾律，这样的命题集，称为不一致，或不协调。

排中律的逻辑要求是：对两个互相矛盾的命题，不能同时否定，必须肯定其中的一个。违反这一要求的逻辑错误，通常称为"两不可"，即对两个互相矛盾的命题都否定。

对两个互相反对的命题同时都否定，不违反排中律。例如，"我不认为所有的人都是自私的，我也不认为所有的人都不是自私的"，这段议论不违反排中律，因为它所否定的两个命题是互相反对关系。

要注意矛盾律和排中律的联系与区别。

对互相矛盾的命题，不能同时肯定，也不能同时否定。同时肯定违反矛盾律；同时否定违反排中律。

对互相反对的命题，不能同时肯定，可以同时否定。同时肯定违反矛盾律；同时否定不违反排中律。

【思考 4-8】　甲：我准中奖！

乙：不见得。

甲：那你认为我不可能中奖？

乙：我不这么认为。

甲：你"两不可"，违反排中律。

乙：你错误地理解了排中律。

谁的说法成立？

【解析】　乙所否定的两个命题是"甲必然中奖"和"甲不可能中奖（＝甲必然不中奖)"。这两个命题互相反对，并不互相矛盾，对此同时否定不违反排中律。

【例 4-105】　一项时间跨度为半个世纪的专项调查研究得出肯定结论：饮用常规量的咖啡对人的心脏无害。因此，咖啡的饮用者完全可以放心地享用，只要不过量，就不会有碍健康。

以下哪项最为恰当地指出了上述论证的漏洞？

A. 咖啡的常规饮用量可能因人而异。

B. 心脏健康不等同于身体健康。

C. 咖啡饮用者可能在喝咖啡时吃了对心脏有害的食物。

D. 喝茶，特别是喝绿茶比喝咖啡有利于心脏的保健。

E. 有的人从不喝咖啡但心脏仍然健康。

【解析】　题干的漏洞在于把心脏健康不当地等同于身体健康。B 项正确地指出了这一点。答案是 B。

【例 4-106】　甲班考试结束后，几位老师在一起议论。

张老师说："班长和学习委员都能得优秀。"

李老师说："除非生活委员得优秀，否则体育委员不能得优秀。"

陈老师说："我看班长和学习委员两人中至少有一人不能得优秀。"

郭老师说："我看生活委员不能得优秀，但体育委员可得优秀。"

基于以上断定，可推出以下哪项一定为真？

A. 四位老师中有且只有一位的断定为真。

B. 四位老师中有且只有两位的断定为真。

C. 四位老师的断定都可能为真。

D. 四位老师的断定都可能为假。

E. 题干的条件不足以推出确定的结论。

【解析】　题干四位老师的断定中，张与陈互相矛盾，李与郭互相矛盾。互相矛盾的两个断定必有一真且只有一真，因此四位老师中有且只有两位的断定为真，即 B 项能推出。

其余各项都不成立。例如 E 项不成立，因为从题干确实不能推出有关甲班谁得或不得优秀的确定结论，但不等于不足以推出任何确定的结论。例如，B 项就是从题干推出的一个确定结论。答案是 B。

【例 4-107】 （1、2 两题基于共同题干）某珠宝商店失窃，甲、乙、丙、丁四人涉嫌被拘审。四人的口供如下。

甲：案犯是丙。

乙：丁是罪犯。

丙：如果我作案，那么丁是主犯。

丁：作案的不是我。

四个口供中只有一个是假的。

1. 如果四个口供中只有一个是假的，则以下哪项一定为真？

A. 说假话的是甲，作案的是乙。

B. 说假话的是丁，作案的是丙和丁。

C. 说假话的是乙，作案的是丙。

D. 说假话的是丙，作案的是丙。

E. 以上断定都不一定为真。

【解析】 乙和丁的口供互相矛盾，根据矛盾律，必有一假。又由"四个口供中只有一个是假的"这一条件，得知甲和丙说真话，由此又可推出"丁是主犯"。因此，丁说假话，作案的是丙和丁。答案是 B。

2. 如果四个口供中只有一个是真的，则以下哪项一定为真？

A. 甲是罪犯。

B. 乙是罪犯。

C. 丙或丁是罪犯。

D. 已知条件不一致，会推出互相矛盾的结论。

E. 以上断定都不一定为真。

【解析】 乙和丁的口供互相矛盾，根据排中律，必有一真。又由"四个口供中只有一个是真的"这一条件，得知甲和丙说假话。由甲说假话，可得：丙不是罪犯。由丙说假话，可得丙是罪犯，但丁不是主犯。矛盾！答案是 D。

【例 4-108】 万宝路香烟的醒目广告画面下都有一行特殊的广告文字："吸烟有害健康"。假设这并非出自有关法规的强制要求，则以下哪项对上述事实的评价最不恰当？

A. 这说明万宝路烟草公司对自己的营销充满了自信。

B. 这说明万宝路香烟广告的设计者犯了自相矛盾的错误。

C. 这样的广告增加了公众对万宝路烟草公司及其产品的信任度。

D. 这说明万宝路烟草公司认为，为了赚钱可以干有碍公众利益的事。

E. 这包含着万宝路烟草公司对消费者和一种歉意。

【解析】　不存在一个命题，题干的广告既肯定它，又否定它。因此，没有理由认为题干的广告自相矛盾。答案是 B。

（六）预设

有一种"特殊问语"。例如，某宿舍失窃，保安人员问其中的一位住宿者："你以后是否再偷东西？"对特殊问语的回答，不能简单套用排中律。表面上看，"我以后不再偷东西"和"我以后继续偷东西"是两个互相矛盾的命题，由排中律，不能同时都否定。但肯定其中任何一个命题对于被提问者来说都是不恰当的，如果他事实上没有偷过东西的话。"特殊问语"事实上预设了一个对被提问者不利的前提，如在上例中预设被提问者偷过东西。因此，对特殊问语的恰当回答，是针对问题的预设，而不是针对问题自身。

在日常思维及其交际中，许多问题或者陈述往往包含某个或某些命题作为预设。

一命题 A 称为某个问题或陈述的预设是指，如果 A 不成立，则存在与该问题或陈述相关的命题 B，B 和 ¬B 都不成立。如在无神论者看来，以下两个命题虽然在形式上互相矛盾，但都不成立：所有的神都是仁慈的；有的神不是仁慈的。因为这两个命题的预设"存在神"不成立。

【例 4-109】　（1、2 两题基于共同题干）林教授患有支气管炎。为了取得疗效，张医生要求林教授立即戒烟。

1. 为使张医生的要求有说服力，以下哪项是必须假设的？

A. 张医生是经验丰富的治疗支气管炎的专家。

B. 抽烟是引起支气管炎的主要原因。

C. 支气管炎患者抽烟，将严重影响治疗效果。

D. 严重支气管炎将导致肺气肿。

E. 张医生本人并不抽烟。

【解析】　如果不假设 C 项，意味着支气管炎患者抽烟，并不会严重影响治疗效果，这就会严重削弱张医生的要求的说服力。

其余各项不是必须假设的。例如，假设 B 项，能大大加强张医生的要求的说服力，但不假设 B 项，并不能说明张医生的要求没有说服力。答案是 C。

2. 以下哪项是张医生的要求所预设的？

A. 林教授抽烟。

B. 林教授的支气管炎非常严重。

C. 林教授以前戒过烟，但失败了。

D. 林教授抽的都是劣质烟。

E. 林教授有支气管炎家族史。

【解析】　A 项是张医生的要求所预设的。如果 A 项不成立，则张医生的要求就没有意义，即肯定和否定这一要求都不成立。答案是 A。

二、定义不当

【例 4-110】　甲：什么是战争？

乙：战争是和平的中断。

甲：什么是和平？

乙：和平是战争的中断。

上述对话中的逻辑谬误也类似地存在于以下哪项对话中？

A. 甲：什么是人？

　　乙：人是有思想的动物。

　　甲：什么是动物？

　　乙：动物是生物的一部分。

B. 甲：什么是生命？

　　乙：生命是有机体的新陈代谢。

　　甲：什么是有机体？

　　乙：有机体是有生命的个体。

C. 甲：什么是家庭？

　　乙：家庭是以婚姻、血缘或收养关系为基础的一种社会群体。

　　甲：什么是社会群体？

　　乙：社会群体是在一定社会关系基础上建立起来的社会单位。

D. 甲：什么是命题？

　　乙：命题就是用语句表达的判断。

　　甲：什么是判断？

　　乙：判断是对事物有所断定的思维形式。

E. 甲：什么是商品？

　　乙：商品是为交换而生产的劳动产品。

　　甲：什么是劳动产品？

　　乙：劳动产品是价值的载体。

【解析】　题干的对话中，被定义项是"战争"，定义项中包括"和平"，而"和平"又由"战争"定义，因此，定义项中间接包含被定义项，这就是循环定义。在 B 项中，类似地，"生命"由"有机体"定义，而"有机体"又由"生命"定义，因此，循环定义。答案是 B。

【例 4-111】 平反是对处理错误的案件进行纠正。

依据以下哪项能最为确切地说明上述定义的不严格？

A. 对案件是否处理错误，应该有明确的标准，否则不能说明什么是平反。

B. 处理错误的案件包括三种：重罪轻判、轻罪重判和无罪而判。

C. 应该说明平反的主体，平反的主体应该具备足够的权威性。

D. 对平反的客体应该具体分析。平反了，不等于没错误。

E. 应该明确平反的操作程序。

【解析】 B 项断定，处理错误的案件包括三种、重罪轻判，轻罪重判和无罪而判。对重罪轻判和轻罪重判的案件进行纠正，显然不属于平反；平反仅是对无罪而判的案件进行纠正。因此，把"平反"定义为"对处理错误的案件进行纠正"，显然过宽而有失严格。

其余各项的断定内容，即对案件是否处理错误应有明确的标准；平反的主体应该具备足够的权威性；对平反的客体应该具体分析等，涉及的是正确实施平反所要满足的条件，而不是平反这一概念本身的内涵，对平反下定义只需要揭示其内涵，不需要断定平反得以正确实施所要满足的条件。答案是 B。

三、混淆概念

在同一思维中，对同一语词所表达的概念，赋予不同的内涵，称为偷换概念或混淆概念。

【例 4-112】 张先生买了块新手表。他把新手表与家中的挂钟对照，发现手表比挂钟一天慢了三分钟；后来他又把家中的挂钟与电台的标准时对照，发现挂钟比电台标准时一天快了三分钟。张先生因此推断：他的表是准确的。

以下哪项是对张先生推断的评价最为恰当？

A. 张先生的推断正确，因为手表比挂钟慢三分钟，挂钟比标准时快三分钟，这说明手表准时。

B. 张先生的推断正确，因为他的手表是新的。

C. 张先生的推断有误，因为他不应该把手表和挂钟比，应该直接和标准时间比。

D. 张先生的推断有误，因为挂钟比标准时快三分钟，是标准的三分钟；手表比挂钟慢三分钟，是不标准的三分钟。

E. 张先生的推断有误，因为他当把手表和挂钟对比时，不当地假设挂钟是准确的。

【解析】 题干中提及的两个三分钟不是同一概念。前一个"三分钟"是与不准确的挂钟相对照的结果，因而是不准确的三分钟；后一个"三分钟"是与标准时间相对照的，是准确的三分钟。张先生的推断犯了"混淆概念"的错误。答案是 D。

【例 4-113】 对同一事物，有的人说"好"，有的人说"不好"，这两种人之间没有共同语言。可见，不存在全民族通用的共同语言。

以下除哪项外，都与题干推理所犯的逻辑错误近似？

A. 甲："厂里规定，工作时禁止吸烟。"乙："当然，可我吸烟时从不工作。"

B. 象是动物，所以小象是小动物。

C. 有意杀人者应处死刑，行刑者是有意杀人者，所以行刑者应处死刑。

D. 这种观点既不属于唯物主义，又不属于唯心主义，我看两者都有点像。

E. 万物中人第一宝贵，我是人，所以万物中我第一宝贵。

【解析】 题干的"共同语言"、A 项中的"工作"、B 项中的"小"、C 项中的"有意杀人"和 E 项的"人"，都是在同一思维过程中，用同一语词表达，但内涵不同的概念，即偷换概念。答案是 D。

【例 4-114】 一份犯罪调研报告揭示，某市近三年来的严重刑事犯罪案件 60% 皆为已记录在案的 350 名惯犯所为。报告同时揭示，严重刑事犯罪案件的作案者半数以上同时是吸毒者。

如果上述断定都是真的，那么，下述哪项断定一定是真的？

A. 350 名惯犯中可能没有吸毒者。

B. 350 名惯犯中一定有吸毒者。

C. 350 名惯犯中大多数是吸毒者。

D. 吸毒者大多数在 350 名惯犯中。

E. 吸毒是造成严重刑事犯罪的主要原因。

【解析】 题干说的是"严重刑事犯罪案件的作案者半数以上同时是吸毒者"，而不是说"半数以上严重刑事犯罪案件的作案者同时是吸毒者"。因此以下情况是可能的：上述 350 名惯犯虽然作案的数量占了严重刑事犯罪案件的 60%，但人数只占严重刑事犯罪案件作案者的很小比例（例如 5%）。这样，虽然严重刑事犯罪案件的作案者半数以上同时是吸毒者，但 350 名惯犯中完全可能没有吸毒者。

此题"半数以上"这个概念，限定的是"严重刑事犯罪案件的作案者"，而不是"严重刑事犯罪案件"。在关键概念的理解上发生偏差，会失之毫厘，差之千里。

【例 4-115】 有一种观点认为，到 21 世纪初，和发达国家相比，发展中国家将有更多的人死于艾滋病。其根据是：据统计，艾滋病毒感染者人数在发达国家趋于稳定或略有下降，在发展中国家却持续快速发展；到 21 世纪初，估计全球的艾滋病毒感染者将达到 4 000 万至 1.1 亿人，其中 60% 将集中在发展中国家。这一观点缺乏充分的说服力。因为，同样权威的统计数据表明，发达国家的艾滋病感染者从感染到发病的平均时间要大大短于发展中国家，而从发病到死亡的平均时间只有发展中国家的 1/2。

以下哪项最为恰当地概括了上述反驳所使用的方法？

A. 对"论敌"的立论动机提出质疑。

B. 指出"论敌"把两个相近的概念当作同一概念来使用。

C. 对"论敌"的论据的真实性提出质疑。

D. 提出一个反例来否定"论敌"的一般性结论。

E. 指出"论敌"在论证中没有明确具体的时间范围。

【解析】　题干概括如下。

反驳：发展中国家感染者人数较多，所以死的人较多。

论据：感染者人数较多≠死的人较多，因为发展中国家感染者死得慢。

题干所反驳的观点的结论是：到 21 世纪初，和发达国家相比，发展中国家将有更多的人死于艾滋病。其根据是：艾滋病毒感染者人数在发达国家趋于稳定或略有下降，在发展中国家却持续快速上升。题干对此所做的反驳实际上指出：上述观点把"死于艾滋病的人数"和"感染艾滋病毒的人数"这两个相近的概念错误地当作同一概念使用；艾滋病毒感染者人数在发达国家虽低于发展中国家，但由于发达国家的艾滋病感染者从感染到发病，以及从发病到死亡的平均时间要大大短于发展中国家，因此，其实际死于艾滋病的人数仍可能多于发展中国家。因此，B 项恰当地概括了题干中的反驳所使用的方法。其余各项均不恰当。答案是 B。

【例 4-116】　克鲁特是德国家喻户晓的"明星"北极熊，北极熊是北极名副其实的霸主，因此，克鲁特是名副其实的北极霸主。

以下哪项除外，均与上述论证中出现的谬误相似？

A. 儿童是祖国的花朵，小雅是儿童，因此，小雅是祖国的花朵。

B. 鲁迅的作品不是一天能读完的，《祝福》是鲁迅的作品。因此《祝福》不是一天能读完的。

C. 中国人是不怕困难的，我是中国人。因此，我是不怕困难的。

D. 康怡花园坐落在清水街，清水街的建筑属于违章建筑。因此，康怡花园的建筑属于违章建筑。

E. 西班牙语是外语，外语是普通高等学校招生的必考科目。因此西班牙语是普通高等学校招生的必考科目。

【解析】　题干的谬误是偷换概念，第一个"北极熊"是非集合概念，第二个是"集合"概念。选项中，除 D 外，都存在这一谬误。答案是 D。

四、自相矛盾

【例 4-117】　按我国城市当前水消费量来计算，如果每吨水增收 5 分钱的水费，则每年可增加 25 亿元收入。这显然是解决自来水公司年年亏损问题的好办法。这样做还可以减少消费者对水的需求，养成节约用水的良好习惯，从而保护我国非常短缺的水资源。

以下哪一项最清楚地指出了上述论证中的错误？

A. 作者引用了无关的数据和材料。

B. 作者所依据的我国城市当前水消费量的数据不准确。

C. 作者作出了相互矛盾的假定。

D. 作者错把结果当成了原因。

E. 作者把缺少证据证明某种情况存在，当作有充分证据证明某种情况不存在。

【解析】　答案是 C。

当题干断定，增收水费会增加收入，是假定水消费量不变；当题干断定增加水费可以减少消费者对水的需求，是假定水消费量因此会减少。这两个假定自相矛盾。

【例 4-118】　某品牌的一款节油型车售价 27 万元，而另一款普通车售价 17 万元。根据目前的汽油价格以及这两款车百公里耗油的测试数据，购买这款节油型车的人需开满 30 万公里才能补足比购买普通车高出的价差。如果将来油价上涨，那么，为补足购车价差所需的里程数还要相应增加。

以下哪项陈述最准确地指出了以上论证的缺陷？

A. 论据与结论是互相矛盾的。

B. 论据不能充分地支持其结论。

C. 论证没有考虑将来油价下调这种可能性。

D. 论证使用了未经证实的假设作论据。

E. 所引用的数据不准确。

【解析】　答案是 A。

题干推出的正确结论应是：如果将来油价上涨，那么，为补足购车价差所需的里程数会相应减少。

五、不当两不可

同时肯定两个互相矛盾或互相反对的命题，称为"自相矛盾"；同时否定两个互相矛盾的命题，称为"不当两不可"。

【例 4-119】　这次预测只是一次例行的科学预测。这样的预测我们以前做过多次，既不能算成功，也不能算不成功。

以上陈述中的不当，也存在于以下哪项中？

A. 在即将举行的大学生辩论赛中，我不认为我校代表队一定能进入前四名，我也不认为我校代表队可能进不了前四名。

B. 这次关于物价问题的社会调查结果，既不能说完全反映了民意，也不能说一点也没有反映民意。

C. 这次考前辅导，既能不说完全成功，也不能说彻底失败。

D. 人有特异功能，既不是被事实证明的科学结论，也不是纯属欺诈的伪科学结论。

E. 堪称中国千古一帝的，既不是秦始皇，也不是汉武帝。

【解析】　题干和 A 项的不当都在于对两个互相矛盾的命题同时否定，即不当两不可。其余各项同时否定的两个命题并不互相矛盾，因此并无逻辑不当。例如 D 项，"特异功能是被事实证明的科学结论"，和"特异功能是纯属欺诈的伪科学结论"这两个命题并不互相矛盾，可以都不成立，同时否定并无不当。答案是 A。

六、非黑即白

在两个互相反对但不互相矛盾的断定中，要求必须做一选择，这样的谬误，称为"非黑即白"。如果 A 和 B 是矛盾关系，"非 A 即 B"则成立；否则"非 A 即 B"不成立。

【例 4-120】　你主张为了发展可以牺牲环境，还是主张宁可不发展也不能破坏环境？

上述提问中的不当也存在于以下各项中，除了：

A. 你要计划经济的低速度，还是市场经济的高速度？

B. 你认为"9·11"恐怖袭击必然发生，还是认为有可能避免？

C. 你认为中国队必然夺冠，还是不可能夺冠？

D. 你认为人都自私，还是人都不自私？

E. 在《三国演义》中，你认为人物刻画得最成功的是曹操还是诸葛亮？

【解析】　题干与 A、C、D、E 项的不当，都是在两个并不互相矛盾的断定中，要求必须做一选择。B 项并无此种不当，因为必然发生和有可能避免互相矛盾，要求从中做一选择并无不当。答案是 B。

【例 4-121】　记者："您是央视《百家讲坛》最受欢迎的演讲者之一，人们称您为国学大师、学术超男，对这两个称呼，您更喜欢哪一个？"

教授："我不是国学大师，也不是学术超男，只是一个文化传播者。"

教授在回答记者的问题时使用了以下哪项陈述所表达的策略？

A. 将一个多重问题拆成单一问题，分而答之。

B. 摆脱非此即彼的困境而选择另一种恰当的回答。

C. 通过重述问题的预设来回避对问题的回答。

D. 通过回答另一个有趣的问题而答非所问。

E. 基于一个一般性原理来阐述一个具体的结论。

【解析】　记者的提问方式是假设非此即彼，针对这种非黑即白的谬误，教授选择另一种恰当的回答。答案是 B。

七、诉诸无知

把缺乏证据证明某种情况存在，当作证明某种情况不存在的证据，此种谬误，称为"诉诸无知"。

【例 4-122】　学生上完体育课后会到教室，有 15 人喝了饮水机里的纯净水，其中 5 人很快产生了腹泻。饮水机里的纯净水马上被送去检验，检验的结果不能肯定其中有造成腹泻的有害物质。因此，喝了饮水机里的纯净水不是造成腹泻的原因。

如果上述检验结果是正确的，则以下哪项对上述论证的评价最为恰当？

A. 题干的论证是成立的。

B. 题干的论证有漏洞，因为它没有考虑到另一个事实：那些没有喝饮水机里的纯净水的人没有造成腹泻。

C. 题干的论证有漏洞，因为它把缺少证据证明某种情况存在，当作有充分证据证明某种情况不存在。

D. 题干的论证有漏洞，因为它没有利用一个有力的论据：为什么有更多人喝了饮水机里的纯净水没有造成腹泻。

E. 题干的论证有漏洞，因为它忽视了一个结果可以由多种原因造成。

【解析】　题干论证中的谬误：诉诸无知。答案是 C。

【例 4-123】　（第 1、2 题基于以下题干）

陈教授：中世纪初欧洲与东亚之间没有贸易往来，因为在现存的档案中找不到这方面的任何文字记录。

李研究员：您的论证与这样一个论证类似：传说中的喜马拉雅雪人是不存在的，因为从来没有人作证亲眼看到过这种雪人。这一论证的问题在于：有人看到雪人当然能证明雪人存在，但没人看到不能证明雪人不存在。

1. 以下哪项最为准确地概括了李研究员所要表达的结论？

A. 断定中世纪初欧洲与东亚之间存在贸易往来，和断定存在喜马拉雅雪人一样，缺少科学的证据。

B. 尽管缺少可靠的文字记录，但中世纪初欧洲与东亚之间非常可能存在贸易往来。

C. 不同内容的论证之间存在可比性。

D. 不能简单地根据缺乏某种证据证明中世纪初欧洲与东亚之间有贸易往来，就说这种贸易往来不存在。

E. 证明事物不存在要比证明它存在困难得多。

【解析】　陈教授的论证中的逻辑漏洞是，把缺乏证据证明某种情况存在，当作证明此种情况不存在的证据。李研究员正确地指出了这一点。D 项准确地概括了李研究员所要表达的结论。答案是 D。

2. 以下哪项如果为真，最能反驳李研究员的论证？

A. 中世纪初欧洲与东亚之间存在贸易往来的证据，应该主要依赖考古发现，而不是依赖文字档案。

B. 虽然东亚保存的中世纪初文档中有关于贸易的纪录，但这一时期的欧洲文档却几乎没有关于贸易的记录。

C. 有文字档案记载，中世纪初欧洲与南亚和北非之间存在贸易往来。

D. 中世纪初欧洲的海外贸易主要依赖海洋运输。

E. 欧洲与东亚现存的中世纪初文档中没有当时两个地区贸易的记录，如果有这种贸易往来，不大可能不留记录。

【解析】　E 项断定，如果贸易往来，则很可能会留记录。由此可得：如果不留记录，则很可能没有贸易往来。因此，E 项有力地反驳了李研究员的论证。答案是 E。

【例 4-124】　居民苏女士在菜市场看到某摊位出售的鹌鹑蛋色泽新鲜、形态圆润，且价格便宜，于是买了一箱。回家后发现有些鹌鹑蛋打不破，甚至丢在地上也摔不坏，再细闻已经打破的鹌鹑蛋，有一股刺鼻的消毒液味道。她投诉至菜市场管理部门，结果一位工作人员声称鹌鹑蛋目前还没有国家质量标准，无法判定它有质量问题，所以他坚持这箱鹌鹑蛋没有质量问题。

以下哪项与该工作人员作出结论的方式最为相似？

A. 不能证明宇宙是没有边际的，所以宇宙是有边际的。

B. "驴友论坛"还没有论坛规范，所以管理人员无权删除帖子。

C. 小偷在逃跑途中跳入两米深的河中，事主认为没有责任，因此不予施救。

D. 并非外星人不存在，所以外星人存在。

E. 慈善晚会上的假唱行为不属于商业管理范围，因此相关部门无法对此进行处罚。

【解析】　题干和 A 的谬误都是"诉诸无知"。答案是 A。

八、以偏概全

前面已经指出，不同于演绎和完全归纳，不完全归纳是一种或然性推理，要提高结论的可靠性，必须遵循以下要求：

● 第一，每一前提必须真实。

● 第二，前提的数量要足够多。

● 第三，前提所断定的事实要具有足够的代表性。

在不完全归纳时，如果仅依据少数的、不具有代表性的事实，就得出一般性的结论，此种逻辑谬误称为"以偏概全"，也称"轻率概括"。

【例4-125】　雇员和公司的关系是一种双向选择的关系：公司在挑选雇员，雇员也在挑选公司。张海涛到泰安公司上班的第一天，就为公司职工自由散漫的表现所震惊，张海涛由此得出结论：这是一个管理失效的公司，员工都缺乏基本的职业训练。

以下哪项为真，最能削弱上述结论？

A. 当领导不在时，公司的员工会表现出自由散漫。

B. 泰安公司的员工超过2万，遍布该省十多个城市。

C. 张海涛大学刚毕业就到泰安公司，对校门外的生活不适应。

D. 张海涛对泰安公司的规章制度并不了解。

E. 张海涛在学期间是个遵守纪律的好学生。

【解析】　如果B项为真，说明题干中张海涛以偏概全。答案是B。

【例4-126】　周清打算请一个钟点工，于是上周末她来到惠明家政公司，但公司工作人员粗鲁的接待方式使她得出结论：这家公司的员工缺乏教养，不适合家政服务。

以下哪项如果为真，最能削弱上述论证？

A. 惠明家政公司员工通过有个性的服务展现其与众不同之处。

B. 惠明家政公司员工有近千人，绝大多数为外勤人员。

C. 周清是一个爱挑剔的人，她习惯于否定他人。

D. 教养对家政公司而言并不是最主要的。

E. 周清对家政公司员工的态度既傲慢又无礼。

【解析】　B项如果为真，说明周清的论证以偏概全。答案是B。

九、不当类比

除了归纳外，类比也是一种重要的或然性推理。类比推理是根据事物A具有某种属性，推出事物B也具有此种属性。为使此种推理可靠，进行类比的事物必须具有某种相关的共同本质性规定。如果此种本质性规定不一致，所作的类比称为"不当类比"。

【例4-127】　毫无疑问，未成年人吸烟应该加以禁止。但是，我们不能为了防止给未成年人吸烟以可乘之机，就明令禁止自动售烟机的使用。马路上不是到处有避孕套自动销售机吗？为什么不担心有人从中买了避孕套去嫖娼呢？

以下哪项如果为真，最能削弱题干的论证？

A. 嫖娼是触犯法律的，但未成年人吸烟并不触犯法律。

B. 公众场合是否适合置放避孕套自动销售机，一直是一个有争议的问题。

C. 人工售烟营业点明令禁止向未成年人售烟。

D. 据统计，近年来未成年吸烟者的比例有所上升。

E. 和饮料自动销售机相比，自动售烟机并不多见。

【解析】　如果 C 项为真，说明题干进行类比的两类现象中，存在一个实质性的区别。由于人工售烟营业点明令禁止向未成年人售烟，因此，自动售烟机就成了未成年人取得香烟的重要渠道，而避孕套自动销售机对于嫖娼者来说，是可有可无的。这就有力地削弱了题干的论证。答案是 C。

题干在两种自动销售机之间所作的类比，就是一种不当类比。

【例 4-128】　某中学发现有学生课余用扑克玩带有赌博性质的游戏，因此规定学生不得带扑克进入学校。不过即使是硬币，也可以用作赌具，但禁止学生带硬币进入学校是不可思议的。因此，禁止学生带扑克进学校是荒谬的。

以下哪项如果为真，最能削弱上述论证？

A. 禁止带扑克进学校不能阻止学生在校外赌博。

B. 硬币作为赌具远不如扑克方便。

C. 很难查明学生是否带扑克进学校。

D. 赌博不但败坏校风，而且影响学生学习成绩。

E. 有的学生玩扑克不涉及赌博。

【解析】　如果 B 项为真，说明硬币虽然也能作赌具，但远不如扑克方便。因此，不能因为禁止学生带硬币进校以杜绝赌博行不通，就得出结论：禁止学生带扑克进校以杜绝赌博也不合理。这就有力地削弱了题干的论证。答案是 B。

题干的论证方法是类比。题干类比的对象是扑克和硬币，相关属性是用作赌具。B 项如果为真，说明这两个类比对象的相关属性存在实质性差异。因此，这是一种不当类比。

十、集合体误用

前面已经指出，类的性质必然为组成类的每个分子所具有，但集合体具有的性质不必然为组成集合体的每个个体所具有。根据集合体具有或不具有某种性质，不当地断定组成集合体的个体也同样具有或不具有此种性质，这种谬误，称为集合体误用。

【例 4-129】　有五名日本侵华时期被抓到日本的原中国劳工起诉日本一家公司，要求赔偿损失。2007 年日本最高法院在终审判决中声称，根据《中日联合声明》，中国人的个人索赔权已被放弃，因此驳回中国劳工的诉讼请求。查 1972 年签署的《中日联合声明》是这样写的："中华人民共和国政府宣布：为了中日人民的友好，放弃对日本国的战争赔偿要求。"

以下哪一项与日本最高法院的论证方法相同？

A. 王英会说英语，王英是中国人，所以，中国人会说英语。

B. 教育部规定，高校不得从事股票投资，所以，北京大学的张教授不能购买股票。

C. 中国奥委会是国际奥委会的成员，Y 先生是中国奥委会的委员，所以，Y 先生是国际奥委会的委员。

D. 我校运动会是全校的运动会，奥运会是全世界的运动会；我校学生都必须参加校运会开幕式，所以，全世界的人都必须参加奥运会开幕式。

E. 自然资源是人类共同的财富。因此，任何一个国度对自然资源的滥用，都是对全人类的犯罪。

【解析】　题干日本最高法院的论证方式及其谬误是：根据一个整体（集合体）不具有某种属性，不当地推断组成集合体的个体也不具有此种属性。B 项的论证与题干类似。C 项根据一个整体（集合体）具有某种属性，推出组成集合体的个体也具有此种属性，存在的谬误与题干相同，但形式略有差别。

题干和 B、C 项中的谬误，就是集合体误用。答案是 B。

要注意集合体误用的另一种形式。

【例 4-130】　舞蹈学院的张教授批评本市芭蕾舞团最近的演出没能充分表现古典芭蕾舞的特色。他的同事林教授认为这一批评是个人偏见。作为芭蕾舞技巧专家，林教授考察过芭蕾舞团的表演者，结论是每一位表演者都拥有足够的技巧和才能来表现古典芭蕾舞的特色。

以下哪项最为恰当地概括了林教授反驳中的漏洞？

A. 他对张教授的评论风格进行攻击而不是对其观点加以批驳。

B. 他无视张教授的批评意见与实际情况是相符的。

C. 他仅从维护自己的权威地位的角度加以反驳。

D. 他依据一个特殊的事例轻率概括出一个普遍结论。

E. 他不当地假设，如果一个团体每个成员具有某种特征，那么这个团体总能体现这种特征。

【解析】　林教授的反驳，实际上根据每一位表演者拥有足够的技巧和才能来表现古典芭蕾舞的特色，就得出结论：芭蕾舞团的演出总体上也能充分表现古典芭蕾舞的特色。这显然是不当假设，如果一个团体每个成员具有某种特征，那么这个团体就总能体现这种特征。答案是 E。

根据个体都具有某种属性，得出由个体组成的集合体也一定具有此种属性，这是集合体误用的另一种形式。

轻率概括（以偏概全）涉及的是类与分子的关系，集合体误用涉及的是集合体与个体的关系。这是两种不同的关系。

【例 4-131】　公达律师事务所以为刑事案件的被告进行有效辩护而著称，成功率达

90％以上。老余是一位以专门为离婚案件的当事人成功辩护而著称的律师。因此，老余不可能是公达律师事务所的成员。

以下哪项最为确切地指出了以上论证的漏洞？

A. 公达律师事务所具有的特征，其成员不一定具有。

B. 没有确切指出老余为离婚案件的当事人辩护的成功率。

C. 没有确切指出老余为刑事案件的当事人辩护的成功率。

D. 没有提供公达律师事务所统计数据的来源。

E. 老余具有的特征，其所在工作单位不一定具有。

【解析】　　上述论证根据公达律师事务所具有某种特征老余不具有，推断老余不是公达律师事务的成员。这一论证的漏洞是集合体误用。A 项正确地指出了这一点。答案是 A。

十一、强置因果

原因与结果具有空间共存性和时间先后性。但具有空间共存性与时间先后性的事物之间不一定有因果联系。仅仅根据空间上共存或时间上先行后续，就确定存在因果关系，这种谬误，称为"强置因果"。

【例 4-132】　　自 1997 年以来，香港陷入比较严重的经济衰退；就在这一年，香港开始实行"一国两制"。有人声称：是"一国两制"造成了香港的经济衰退。

以下哪一个问题对于反驳上述推理最为相关？

A. 两件事情同时发生或相继发生，就能确定它们之间有因果关系吗？

B. 为什么台湾地区、新加坡、韩国、美国在此期间也发生经济衰退？

C. 为什么中国大陆的经济欣欣向荣？

D. 为什么以前管制香港的英国在此期间的经济状况也很糟糕？

E. 为什么历史上香港也出现过严重的经济衰退？

【解析】　　题干在两个事物现象之间建立因果联系，根据仅仅是它们同时发生或相继发生。这种"以先后为因果"，是一种强置因果。A 项的问题抓住了这一点。答案是 A。

【例 4-133】　　小陈经常因驾驶汽车超速收到交管局寄来的罚单。他调查发现同事中开小排量汽车的超速的可能性低得多。为此，他决定将自己驾驶的大排量汽车卖掉，换购一辆小排量汽车，以此降低超速驾驶的可能性。

小陈的论证推理最容易受到以下哪项的批评？

A. 仅仅依据现象间有联系就推断出有因果关系。

B. 依据一个过于狭隘的范例得出一般结论。

C. 将获得结论的充分条件当作必要条件。

D. 将获得结论的必要条件当作充分条件。

E. 进行了一个不太可信的调查研究。

【解析】　小陈的论证推理是：根据汽车排量小和少超速这两个现象并存（统计相关），断定二者因果相关。仅仅根据两个现象并存（统计相关），就断定因果相关，这是一种谬误，称为"强置因果"。题干中小陈的论证"强置因果"，A项正确地指明了这一点。答案是A。

十二、倒置因果

【例 4-134】　近来的一项研究表明：那些在舒适工作环境里工作的人比在不舒适工作环境里工作的人生产效率高25%。这表明：日益改善的工作环境可以提高员工的生产率。

以下哪项如果为真，则最能削弱以上结论？

A. 平均来说，生产率低的员工每天在工作场所的时间比生产率高的员工要少。

B. 舒适的环境比不舒适的环境更能激励员工努力工作。

C. 生产率高的员工通常得到舒适的办公场所作为酬劳。

D. 生产率高的员工不会比生产率低的员工认识错误的时间长。

E. 大多数企业都把改善工作环境作为提高劳动生产率的重要措施。

【解析】　C项如果为真，说明题干的论证存在因果倒置的谬误。答案是C。

【例 4-135】　有医学研究显示，行为痴呆症患者大脑组织中往往含有过量的铝。同时有化学研究表明，一种硅化合物可以吸收铝。陈医生据此认为，可以用这种硅化合物治疗行为痴呆症。

以下哪项是陈医生最可能依赖的假设？

A. 行为痴呆症患者大脑组织的含铝量通常过高，但具体数量不会变化。

B. 该硅化合物在吸收铝的过程中不会产生副作用。

C. 用来吸收铝的硅化合物的具体数量与行为痴呆症患者的年龄有关。

D. 过量的铝是导致行为痴呆症的原因，患者脑组织中的铝不是痴呆症引起的结果。

E. 行为痴呆症患者脑组织中的铝含量与病情的严重程度有关。

【解析】　痴呆和患者大脑铝含量高两个现象共存，如果存在因果关系，有两种可能：前者是后者的原因，或后者是前者的原因。陈医生的论证显然假设：后者是前者的原因，前者是后者的结果。答案是D。

【例 4-136】　一般认为，出生地间隔较远的夫妻所生子女的智商较高。有资料显示，夫妻均是本地人，其所生子女的平均智商为102.45；夫妻是省内异地的，其所生子女的平均智商为106.17；而隔省婚配的，其所生子女的智商则高达109.35。因此，异地通婚可提高下一代智商水平。

以下哪项如果为真，最能削弱上述结论？

A. 统计孩子平均智商的样本数量不够多。

B. 不难发现，一些天才儿童的父母均是本地人。

C. 不难发现，一些低智商儿童的父母的出生地间隔较远。

D. 能够异地通婚者是智商比较高的，他们自身的高智商促成了异地通婚。

E. 一些情况下，夫妻双方出生地间隔很远，但他们的基因可能接近。

【解析】　题干断定异地通婚是高智商的原因，如果 D 项为真，说明题干的论证倒置因果。答案是 D。

注意（见图 4-21）：

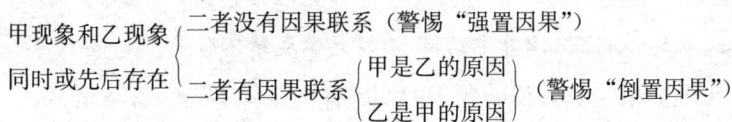

图 4-21

【例 4-137】　研究表明，很少服用抗生素的人比经常服用抗生素的人有更强的免疫力，这说明，服用抗生素可能降低人的免疫力。然而事实上，服用抗生素不会削弱免疫力。

以下哪项如果为真，最能解释题干中似乎存在的矛盾？

A. 抗生素药物对于治疗病毒引起的疾病没有疗效。

B. 抗生素药物的价格比较贵，病人只在病重时才服用抗生素药物。

C. 尽管抗生素会产生许多副作用，有些人依然不断使用这类药。

D. 有些免疫力差的人一生都没有服用过抗生素药物。

E. 免疫力强的人很少感染上人们通常需要用抗生素进行治疗的疾病。

【解析】　E 项如果为真，则有利于说明，在人免疫力强弱和服用抗生素多少之间，前者是原因，后者是结果。因此，题干根据"很少服用抗生素的人比经常服用抗生素的人有更强的免疫力"，得出结论"服用抗生素可能降低人的免疫力"，是倒置因果。这就解释了题干。

D 项无助于解释题干。

只有两条途径有助于解释题干：第一，有助于说明，很少服用抗生素而免疫力强的人，其免疫力强的原因，不在于很少服用抗生素；第二，有助于说明，经常服用抗生素而免疫力弱的人，其免疫力弱的原因，不在于经常服用抗生素。

E 项可通过第一条途径解释题干；D 项涉及免疫力弱的人，但这些人从未服用抗生素，因而不能通过第二条途径解释题干。答案是 E。

十三、样本不当

【例 4-138】　为了调查当前人们的识字水平，其实验者列举了 20 个词语，请 30 位文化人士识读，这些人的文化程度都在大专以上。识读结果显示，多数人只读对3~5个词语，极少数人读对15个以上，甚至有人全部读错。其中，"蹒跚"的辨识率最高，30人中有19人读对；"呱呱坠地"所有人都读错。20个词语的整体误读率接近80%。该实验者由此得出：当前人们的识字水平并没有提高，甚至有所下降。

以下哪项如果为真，最能对该实验者的结论构成质疑？

A. 实验者选取的20个词语不具有代表性。

B. 实验者选取的30位识读者均没有博士学位。

C. 实验者选取的20个词语在网络流行语言中不常用。

D. "呱呱坠地"这个词的读音有些大学老师也经常读错。

E. 实验者选取的30位识读者中约有50%大学成绩不佳。

【解析】 A项如果为真，说明题干的实验样本选择不当。答案是A。

【例4-139】 从20世纪80年代末到20世纪90年代初，在5年时间内中科院7个研究所和北京大学共有134名在职人员死亡。有人搜集这一数据后得出结论：中关村知识分子的平均死亡年龄为53.34岁，低于北京市1990年人均期望寿命73岁，比10年前调查的58.52岁也低了5.18岁。

下面哪一项最准确地指出了该统计推理谬误？

A. 实际情况是143名在职人员死亡，样本数据不可靠。

B. 样本规模过小，应加上中关村其他科研机构和大学在职人员死亡情况的资料。

C. 这相当于在调查大学生平均死亡年龄是22岁后，得出惊人结论：具有大学文化程度的人比其他人平均寿命少50多岁。

D. 该统计推理没有在中关村知识分子中间作类型区分。

E. 北京大学和中科院是知识分子压力最重的单位，对于中关村和知识分子的一般状况不具有代表性。

【解析】 题干的统计结论有关中关村知识分子的平均死亡年龄，但统计对象却是中科院研究所和北京大学的在职死亡人员。在知识分子的死亡人员中，在职人员显然年龄较轻。因此，知识分子在职人员的平均死亡年龄不能反映整个知识分子群体的平均死亡年龄。这种谬误称为统计样本不当。

C项所指出的谬误也是统计样本不当。答案是C。

E项也指出题干样本不当，但论证该样本不当的理由并不能说明题干逻辑漏洞的真正所在。

【例4-140】 最近一项对大学毕业生就业意向的抽样调查显示，相当高比例的受调查者把教师职业作为首选。这从一个角度说明，和10年前相比，教师的地位有了显著的提高。

以下哪项如果为真，最能削弱以上论证？

A. 首选教师职业的受调查者中，只有很少的人愿意到贫困山区任教。

B. 上述受调查者中，大多数是师范院校的毕业生。

C. 教师的工资待遇不如公务员。

D. 我国有尊师的文化传统。

E. 上述调查由教育部和民政部联合策划与实施。

【解析】　B项如果为真，说明题干的抽样调查样本不当。答案是 B。

【例 4-141】　中国多所高校在多伦多、纽约、波士顿、旧金山召开了四场人才招聘会，针对出席招聘会的中国留学生所做的问卷调查显示：67％的人希望回国工作，33％的人会认真考虑回国的选择。可见，在美国工作对中国留学生已失去了吸引力，人心思归已蔚然成风。

以下哪一项陈述准确地指出了上述论证的缺陷？

A. 参加问卷调查的中国留学生表达的未必是他们最好的愿望。

B. 如果北美的中国留学生回国找不到工作，那会让他们大失所望。

C. 67％和 33％加起来是 100％，这意味着希望留在北美工作的人为零。

D. 在北美的中国留学生中，那些不打算回国的人没有参加招聘会。

E. 多伦多不是美国城市。

【解析】　D项说明题干的抽样调查样本人群不当，与 E 项相比，更为准确地指出了题干论证存在的缺陷。答案是 D。

十四、循环论证

一个论证，如果其论据的真实性要依赖结论的真实性，这种谬误称为循环论证。循环论证，也称为窃取论题。

【例 4-142】　张珊：雄孔雀的羽毛主要是吸引雌孔雀的。但问题是：为什么拥有一身漂亮羽毛的雄孔雀能在求偶中具有竞争的优势呢？

李思：这不难解释。因为雌孔雀更愿意与拥有漂亮羽毛的雄孔雀为偶。

以下哪项陈述准确概括了李思应答中的错误？

A. 把属于人类的典型特征归属于动物。

B. 把所要解释的现象本身作为对这一现象的一种解释。

C. 基于少数个例得出一般性的结论。

D. 所使用的一个关键概念的含义未和问题中的保持一致。

E. 忽略了两个统计相关的现象之间不一定有因果关系。

【解析】　需要李思解释的是：为什么拥有一身漂亮羽毛的雄孔雀能在求偶中具有竞争的优势？这也就是需要解释：为什么雌孔雀更愿意与拥有漂亮羽毛的雄孔雀为偶？因此，李思应答中的漏洞是：把所要解释的现象本身作为对这一现象的一种解释。答案是 B。

【例 4-143】　宇宙是无限的。因为，如果宇宙是有限的，那么，这有限的宇宙外边又是什么呢？

以下哪项的论证方式，与题干的最为类似？

A. 鬼是存在的。因为，如果鬼不存在，这么多的鬼故事又是哪里来的呢？

B. 上帝是万能的造物主。因为，如果上帝不是万能的造物主，那么，这世间的万物又是哪里来的呢？

C. 人是靠心脏思考的。因为如果人不是靠心脏思考的，亚里士多德为什么会这么说呢？

D. 任何物质基本粒子都是有内部结构的。因为，如果有基本粒子小到没有内部结构，这不是违反"一分为二"的对立统一基本规律了吗？

E. 关于不明飞行物来自外层空间的说法纯属某些人的臆想。因为，如果不明飞行物确是来自外层空间，为什么至今无人能证实这一点呢？

【解析】　题干的结论是宇宙是无限的。论据是：如果宇宙是有限的，那么，这有限的宇宙外边又是什么呢？这一论据就是假设：宇宙是无限的。因此，这是循环论证。

选项 B 的结论是万物是上帝创造的。论据是：如果上帝不是万能的造物主，那么，这世间的万物又是哪里来的呢？这一论据就是假设：万物是上帝创造的。因此，这是循环论证。

选项 A 的结论是鬼是存在的。论据是：如果鬼不存在，这么多的鬼故事又是哪里来的呢？这一论据是假设：第一，存在大量鬼故事；第二，鬼故事的存在的原因是由于鬼存在。这些不等同于假设鬼是存在的。因此，不是循环论证。答案是 B。

十五、不当同一替代

【例 4-144】　李栋善于辩论，也喜欢诡辩。有一次他论证道："郑强知道数字 87654321，陈梅家的电话号码正好是 87654321，所以郑强知道陈梅家的电话号码。"

以下哪项与李栋论证中所犯的错误最为类似？

A. 中国人勤劳勇敢，李岚是中国人，所以李岚是勤劳勇敢的。

B. 金砖由原子组成，原子肉眼不可见，所以金砖肉眼不可见。

C. 黄兵相信晨星在早晨出现，而晨星其实就是暮星，所以黄兵相信暮星在早晨出现。

D. 张冉知道如果 1∶0 的比分保持到终场，他们的队伍就出线，现在张冉听到了比赛结束的哨声，所以张冉知道他们的队伍出线了。

E. 所有蚂蚁是动物，所以所有大蚂蚁是大动物。

【解析】　答案是 C。

题干李栋的论证存在的谬误是：（认知判断中）不当同一替代。

认知判断是指包含"相信""知道"这样的认知概念的判断。认知判断不同于事实判断。

在事实判断中，出现某个概念 A，又 A＝B，则在该断定中以 B 替代 A，则所得到的断定仍然成立。例如，"北京 2014 年元旦天晴"，又"北京＝中国的首都"，替代后"中国的首都 2014 年元旦天晴"仍然成立。

但在认知判断中这种概念同一替代不一定都成立。例如，小冰冰知道鲁迅是作家，又"鲁迅＝周树人"，由此不能替代推断"小冰冰知道周树人是作家"。这种推断中存在的谬误，就是不当同一替代。

在诸选项中，C 项是明显的不当同一替代。这是本题的考点。

A、B、E 项均存在谬误。A 和 E 项偷换概念；B 项为集合体误用。

十六、诉诸个人、诉诸众人、诉诸情感

【例 4-145】　（2019 年真题）作为一名环保爱好者，赵博士提倡低碳生活，积极宣传节能减排。但我不赞同他的做法，因为作为一名大学老师，他这样做，占用了大量的科研时间，到现在连副教授都没评上，他的观点怎么能令人信服呢？

以下哪项论证中的错误和上述最为相似？

A. 张某提出要同工同酬，主张在质量相同的情况下，不分年龄、级别一律按件计酬。她这样说不就是因为她年轻、级别低吗？其实她是在为自己谋利益。

B. 公司的绩效奖励制度是为了充分调动广大员工的积极性，它对所有员工都是公平的。如果有人对此有不同的意见则说明他反对公平。

C. 最近听说你对单位的管理制度提了不少意见，这真令人难以置信！单位领导对你差吗？你这样做，分明是和单位领导过不去。

D. 单位任命李某担任信息科科长，听说你对此有意见。大家都没有提意见，只有你一个人有意见，看来你的意见是有问题的。

E. 有一种观点认为，只有直接看到的事物才能确信其存在。但是没有人可以看到质子、电子，而这些都被科学证明是客观存在的。所以，该观点是错误的。

【解析】　答案是 A。

题干的结论是赵博士节能减排的观点不能令人信服，论据是他的某些个人情况。这一论证的错误在于，用以反驳某种观点的论据，是观点提出者的个人情况，而这些个人情况和其提出的观点是否成立不相干。这一非形式谬误称为"诉诸个人"。

A 项的结论是反对张某提出的同工同酬，论据是她年轻、级别低，同工同酬对她有利。张某的这一个人情况和她提出的主张是否成立不相干。题干的错误也类似地出现在 A 项中。

B 项的论据是：绩效奖励制度对所有员工都公平，其逻辑形式可概括为：绩效奖励制度→公平。结论是：不赞同绩效奖励制度就是反对公平，其逻辑形式可概括为：¬绩效奖励制度→¬公平，这是形式谬误（否前不能否后），和题干不同。排除。

C 项的论据是：领导对你不错。结论：你不能反对领导的意见。这一论证出现的非形式谬误，称为"诉诸情感"。排除。

D 项的论据是：大家对李某担任科长都没有意见。结论：你有意见是不对的。这一论证出现的非形式谬误，称为"诉诸众人"。排除。

E 项无误。排除。

十七、形式谬误

所谓形式谬误，主要指一个推理违反相应的规则。一个推理不合逻辑，它的推理形式就是一个形式谬误。形式谬误出现在演绎推理或演绎论证中。

【例 4-146】　有些便宜货不是假货，因此，有些假货不是便宜货。

以下哪项最能说明上述推理不成立？

A. 有些便宜货不是好货，因此，有些便宜货是好货。

B. 有些人不是坏人，因此，有些坏人不是人。

C. 所有商品都是有价值的，因此，所有有价值的都是商品。

D. 有些发明家是自学成才的，因此，有些自学成才者是发明家。

E. 没有宗教是科学，因此，没有科学是宗教。

【解析】　答案是 B。

B 是判定题干形式谬误的"反例"。

题干的推理形式是：

　　　有些 S 不是 P。所以，有些 P 不是 S。

这个推理形式错误。

反例判定是判定形式谬误的重要方法。通过反例可以证明一个推理（形式）无效。

证明一个推理无效的反例，必须具备两个条件：

第一，和所要证明的推理具有相同的形式；

第二，前提明显为真，结论明显为假。

【例 4-147】　有些"台独"分子论证说：凡属中华人民共和国政府管辖的都是中国人，台湾人现在不受中华人民共和国政府管辖，所以，台湾人不是中国人。

以下哪一个推理明显说明上述论证不成立？

A. 所有成功人士都要穿衣吃饭，我现在不是成功人士，所以，我不必穿衣吃饭。

B. 商品都有使用价值，空气当然有使用价值，所以，空气当然是商品。

C. 所有技术骨干都刻苦学习，小张是技术骨干，所以，小张是刻苦学习的人。

D. 犯罪行为都是违法行为，违法行为都应受到社会的谴责，所以，所有犯罪行为都应受到社会谴责。

E. 所有的克里特岛人都说谎，约翰是克里特岛人，所以，约翰说谎。

【解析】　答案是 A。

A 项与题干有相同的推理结构，并且明显前提真而结论假，是证明题干的推理无效的一个反例。

【例 4-148】　如果在鱼缸里装有电动通风器，鱼缸的水中就有适度的氧气。因此，由于张文的鱼缸中没有安装电动通风器，他的鱼缸的水中一定没有适度的氧气。没有适度的氧气，鱼就不能生存。因此，张文鱼缸中的鱼不能生存。

上述推理中存在的错误也类似地出现在以下哪项中？

A. 如果把明矾放进泡菜的卤水中，就能去掉泡菜中多余的水分。因此，由于余勇没有把明矾放进泡菜的卤水中，他腌制的泡菜一定有多余的水分。除非去掉多余的水分，否则泡菜就不能保持鲜脆。因此，余勇腌制的泡菜不能保持鲜脆。

B. 如果把胶质放进果酱，就能制成果冻。果酱中如果没有胶质成分，就不能制成果冻。因此，为了制成果冻，王宜必须在果酱中加入胶质成分。

C. 如果贮藏的土豆不接触乙烯，就不会发芽。甜菜不会散发乙烯。因此，如果方宁把土豆和甜菜一起贮藏，他的土豆就不会发芽。

D. 如果存放胡萝卜的地窖做好覆盖，胡萝卜就能在地窖安全过冬。否则，地窖里的胡萝卜就会被冻坏。因此，因为朱勇过冬前在胡萝卜地窖做好了覆盖，所以他的胡萝卜能安全过冬。

E. 如果西红柿不放入冰箱就可能腐烂，腐烂的西红柿不能食用。因此，因为陈波没有把西红柿放入冰箱，他的一些西红柿可能没法食用。

【解析】　题干的推理中存在一个错误推理式：如果 p，那么 q。因此，如果非 p，那么非 q。这一错误推理式也存在于 A 项中。答案是 A。

【例 4-149】　2010 年，卫生部推出新的乳液国家标准，将原奶蛋白质含量由原来的 2.95% 降至 2.8%。新标准不升反降，引发了一片质疑声。某业内人士解读说：如果我们的牛奶检测标准把蛋白质含量定得太高，奶农为了达标就会往奶里添加提高蛋白质检测含量的东西，如三聚氰胺；2008 年的三聚氰胺事件就说明原来的标准太高了。

以下哪项推理含有与该业内人士的推理相同的逻辑错误？

A. 真正的强者都不惧怕困难或挑战，赵涛害怕困难或挑战，说明赵涛不是真正的强者。

B. 仅当人们信任一个慈善机构时才会向该机构捐款，所以，得不到捐款的慈善机构一定是丧失了公众的信任。

C. 如果台风在海口登陆，飞往海口的航班就会被取消。现在飞海口的航班没有被取消，说明台风没有在海口登陆。

D. 要是铁路部门的管理存在漏洞，铁路运输就会出事故。"7·23"温州动车事故就说明铁路部门的管理存在漏洞。

【解析】　答案是 D。

题干的推理式是：

$$蛋白质含量定得过高 \rightarrow 出现不良添加剂$$

$$（2008 年）出现不良添加剂$$

所以，（2008 年）蛋白质含量定得过高

其推理形式为：

$$A \rightarrow B；B。因此，A。$$

这是一形式谬误。

D 的推理式是：

$$铁路部门的管理存在漏洞 \rightarrow 铁路运输就会出事故$$

$$"7·23"温州动车出现事故$$

所以，铁路部门的管理存在漏洞

D 项和题干的错误相同。

第五节　类　比

一、类比评价

【例 4-150】　国家教育部门策划了一项"全国重点院校排列名次"的评选活动。方法是，选择十项指标，包括对学生的思想政治教育、学校的硬件设施（校舍、图书馆等）、博士硕士点的数量、在国外发表论文的年数量、在国内出版发表的论著论文的年数量等。每项指标按实际质量或数量的高低，评以 1~10 分的某一分值，然后求得这十个分值的平均数，并根据其高低排出全国重点院校的名次。

以下各项都是对上述策划的可行性的一种质疑，除了：

A. 各项指标的重要性不一定都是均等的。

B. 有些指标的测定，例如学生的思想政治工作，是难以准确量化的。

C. 有些专业和学科之间存在不可比关系，例如：我国马克思主义哲学的论文，由于众所周知的原因，是很难在西方世界发表的。

D. 学校之间在硬件设施上的差异，有些是历史造成的，有些是国家投入的多寡造成的，不是该校自己的当前行为所造成的。

E. 出版或发表的论著论文数量较多，不一定质量就较高；反之，数量较少，不一定质量就较低。

【解析】　选项 D 不构成对题干策划的质疑，因为策划中的评比是就各高等院校的现状而言的，而不涉及形成这种现状的原因，该选项断定的是硬件设施差异的原因，偏离了题干策划的要求。

其余各项均能对题干构成质疑。例如，选项 A 断定各项指标的重要性不一定都是均等的，因此题干的策划以十个分值的平均数的高低来确定全国高等院校的名次，就是不可行的。答案是 D。

二、确定类比对象

【例 4-151】　一般人总会这样认为，既然人工智能这门新兴学科是以模拟人的思维为目标，那么，就应该深入地研究人思维的生理机制和心理机制。其实，这种看法很可能误导这门新兴学科。如果说，飞机发明的最早灵感是来自于鸟的飞行原理的话，那么，现代飞机从发明、设计、制造到不断改进，没有哪一项是基于对鸟的研究之上的。

上述议论，最可能把人工智能的研究，比作以下哪项？

A. 对鸟的飞行原理的研究。

B. 对鸟的飞行的模拟。

C. 对人思维的生理机制和心理机制的研究。

D. 飞机的设计、制造和改进。

E. 对人的灵感的研究。

【解析】　题干概括如下：

● 论据：飞机从发明、设计、制造到不断改进，不是基于对鸟的研究。

● 结论：人工智能的研究，不能基于对人思维的生理机制和心理机制的研究。

题干所作的类比分析是：飞机的发明、设计制造和改进并非基于对鸟的研究，因此，人工智能的研究也不应基于对人思维的生理和心理机制的研究。显然，这里，把对人思维的生理和心理机制的研究，比作对鸟的研究；把人工智能的研究，比作飞机的发明、设计制造和改进。答案是 D。

【例 4-152】　农科院最近研制了一高效杀虫剂，通过飞机喷洒，能够大面积地杀死农田中的害虫。这种杀虫剂的特殊配方虽然能保护鸟类免受其害，但却无法保护有益昆虫。因此，这种杀虫剂在杀死害虫的同时，也杀死了农田中的各种益虫。

以下哪项产品的特点，和题干中的杀虫剂最为类似？

A. 一种新型战斗机，它所装有的特殊电子仪器使得飞行员能对视野之外的目标发起有效攻击。这种电子仪器能区分客机和战斗机，但不能同样准确地区分不同的战斗机。因此，当它在对视野之外的目标发起有效攻击时，有可能误击友机。

B. 一种带有特殊回音强立体声效果的组合音响，它能使其主人在欣赏它的时候倍感兴奋和刺激，但往往同时使左邻右舍不得安宁。

C. 一部经典的中国文学名著，它真实地再现了中晚期中国封建社会的历史，但是，不同立场的读者从中得出不同的见解和结论。

D. 一种新投入市场的感冒药，它能迅速消除患者的感冒症状，但也会使服药者在一段时间中昏昏欲睡。

E. 一种新推出的电脑杀毒软件，它能随时监视并杀除入侵病毒，并在必要时会自动提醒使用者升级，但是，它同时减低了电脑的运行速度。

【解析】　题干中的杀虫剂的特点是能区分鸟类和昆虫，但不能区分昆虫中的益虫与害虫，因此，在杀死害虫时虽然高效，但同时也杀死了益虫。

A 项中的战斗机的特点是能区分客机和战斗机，但不能区分战斗机中的敌机与友机，因此，攻击敌机虽然有效，但也可能误击友机。这和题干中杀虫剂的特点类似。

其余各项产品都不具有类似于题干中杀虫剂的上述特点。

题干和 A 项的类比可对应如下：

$$\text{杀虫剂} \quad\text{——}\quad \text{战斗机}$$
$$\text{鸟类} \quad\text{——}\quad \text{客机}$$
$$\text{昆虫} \quad\text{——}\quad \text{战斗机}$$
$$\text{害虫} \quad\text{——}\quad \text{敌机}$$
$$\text{益虫} \quad\text{——}\quad \text{友机}$$

答案是 A。

【例 4-153】　西药抗菌素通常只有一种成分，而中药的抗菌药物有多种成分。因此，为克服细菌的抗药性，中药比西药更有效。一种细菌很容易对西药抗菌素产生抗药性，但很难对中药抗菌药产生抗药性，就如同饭店中的一个厨师，一道菜肴不难满足某个顾客，但很难满足所有顾客，即所谓一口味难调众口。

在上述类比中，西药抗菌素最可能比作以下哪项？

A. 某个顾客　　B. 所有顾客　　　C. 厨师

D. 一道菜肴　　E. 多道菜肴

【解析】　答案是 A。

题干所做的类比是：

一种 细菌 不难对 西药抗菌素 产生抗药性，但很难对 中药抗菌药 产生抗药性

一道 菜肴 不难满足 某个顾客 ，但很难满足 所有顾客

这里，显然是将"细菌"比作"菜肴"；"西药抗菌素"比作"某个顾客"；"中药抗菌药"比作"多个顾客"；"产生抗药性"比作"合乎口味"。

【例 4-154】　某人到医院求医，想切除右手多余的第六根歧指。手术后令他大吃一惊：他的拇指被切除了，而歧指仍保留着。

这一现象与下述哪项最为类似？

A. 某单位实施精兵简政，结果多余臃肿的机构没精简掉，反而多出了一个"精简办公室"。

B. 某地修建大型水库，不得不淹没了万顷良田。

C. 某地出台一项措施以控制物价，结果物价不但未能有效控制，反面导致需求和生产的萎缩。

D. 战国时代，燕国有一人到赵国邯郸去，看到赵国人走路的姿势很美，就跟着学起来，结果不但没有学好，连自己原来的走法也忘掉了，只好爬着回去。

E. 某研究生酷爱围棋，经常以棋会友，通宵达旦，结果荒废了学业，棋艺亦未成正果。

【解析】　题干所陈述的现象的典型特征是：该去除的没去除，不该去除的去除了。

A 项中，有"该去除的没去除"，但没有"不该去除的去除了"，因而不成立。

B 项中，所去除的并非是不该去除的，因而不成立。

D 和 E 项说的是该获得的没获得，不该去除的去除了，因而不成立。

C 项中有"不该去除的去除了"，也有"该去除的没去除"，因而成立。答案是 C。

三、结构和方法类比

注意两种推理形式的类比：一种基于所有、有的、是、不是；另一种基于非、且、或、则。这是两种不同的推理，前者称为词项推理，后者称为命题推理。

【例 4-155】　公司经理：我们招聘人才时最看重的是综合素质和能力，而不是分数。人才招聘中，高分低能者并不鲜见，我们显然不希望招到这样的"人才"。从你的成绩单可以看出，你的学业分数很高，因此我们有点怀疑你的能力和综合素质。

以下哪项和经理得出结论的方式最为类似？

A. 有些歌手是演员，所有的演员都很富有，所以有些歌手可能不是很富有。

B. 猫都爱吃鱼，没有猫患近视，所以吃鱼可以预防近视。

C. 闪光的物体并非都是金子，考古队挖到了闪闪发光的物体，所以考古队挖到的可能不是金子。

D. 人的一生中健康开心最重要，名利都是浮云，张立名利双收，所以很有可能张立并不开心。

E. 公司管理者并非都是聪明人，陈然不是公司管理者，所以陈然可能是聪明人。

【解析】　答案是 C。

题干的推理可整理概括为：

有些高分者不是人才；你高分。因此，你可能不是人才。

其结构为：

有些 A 不是 B。某物是 A，因此，某物可能不是 B。

诸选项中，C 项具有这一结构。

【例 4-156】　必须有超常业绩或者 30 年以上服务于本公司的工龄的雇员，才有资格获得 X 公司本年度的特殊津贴。黄先生获得了本年度的特殊津贴但在本公司仅供职 5 年，因此他一定有超常业绩。

以下哪项论证方式，和题干的最为类似？

A. 一个影视作品，要想有高票房，作品本身的质量和必要的包装宣传缺一不可。电影《青楼月》上映以来票房价值不佳但实际上质量堪称上乘。因此，看来它缺少必要的广告宣传和媒介炒作。

B. 法制的健全或者执政者强有力的社会控制能力，是维持一个国家社会稳定的必不可少的条件。Y 国社会稳定但法制尚不健全。因此，Y 国的执政者具有强有力的社会控制能力。

C. 如果既经营无方又铺张浪费，则一个企业将严重亏损。Z 公司虽经营无方但并没有严重亏损，这说明它至少没有铺张浪费。

D. 一个罪犯要实施犯罪，必须既有作案动机，又有作案时间，在某案中，W 先生有作案动机但无作案时间。因此，W 先生不是该案的作案者。

E. 如果一个论证成立，则它的论据真实，并且推理正确。J 女士在科学年会上关于她的发现之科学价值的论证尽管逻辑严密，推理无误，但还是被认定不能成立。因此，她的论证中至少有部分论据虚假。

【解析】　题干的论证形式是：

$$津贴 \rightarrow (业绩 \lor 工龄)$$

$$\underline{津贴 \land \neg 工龄}$$

$$因此，业绩$$

B 项的论证形式是：

$$稳定 \rightarrow (法制 \lor 人治)$$

$$\underline{稳定 \land \neg 法制}$$

$$因此，人治$$

显然，B 项和题干有相同的结构。

其余各项的结构都不同于题干。如 A 项的结构是：

$$票房→（质量∧包装）$$

$$\underline{¬票房∧质量}$$

$$因此，¬包装$$

显然和题干的结构不同。答案是 B。

解答此题的一个"扣"是：题干的第一个前提中出现的联结词是"或者"，在诸选项中，只有 B 项相应之处的联结词是"或者"，其余各项均是"并且"。

【例 4-157】 科学离不开测量，测量离不开长度单位。公里、米、分米、厘米等基本长度单位的确立完全是一种人为约定，因此，科学的结论完全是一种人的主观约定，谈不上客观的标准。

以下哪项与题干的论证最为类似？

A. 建立良好的社会保障体系离不开强大的综合国力，强大的综合国力离不开一流的国民教育。因此，要建立良好的社会保障体系，必须有一流的国民教育。

B. 做规模生意离不开做广告。做广告就要有大额资金投入。不是所有人都能有大额资金投入。因此，不是所有人都能做规模生意。

C. 游人允许坐公园的长椅。要坐公园长椅就要靠近它们。靠近长椅的一条路径要踩踏草地。因此，允许游人踩踏草地。

D. 具备扎实的舞蹈基本功必须经过长年不懈的艰苦训练。在春节晚会上演出的舞蹈演员必须具备扎实的基本功。长年不懈的艰苦训练是乏味的。因此，在春节晚会上演出是乏味的。

E. 家庭离不开爱情，爱情离不开信任。信任是建立在真诚基础上的，因此，对真诚的背离是家庭危机的开始。

【解析】 题干的论证结构是：甲离不开乙，乙离不开丙，丙具有某种性质，因此，甲也具有此种性质。A 项的论证具有此种结构。答案是 A。

【例 4-158】 一个国家要发展，最重要的是保持稳定。一旦失去稳定，经济的发展、政治的改革就失去了可行性。

上述议论的结构和以下哪项的结构最不类似？

A. 一个饭店，最重要的是让顾客感到饭菜好吃。价格的合理，服务的周到，环境的幽雅，只有在顾客吃得满意的情况下才有意义。

B. 一个人，最要紧的是不能穷。一旦没钱，有学问，有相貌，有品行，又能有什么用呢？

C. 高等院校，即使是研究型的高等院校，其首要任务是培养学生。这一任务完成得不好,校园再漂亮,设施再先进,发表的论文再多,也是没有意义的。

D. 对于文艺作品来说,最重要的是它的可读性、观赏性。只要有足够多的读者,高质量的文艺作品就一定能实现它的社会效益和经济效益。

E. 一个教授,最重要的是教好课。如果他上课只是应付,主要精力全在出书赴会之类,那么他的成就再高,也有愧于自己的称谓。

【解析】 题干的议论强调的是相关条件的必要性。在诸选项中,除了 D,强调的都是相关条件的必要性,只有 D 项强调的是充分性。答案是 D。

【例 4-159】 在印度发现了一群不平常的陨石,它们的构成元素表明,它们只可能来自水星、金星和火星。由于水星靠太阳最近,它的物质只可能被太阳吸引而不可能落到地球上;这些陨石也不可能来自金星,因为金星表面的任何物质都不可能摆脱它和太阳的引力而落到地球上。因此,这些陨石很可能是某次巨大的碰撞后从火星落到地球上的。

上述论证方式和以下哪项最为类似?

A. 这起谋杀或是劫杀,或是仇杀,或是情杀。但作案现场并无财物丢失;死者家庭和睦,夫妻恩爱,并无情人。因此,最大的可能是仇杀。

B. 如果张甲是作案者,那必有作案动机和作案时间。张甲确有作案动机,但没有作案时间。因此,张甲不可能是作案者。

C. 此次飞机失事的原因,或是人为破坏,或是设备故障,或是操作失误。被发现的黑匣子显示,事故原因确是设备故障。因此,可以排除人为破坏和操作失误。

D. 所有的自然数或是奇数,或是偶数。有的自然数不是奇数,因此,有的自然数是偶数。

E. 任一三角形或是直角三角形,或是钝角三角形,或是锐角三角形。这个三角形有两个内角之和小于 90 度。因此,这个三角形是钝角三角形。

【解析】 题干的论证形式是:

$$P 或者 Q 或者 R$$
$$P 不成立$$
$$Q 不成立$$
$$因此,R$$

A 项与题干具有相同的论证形式。

其余各项与题干的论证形式均不相同。例如,C 项的论证形式是:

$$P 或者 Q 或者 R$$
$$Q 成立$$
$$因此,P 和 R 都不成立$$

答案是 A。

【例 4-160】 学生：IQ 和 EQ 哪个更重要？您能否给我指点一下？

学长：你去书店问问工作人员关于 IQ 和 EQ 的书，哪类销得快，哪类就更重要。

以下哪项与题干中的问答方式最为相似？

A. 员工：我们正制订一个度假方案，你说是在本市好还是去外地好？

经理：现在年终了，各公司都在安排出去旅游，你去问问其他公司的同行，他们计划去哪里，我们就不去哪里，不凑热闹。

B. 平平：母亲节那天我准备给妈妈送一份礼物，你说是送花好还是巧克力好？

佳佳：你在母亲节前一天去花店看一下，看看买花的人多不多就行了嘛。

C. 顾客：我准备买一件毛衣，你看颜色是鲜艳一点好还是素一点好？

店员：这个需要结合自己的性格与穿衣习惯，各人可以有自己的选择与喜好。

D. 游客：我们前面有两条山路，走哪一条更好？

导游：你仔细看看，哪一条山路上车马的痕迹深我们就走哪一条。

E. 学生：我正在准备期末复习，是做教材上的练习重要还是理解教材内容重要？

老师：你去问问高年级得分高的同学，他们是否经常背书做练习。

【解析】 题干的方法是，根据受关注的程度，比较两个对象的等级。D 项的方法与题干最为类似。答案是 D。

【例 4-161】 所有重点大学的学生都是聪明的学生，有些聪明的学生喜欢逃学，小杨不喜欢逃学；所以，小杨不是重点大学的学生。

以下除哪项外，均与上述推理的形式类似？

A. 所有经济学家都懂经济学，有些懂经济学的爱投资企业，你不爱投资企业，所以，你不是经济学家。

B. 所有的鹅都吃青菜，有些吃青菜的也吃鱼，兔子不吃鱼，所以，兔子不是鹅。

C. 所有的人都是爱美的，有些爱美的还研究科学，亚里士多德不是普通人，所以，亚里士多德不研究科学。

D. 所有被高校录取的学生都是超过录取分数线的，有些超过录取分数线的是大龄考生，小张不是大龄考生，所以，小张没有被高校录取。

E. 所有想当外交官的都需要学外语，有些学外语的重视人际交往，小王不重视人际交往，所以，小王不想当外交官。

【解析】 题干的推理形式是：所有 A 都是 B，有些 B 是 C，某某不是 C。所以，某某不是 A。除 C 项外，其余各项的推理都具有类似的形式。答案是 C。

【例 4-162】 （2017 年真题）甲：己所不欲，勿施于人。

乙：我反对，己所欲，则施于人。

以下哪项与上述对话方式最为相似？

A. 甲：人非草木，孰能无情？

　　乙：我反对，草木无情，但人有情。

B. 甲：人无远虑，必有近忧。

　　乙：我反对，人有远虑，亦有近忧。

C. 甲：不入虎穴，焉得虎子。

　　乙：我反对，如得虎子，必入虎穴。

D. 甲：人不犯我，我不犯人。

　　乙：我反对，人若犯我，我就犯人。

E. 甲：不在其位，不谋其政。

　　乙：我反对，在其位，则行其政。

【解析】　题干的对话方式是：

甲：如果非 A，则非 B。

乙：我反对，如果 A，则 B。

D 项的方式与题干最为类似。

注意，E 项甲的"谋其政"，不同于乙的"行其政"。因此，E 项的方式不同于题干。

答案是 D。

【例 4-163】　（2017 年真题）赵默是一位优秀的企业家。因为如果一个人既拥有在国内外知名学府和研究机构工作的精力，又有担任项目负责人的管理经验，那么他就能成为一位优秀的企业家。

以下哪项与上述论证最为相似？

A. 李然是信息技术领域的杰出人才。因为如果一个人不具有前瞻性目光、国际化视野和创新思维，就不能成为信息技术领域的杰出人才。

B. 袁清是一位好作家。因为好作家都具有较强的观察能力、想象能力及表达能力。

C. 青年是企业发展的未来。因此，企业只有激发青年的青春力量，才能促其早日成才。

D. 人力资源是企业的核心资源。因为如果不开展各类文化活动，就不能提升员工岗位技能，也不能增强团队的凝聚力和战斗力。

E. 风云企业具有凝聚力。因为如果一个企业能引导和帮助员工树立目标、提升能力，就能使企业具有凝聚力。

【解析】　题干的结构是：

如果（A 并且 B）则 C

因此，C

E 项具有和题干最为类似的结构。其余选项均不同。

答案是 E。

【例 4-164】 （2017 年真题）甲：只有加强知识产权保护，才能推动科技创新。

乙：我不同意。过分强化知识产权保护，肯定不能推动科技创新。

以下哪项与上述反驳方式最为类似？

A. 妻子：孩子只有刻苦学习，才能取得好成绩。

丈夫：也不尽然。学习光知道刻苦而不能思考，也不一定会取得好成绩。

B. 母亲：只有从小事做起，将来才有可能做成大事。

孩子：老妈你错了。如果我们每天只是做小事，将来肯定做不成大事。

C. 老板：只有给公司带来回报，公司才能给他带来回报。

员工：不对呀。我上月帮公司谈成一笔大业务，可是只得到 1‰ 的奖励。

D. 老师：只有读书，才能改变命运。

学生：我觉得不是这样。不读书，命运会有更大的改变。

E. 顾客：这件商品只有价格再便宜一些，才会有人买。

商人：不可能。这件商品如果价格再便宜一些，我就要去喝西北风了。

【解析】 题干的方式是：

甲：只有 A，才 B。

乙：我不同意。如果过分 A，则非 B。

B 项和题干最为类似。

答案是 B。

【例 4-165】 （2018 年真题）刀不磨要生锈，人不学要落后。所以，如果不想落后，就应该多磨刀。

以下哪项与上述论证方式最为相似？

A. 妆未梳成不见客，不到火候不揭锅。所以，如果揭了锅，就应该是到了火候。

B. 兵在精而不在多，将在谋而不在勇。所以，如果想获胜，就应该兵精将勇。

C. 马无夜草不肥，人无横财不富。所以，如果你想富，就应该让马多吃夜草。

D. 金无足赤，人无完人。所以，如果你想做完人，就应该有真金。

E. 有志不在年高，无志空活百岁。所以，如果你不想空活百岁，就应该立志。

【解析】 题干的两个前提和结论均为条件断定。结论的特点是，由否定一个前提的后件"落后"，来否定另一个前提的前件"刀不磨"。

C 项具有题干的上述特点，其结论由否定一个前提的后件"不富"，来否定另一个前提的前件"马无夜草"。

其余各项都不具有题干的上述特点。例如，E 项的结论由否定一个前提的后件"空活百岁"，来肯定而不是否定另一个前提的前件"有志"。

答案是 C。

【例4-166】 （2018年真题）甲：读书最重要的目的是增长知识、开拓视野。

乙：你只见其一，不见其二。读书最重要的是陶冶性情、提升境界。没有陶冶性情、提升境界，就不能达到读书的真正目的。

以下哪项与上述反驳方式最为相似？

A. 甲：文学创作最重要的是阅读优秀文学作品。

　　乙：你只见现象，不见本质。文学创作最重要的是观察生活、体验生活。任何优秀的文学作品都来源于火热的社会生活。

B. 甲：做人最重要的是要讲信用。

　　乙：你说的不全面。做人最重要的是要遵纪守法。如果不遵纪守法，就没法讲信用。

C. 甲：作为一部优秀的电视剧，最重要的是能得到广大观众的喜爱。

　　乙：你只见其表，不见其里。作为一部优秀的电视剧最重要的是具有深刻寓意与艺术魅力。没有深刻寓意与艺术魅力，就不能成为优秀的电视剧。

D. 甲：科学研究最重要的是研究内容的创新。

　　乙：你只见内容，不见方法。科学研究最重要的是研究方法的创新。只有实现研究方法的创新，才能真正实现研究内容的创新。

E. 甲：一年中最重要的季节是收获的秋天。

　　乙：你只看结果，不看原因。一年中最重要的季节是播种的春天。没有春天的播种，哪来秋天的收获？

【解析】 题干的结构是：

甲：对于A，最重要的是B。

乙：对于A，最重要的是C。没有C，就没有A。

C项和题干具有相同的结构。

其余选项和题干的结构不同。

A项的结构是：

甲：对于A，最重要的是B。

乙：对于A，最重要的是C。任何D都源于C。

注意："文学创作"和"优秀的文学作品"不是同一概念。

B项、D项和E项的结构都是：

甲：对于A，最重要的是B。

乙：对于A，最重要的是C。没有C，就没有B。

答案是C。

【例4-167】 （2018年真题）甲：知难行易，知然后行。

乙：不对。知易行难，行然后知。

以下哪项与上述对话方式最为相似？

A. 甲：知人者智，自知者明。

　　乙：不对。知人不易，知己更难。

B. 甲：不破不立，先破后立。

　　乙：不对。不立不破，先立后破。

C. 甲：想想容易做起来难，做比想更重要。

　　乙：不对。想到就能做到，想比做更重要。

D. 甲：批评他人易，批评自己难；先批评他人，后批评自己。

　　乙：不对。批评自己易，批评他人难；先批评自己，后批评他人。

E. 甲：做人难做事易，先做人再做事。

　　乙：不对。做人易做事难，先做事再做人。

【解析】　题干对话，涉及两个要点：第一，何者为难，何者为易；第二，何者在先，何者在后。甲、乙双方都认为先难后易，分歧在于何难何易。

A 项和 C 项未涉及何者在先，何者在后；B 项未涉及何者为难，何者为易；D 项和 E 项两个要点都涉及，但题干甲、乙两人都认为难在前，易在后，而 D 项两人都认为易在前，难在后，不同于题干。只有 E 项同题干。

答案是 E。

四、谬误类比

【例 4-168】　世间万物中，人是第一宝贵的。我是人，所以，我是世间万物中第一宝贵的。

这个推理中的逻辑错误，和以下哪项中出现的最为类似？

A. 作案者都有作案动机，某甲有作案动机，所以某甲一定是作案者。

B. 各级干部都要遵纪守法，我不是干部，所以我不要遵纪守法。

C. 鲁迅的小说不是一天能读完的，《狂人日记》是鲁迅的小说，所以《狂人日记》不是一天能读完的。

D. 人贵有自知之明，你没有自知之明，因此，你算不得是一个真正的人。

E. 有人不是贪官。因此，有贪官不是人。

【解析】　题干的谬误是"偷换概念"。诸选项中，只有 C 项中出现同样的错误。答案是 C。

【例 4-169】　使用枪支的犯罪比其他类型的犯罪更容易导致命案。但是，大多数使用枪支的犯罪并没有导致命案。因此，没有必要在刑法中把非法使用枪支作为一种严重刑事犯罪，同其他刑事犯罪区分开来。

上述论证中的逻辑漏洞，与以下哪项中出现的最为类似？

A. 肥胖者比体重正常的人更容易患心脏病。但是，肥胖者在我国人口中只占很小的比例。因此，在我国，医疗卫生界没有必要强调肥胖导致心脏病的风险。

B. 不检点的性行为比检点的性行为更容易感染艾滋病。但是，在有不检点性行为的人群中，感染艾滋病的只占很小的比例。因此，没有必要在防治艾滋病的宣传中，强调不检点性行为的危害。

C. 流行的看法是，吸烟比不吸烟更容易导致肺癌。但是，在有的国家，肺癌患者中有吸烟史的人所占的比例，并不高于总人口中有吸烟史的比例。因此，上述流行看法很可能是一种偏见。

D. 高收入者比低收入者更有能力享受生活。但是不乏高收入者宣称自己不幸福。因此，幸福生活的追求者不必关注收入的高低。

E. 高分考生比低分考生更有资格进入重点大学。但是，不少重点大学学生的实际水平不如某些非重点大学的学生。因此，目前的高考制度不是一种选拔人才的理想制度。

【解析】 题干的论证具有这样一个有漏洞的论证形式：甲比乙更易导致丙；大多数甲并没有导致丙。因此，没有必要区分甲和乙。诸选项中，只有B项具有此种论证形式。答案是B。

五、自涉和互涉

【例4-170】 统计数字表明，近年来，民用航空飞行的安全性有很大提高。例如，某国2008年每飞行100万次发生恶性事故的次数为0.2次，而1989年为1.4次。从这些年的统计数字来看，民用航空恶性事故发生率总体呈下降趋势。由此看出，乘飞机出行越来越安全。

以下哪项不能加强上述结论？

A. 近年来，飞机事故中"死里逃生"的概率比以前提高了。

B. 各大航空公司越来越注意对机组人员的安全培训。

C. 民用航空的空中交通控制系统更加完善。

D. 避免"机鸟互撞"的技术与措施日臻完善。

E. 虽然飞机坠毁很可怕，但从统计数字上讲，驾车仍然要危险得多。

【解析】 除E项外，其余各项都支持和加强题干的结论：乘飞机出行越来越安全。

题干涉及的是自涉比较，即比较以前、现在和将来飞机自身的安全性。E项涉及的互涉比较，即比较飞机和驾车的安全性，与题干的论证不相干。答案是E。

第六节 其 他

一、数字比例

【例 4-171】 （2018 年真题）中国是全球最大的卷烟生产国和消费国，但近年来政府通过出台禁烟令、提高卷烟消费税等一系列公共政策努力改变这一现象。一项权威调查数据显示，在 2014 年同比上升 2.4% 之后，中国卷烟消费量在 2015 年同比下降了 2.4%，这是 1995 年以来首次下降，尽管如此，2015 年中国卷烟消费量仍占全球的 45%，但这一下降对全球卷烟总消费量产生巨大影响，使其同比下降了 2.1%。

根据以上信息，可以得出以下哪项？

A. 2015 年发达国家卷烟消费量同比下降比率高于发展中国家。

B. 2015 年世界其他国家卷烟消费量同比下降比率低于中国。

C. 2015 年世界其他国家卷烟消费量同比下降比率高于中国。

D. 2015 年中国卷烟消费量大于 2013 年。

E. 2015 年中国卷烟消费量恰好等于 2013 年。

【解析】 题干断定，中国卷烟消费量在 2015 年同比下降了 2.4%，这一下降使全球卷烟总消费量同比下降了 2.1%，即 2015 年全球卷烟总消费量同比下降比率低于中国，由此可得出，2015 年世界其他国家卷烟消费量同比下降比率低于中国，否则，全球卷烟总消费量同比下降比率不会低于中国。

答案是 B。

【例 4-172】 一项对减肥成功者所作的一项调查显示，70% 的受调查者称服用东参减肥丸，30% 的称服用灵芝瘦身丹。25% 的被调查者称他们从不通过药物减肥。

以下哪项断定最有利于解释上述断定中看来存在的矛盾？

A. 30% 的服用灵芝瘦身丹的被调查者，包括在 70% 的服用东参减肥丸的被调查者中。

B. 一些被调查者服用上述两种减肥药。

C. 被调查者的人数超过 100 人。

D. 被调查者在整个减肥成功者中，只占很小的比例。

E. 减肥成功者在整个减肥者中只占很小的比例。

【解析】 答案是 B。

【例 4-173】 根据过去 10 年中所做的四项主要调查得出的结论是：以高于 85% 的同龄儿童的体重作为肥胖的标准，北京城区肥胖儿童的数量一直在持续上升。

基于以上断定可得出以下哪项结论？

A. 10 年来，北京城区儿童的运动量越来越少。

B. 10 年来，北京城区不肥胖儿童的数量也在持续上升。

C. 10 年来，北京城区不肥胖儿童的数量在持续减少。

D. 北京城区儿童发胖的可能性随其年龄的增长而变大。

E. 10 年来，北京城区肥胖儿童的比例在持续增长。

【解析】 按照题干关于肥胖的标准，肥胖儿童与不肥胖儿童的数量比是 15∶85。因此，根据 10 年来北京城区肥胖儿童的数量也在持续上升，显然可以推出结论：10 年来北京城区不肥胖儿童的数量也在持续上升。答案是 B。

该题的关键的肥胖标准，这种肥胖标准是不合常理的，容易干扰正确思考。

在解答数字比例型试题时，要注意弄清百分比的主体：谁的百分比？看下题。

【例 4-174】 锐进软件股份有限公司是一个由四个子公司，（即甲、乙、丙、丁）组成的总公司。在总公司的利润方案下，每个子公司承担的利润份额与每年该子公司员工占锐进软件股份有限公司总员工数的份额相等。但是去年该公司的财务报告却显示，甲公司在员工数量增加的同时向总公司上缴利润的比例却下降了。

如果以上陈述为真，财务报告还能够说明以下哪项？

A. 在四个子公司中，甲的员工数量最少。

B. 甲公司员工增长的比例比前一年小。

C. 乙、丙、丁公司员工增长的比例都超过了甲公司员工增长的比例。

D. 甲公司员工增长的比例至少比其他三个子公司中的一个小。

E. 甲公司员工的数量至少比其他三个子公司中的一个少。

【解析】 题干概括如下：

● 前提一：上缴利润比例＝员工比例。

● 前提二：甲公司上缴利润的比例下降。

● 前提三：甲公司员工数量增加。

由前提一和前提二，可推出：甲公司员工比例下降；由"甲公司员工比例下降"和前提三，可推出"甲公司员工增长的比例至少比其他三个子公司中的一个小"，否则，即如果甲公司员工增长的比例比其他三个子公司中都大，则甲公司员工占总员工数的比例不会下降。即 D 项能从题干推出。

C 项不能从题干推出。例如，乙、丙、丁公司只要有一个公司员工增长的比例足够大，即使其余两个公司的员工增长比例不超过甲公司，甲公司员工占总员工数的比例仍然可能下降。答案是 D。

【例 4-175】 某综合性大学理科学生多于文科学生，女生多于男生。

如果上述断定是真的，则以下哪项关于该大学学生的断定也一定是真的？

Ⅰ. 文科的女生多于文科的男生。

Ⅱ. 理科的男生多于文科的男生。

Ⅲ. 理科的女生多于文科的男生。

A. 只有Ⅰ和Ⅱ。　B. 只有Ⅲ。　C. 只有Ⅱ和Ⅲ。　D. Ⅰ、Ⅱ和Ⅲ。

E. Ⅰ、Ⅱ和Ⅲ都不一定是真的。

【解析】　Ⅰ和Ⅱ均不一定真。例如，假设全校学生 400 名，理科学生共 300 名且都是女生，文科学生共 100 名都是男生，则题干的条件成立，但Ⅰ和Ⅱ均不成立。

Ⅲ一定为真。

由理科生多于文科生，得：

$$（理科男生＋理科女生）＞（文科男生＋文科女生）\tag{1}$$

由女生多于男生，得：

$$（理科女生＋文科女生）＞（理科男生＋文科男生）\tag{2}$$

显然，由不等式（1）的左项减去不等式（2）的右项所得的差，大于由不等式（1）的右项减去不等式（2）的左项所得的差，得：

$$（理科女生－文科男生）＞（文科男生－理科女生）\tag{3}$$

由（3）式得：

$$理科女生\times 2＞文科男生\times 2$$

即：

$$理科女生＞文科男生\tag{4}$$

答案是 B。

【例 4-176】　A 地区与 B 地区相邻。如果基于耕种地和休耕地的总面积计算最近 12 年的平均亩产，A 地区是 B 地区的 120%；如果仅基于耕种地的面积，A 地区是 B 地区的 70%。

如果上述陈述为真，最可能推断出以下哪项？

A. A 地区生产的谷物比 B 地区多。

B. A 地区休耕地比 B 地区耕种地少。

C. A 地区少量休耕地是可利用的农田。

D. 耕种地占总农田的比例，A 地区比 B 地区高。

E. B 地区休耕地面积比 A 地区耕种地面积多。

【解析】　由题干，A 地区的耕地平均亩产比 B 地区低。如果耕种地占总农田的比例，A 地区不比 B 地区高，则基于耕种地和休耕地的总面积计算的平均亩产，A 地区不可能比 B 地区高。因此，如果题干真，则 D 项一定真。答案是 D。

【例 4-177】　通常认为左撇子比右撇子更容易出操作事故。这是一种误解。事实上，大多数家务事故，大到火灾、烫伤，小到切破手指，都出自右撇子。

以下哪项最为恰当地概括了上述论证中的漏洞？

A. 对两类没有实质性区别的对象作实质性的区分。

B. 在两类不具有可比性的对象之间进行类比。

C. 未考虑家务事故在整个操作事故中所占的比例。

D. 未考虑左撇子在所有人中所占的比例。

E. 忽视了这种可能性：一些家务事故是由多个人造成的。

【解析】　事实上，左撇子在所有人中所占的比例明显低于右撇子。因此，不能根据大多数家务事故都出自右撇子，就否定左撇子比右撇子容易出操作事故。D 项恰当地指出了题干的这一漏洞。答案是 D。

【例 4-178】　在 B 国一部汽车的购价是 A 国同类型汽车的 1.6 倍。尽管需要附加运输费用和关税，在 A 国购买汽车运到 B 国后的费用仍比在 B 国国内购买同类型的汽车便宜。

如果上述断定为真，最能加强以下哪项断定？

A. A 国的汽油价格是 B 国的 60％。

B. 从 A 国进口到 B 国的汽车数量是 B 国国内销售量的 1.6 倍。

C. B 国购买汽车的人是 A 国的 40％。

D. 从 A 国进口汽车到 B 国的运输费用高于在 A 国购买同类型汽车价钱的 60％。

E. 从 A 国进口汽车到 B 国的关税低于在 B 国购买同类型汽车价钱的 60％。

【解析】　E 项如果不成立，则在 A 国购买汽车运到 B 国后的费用不比在 B 国国内购买同类型的汽车便宜，即题干的断定不能成立。因此，如果题干为真，E 项一定成立。答案是 E。

【例 4-179】　2/3 的陪审员认为证人在被告作案时间、作案地点或作案动机上提供伪证。

以下哪项能作为结论从上述断定中推出？

A. 2/3 的陪审员认为证人在被告作案时间上提供伪证。

B. 2/3 的陪审员认为证人在被告作案地点上提供伪证。

C. 2/3 的陪审员认为证人在被告作案动机上提供伪证。

D. 在被告作案时间、作案地点或作案动机这三个问题中，至少有一个问题，2/3 的陪审员认为证人在这个问题上提供伪证。

E. 以上各项均不能从题干的断定推出。

【解析】　A、B、C、D 项均不能从题干推出。

例如，D 项不能从题干推出。如表 4-6 所示，考虑以下情况（不妨设只有三个陪审员，"√"表示"认为提供伪证"；"×"表示"不认为提供伪证"）：

表 4 - 6

	1号陪审员	2号陪审员	3号陪审员
作案时间	√	×	×
作案地点	√	×	×
作案动机	×	√	×

　　上表显示的情况是：2/3 的陪审员认为证人在被告作案时间、作案地点或作案动机上提供伪证，即题干成立；但在被告作案时间、作案地点或作案动机这三个问题中，每一个问题都只有 1/3 的陪审员认为证人在这个问题上提供伪证，即 D 项不成立。这说明 D 项不能从题干推出。答案是 E。

　　【例 4-180】　某国 H 省为农业大省，94％的面积为农村地区；H 省也是城市人口最集中的大省，70％的人口为城市居民。就城市人口占全省总人口的比例而言，H 省是全国最高的。

　　上述断定最能支持以下哪项结论？

　　A. H 省人口密度在全国所有省份中最高。

　　B. 全国没有其他省份比 H 省有如此少的地区用于城市居民居住。

　　C. 近年来，H 省的城市人口增长率明显高于农村人口增长率。

　　D. H 省农村人口占全省总人口的比例在全国是最低的。

　　E. H 省大部分土地都不适合城市居民居住。

　　【解析】　由题干，H 省城市人口占全省总人口 70％，因而农村人口占 30％。

　　如果 D 项不成立，则至少存在一个省，其农村人口的比例低于 30％，因而其城市人口的比例高于 70％。这样，题干关于 H 省城市人口比例全国最高的断定就不成立。

　　因此，如果题干成立，则 D 项成立。答案是 D。

　　【例 4-181】　某校以年级为单位，把学生的学习成绩分为优、良、中、差四等。在一学年中，各门考试总分前 10％的为优，后 30％的为差，其余的为良与中。在上一学年中，高二年级成绩为优的学生多于高一年级成绩为优的学生。

　　如果上述断定为真，则以下哪项一定为真？

　　A. 高二年级成绩为差的学生少于高一年级成绩为差的学生。

　　B. 高二年级成绩为差的学生多于高一年级成绩为差的学生。

　　C. 高二年级成绩为优的学生多于高一年级成绩为良的学生。

　　D. 高二年级成绩为优的学生少于高一年级成绩为良的学生。

　　E. 高二年级成绩为差的学生多于高一年级成绩为中的学生。

　　【解析】　由考试总分前 10％的为优，上学年高二年级成绩为优的学生多于高一年级成绩为优的学生，可得：高二年级学生的数量多于高一年级。又由条件，总分后 30％的为差，可得：高二年级成绩为差的学生多于高一年级成绩为差的学生。答案是 B。

【例 4-182】   饮酒驾车简称酒驾。在对酒驾的常规测试中，每 100 个未饮酒的被测试者中，平均有 5 个会被测定为酒驾；而每 100 个饮酒的被测试者，平均有 99 个被测定为酒驾。因此，可以有把握地说，被测定为酒驾的人中，绝大多数确实喝了酒。

以下哪项对上述论证的评价最为恰当？

A. 上述论证是正确的。

B. 上述论证有漏洞：忽略了酒驾者在所有驾车者中的比例。

C. 上述论证有漏洞：试图依据一个价值判断来推出一个事实判断。

D. 上述论证有漏洞：没有恰当指出严禁酒驾对于维护交通安全的重要意义。

E. 上述论证有漏洞：忽略了被测试者在所有驾车者中的比例。

【解析】   由题干，酒驾误测包括：第一，未饮酒者被测定为酒驾（5%）；第二，饮酒者未被测定为酒驾（1%）。因此，被测定为酒驾的司机实际上喝酒的可能性，要取决于酒驾者在所有驾车者中的比例。例如，如果某天驾车者为 10 000 人，酒驾者所占的比例为 1%，即 100 人，假设每个驾车者都受测试，则有 $10\ 000 \times 99\% \times 5\% + 100 \times 99\% = 594$ 人被测定为酒驾，其中实际饮酒者只有 99 人，即被测定为酒驾而实际上确实饮酒的可能性只有 $99/594 = 16.7\%$。

题干的漏洞在于把酒驾误测只限定为第二种，而忽视了第一种。答案是 B。

【例 4-183】   某省妇女儿童占全省总人口的 2/3。

如果妇女是指所有女性人口，儿童是指所有非成年人口，并且对任一年龄段，该省男女人口的数量持平，则上述断定能推出以下哪项结论？

A. 该省男性成年人口和儿童人口持平。

B. 该省男性成年人口大于儿童人口。

C. 该省男性成年人口小于儿童人口。

D. 该省女性成年人口和男性儿童人口持平。

E. 该省男性成年人口和女性儿童人口持平。

【解析】   由男女持平，得男 1/2，女 1/2；

由妇女儿童占 2/3，得男性儿童占 1/6；

由男性儿童占 1/6，得男性成人占 1/3，女性儿童占 1/6。

因此，该省男性成年人口和儿童人口持平。答案是 A。

二、求因果五法

求同法、求异法、求同求异并用法、共变法、剩余法，是确定因果关系的五种方法，简称求因果五法，也称"穆勒五法"。

求同法的结构是：

场合 1：有先行现象 A、B、C……出现后续现象 a。

场合 2：有先行现象 A、B、D……出现后续现象 a。

⋮

场合 n：有先行现象 A、C、E……出现后续现象 a。

所以，A（可能）是 a 的原因。

运用求同法时应注意：在比较各场合的相关情况时，要注意除了已发现的共同情况外，是否还有其他共同情况存在。例如，人们最早寻找疟疾的原因时发现，住在低洼潮湿的地带的人易患疟疾，于是以为低洼潮湿的环境是患疟疾的原因。经过长期的探索，人们才弄清楚，疟原虫是疟疾的真正原因，蚊子是疟原虫的传播者，而低洼潮湿的环境是蚊子滋生的主要场所。

求异法的结构是：

场合 1：有先行现象 A，出现后续现象 a。

场合 2：没有先行现象 A，没有出现现象 a。

所以，A（可能）是 a 的原因。

用求异法时应注意：两个场合有无其他差异情况。例如，有一个学生每当上课时头就疼，不上课就好了。他以为自己头疼的原因是上课。后来经检查，发现他头疼的真正原因是他在上课时才戴的那副眼镜不合适。这个学生只注意到上课和下课这个差异，而没有注意到上课时戴眼镜和下课时不戴眼镜这个差异。

求同求异并用法的结构是：

正场合：有现象 A、B、C……出现后续现象 a。

　　　　有现象 A、D、E……出现后续现象 a。

反场合：有现象 A，出现后续现象 a。

　　　　没有现象 A，没有出现现象 a。

所以，A（可能）是 a 的原因。

共变法的结构是：

有先行现象 A_1，出现后续现象 a_1。

有先行现象 A_1，出现后续现象 a_2。

⋮

有先行现象 An，出现后续现象 a_n。

所以，A（可能）是 a 的原因。

应用共变法时至少要注意两点：①只有在其他因素保持不变时，才能说明两种共变现象有因果联系；②两种现象的共变是有一定限度的，超过这个限度，就不再有共变关系。

剩余法的结构是：

A、B、C、D 是 a、b、c、d 的原因。

A 是 a 的原因。

B 是 b 的原因。

C 是 c 的原因。

所以，D 与 d 之间有因果联系。

【例 4-184】　化学课上，张老师演示了两个同时进行的教学实验：一个实验是 $KClO_3$ 加热后，有 O_2 缓慢产生，另一个实验是 $KClO_3$ 加热后迅速撒入少量 MnO_2，这时立即有大量的 O_2 产生。张老师由此指出：MnO_2 是 O_2 快速产生的原因。

以下哪项与张老师得出结论的方法类似？

A. 同一品牌的化妆品价格越高卖得越火。由此可见，消费者喜欢价格高的化妆品。

B. 居里夫人在沥青矿物中提取放射性元素时发现，从一定量的沥青矿物中提取的全部纯铀的放射性强度比同等数量的沥青矿物中放射线强度低很多。她据此推断，沥青矿物中还存在其他放射线更强的元素。

C. 统计分析发现，30～60 岁，年纪越大胆子越小，有理由相信：岁月是勇敢的腐蚀剂。

D. 将闹钟放在玻璃罩里，使它打铃，可以听到铃声；然后把玻璃罩里的空气抽空，再使闹钟打铃，就听不到铃声了。由此可见，空气是声音传播的介质。

E. 人们通过对绿藻、蓝藻、红藻的大量观察，发现结构简单、无根叶是藻类植物的主要特征。

【解析】　题干和 D 项都是求异法。A 和 C 是共变法，B 是剩余法，E 不直接涉及因果关系，类似求同法。答案是 D。

【例 4-185】　一艘远洋帆船载着五位中国人和几位外国人由中国开往欧洲。途中，除五位中国人外，全患上了败血症。同乘一艘船，同样是风餐露宿，漂洋过海，为什么中国人和外国人如此不同呢？原来这五位中国人都有喝茶的习惯，而外国人却没有。于是得出结论：喝茶是这五位中国人未得败血症的原因。

以下哪项和题干中得出结论的方法最为相似？

A. 警察锁定了犯罪嫌疑人，但是从目前掌握的事实看，都不足以证明他犯罪。专案组由此得出结论：必有一种未知的因素潜藏在犯罪嫌疑人身后。

B. 在两种土壤情况基本相同的麦地上，对其中一块施氮肥和钾肥，另一块只施钾肥。结果施氮肥和钾肥的那块麦地的产量远高于另一块。可见，施氮肥是麦地产量较高的原因。

C. 孙悟空："如果打白骨精，师父会念紧箍咒；如果不打，师父就会被妖精吃掉。"孙悟空无奈得出结论："我还是回花果山算了。"

D. 天文学家观测到天王星的运行轨道有特征 a、b、c，已知特征 a、b 分别是由两颗行星甲、乙的吸引所造成的，于是猜想还有一颗未知行星造成天王星的轨道特征 c。

E. 一定压力下的一定量气体，温度升高，体积增大；温度降低，体积缩小。气体体积与温度之间存在一定的相关性，说明气体温度的改变是其体积改变的原因。

【解析】　题干运用的是求因果关系五法中的求异法。B 项是求异法。答案是 B。

【例 4-186】　光线的照射，有助于缓解冬季抑郁症。研究人员曾对九名患者进行研究，他们均因冬季白天变短而患上了冬季抑郁症。研究人员让患者在清早和傍晚各接受三小时伴有花香的强光照射。一周之内，七名患者完全摆脱了抑郁，另外两人也表现出了显著的好转。由于光照会诱使身体误以为夏季已经来临，这样便治好了冬季抑郁症。

以下哪项如果为真，最能削弱上述论证的结论？

A. 研究人员在强光照射时有意使用花香伴随，对于改善患上冬季抑郁症的患者的适应性有不小的作用。

B. 九名患者中最先痊愈的三位均为女性，而对男性患者治疗的效果较为迟缓。

C. 该实验均在北半球的温带气候中，无法区分南北半球的实验差异，但也无法预先排除。

D. 每天六小时的非工作状态，改变了患者原来的生活环境，改善了他们的心态，这是对抑郁症患者的一种主要影响。

E. 强光照射对于皮肤的损害已经得到专门研究的证实，其中夏季比起冬季的危害性更大。

【解析】　研究人员得出结论的方法就是求同法。选项 D 表明，在先行现象或伴随现象中，除"伴随花香的光照照射"这一个共同情况外，还有"每天六小时的非工作状态"这一共同情况，后者改变了患者原来的生活环境，改善了他们的心态（这种心态是导致忧郁的主要原因）。因此，光线照射的增加与冬季抑郁症缓解这两者之间的联系，只是一种表面的非实质性联系。这就有力地削弱了题干的结论。

选项 A 只是部分地重复了求同法的结论，并没有削弱它；选项 B、C 和 E 与该结论不相干。答案是 D。

第五章　如何应对分析性推理
（Analytical Reasoning）

第一节　分析性推理及其一般解题要领

一、什么是分析性推理

MBA 逻辑试题，可以分为形式逻辑和非形式逻辑两大类（B 类和 A 类），也可以分为论证、推断、语义、类比和谬误五种基本题型。分析性推理不是独立于上述类型的另一种试题，从总体上看，它属于非形式逻辑推断题。之所以要独立地讨论分析性推理的应对，是因为：第一，分析性推理和一般的非形式逻辑推断题相比，有自身的特点，包括独特的解题要领；第二，在近年的一月联考逻辑测试中，分析性推理试题占有较大的比例；第三，分析性推理总体上有难度，对考生既是一个挑战，又是一个在竞争中拉开考分的机会。

我国目前的一月联考，从理念到命题，参照的是美国的综合能力测试模式。在美国的综合能力测试中，例如 LSAT（法律硕士联考），有一个独立的部分，就是分析性推理（Analytical Reasoning）。因此，分析性推理是个学名，有人称之为综合性推理，或者别的什么名称，也是可以的。

二、分析性推理的一般解题要领

第一，确定题型。

分析性推理有三种基本类型：排序、对应（组合）和一般性推断。分析性推理中，排序和对应（组合）这两种类型的特点及其区别是明显的。此外，还有的分析性推理题，不基于排序或对应，统称为一般性推断。不同类型试题的应对方法有不同的特点。在一般性推断类分析性推理中，有的看似形式推断，也要用到形式推断的规则或方法，但总体上不是形式推断，而是非形式推断，要注意将此类分析性推理和形式推断题区分开来。

第二，分析条件。

分析性推理题的特点是条件多，这增加了试题的难度。分析性推理题往往有两个以上甚至更多的分题，因此也称为"拖题"，即一个主题干拖几个分题。主题干陈述的条件是每道分题的条件；有的分题也有自身的条件，但只是本分题的条件，与其他分题无关。

题干的条件分为显条件和隐条件。显条件就是直接陈述的条件；隐条件就是由显条件能推出的结论。分析和推断隐条件是解题的关键。在主题干的隐条件中，有的可能就是某道分题的答案，有的虽然不直接是答案，但对于得出分题的答案是重要的环节。要从显条件中尽量充分地推断出隐条件。如果所有隐条件都推出了，一般地说，解答每道分题就会相对迅速和容易；如果解答某道分题遇到障碍，原因很可能是主题干的某个必要的隐条件尚未作出推断，这时需要重新审视主题干。

在显条件中，要首先关注那些逻辑容量大的条件。所谓逻辑容量大，是指涉及要素多，能直接推出确定结论，能推出较多结论，或有利于推出较多结论。

第三，表达条件。

分析性推理题的特点或难点是条件繁复。条件（包括显条件和隐条件）被分析出来后，完全靠头脑记忆有困难。解答分析性推理题的另一个关键是寻找一种方法，准确（不要弄错）、完整（不要遗漏）、简明（考生自己明白就行）、直观（便于综览）地表达条件。借助必要的表格和图形是一种有效的方法。可以说，需要借助表格或图形等直观方式来解题，是分析性推理题的又一个特点。

第四，找解题之扣与捷径。

所谓解题之扣，是指解题的某个要点。如果抓住该要点，题目就能迎刃而解；否则，解题过程就会不必要地复杂化。不是每道分析性推理题都有解题之扣，都有捷径可循。但确实有这样的试题。关键是要有找解题之扣和找捷径的意识，一旦此种扣和捷径出现，就能敏锐地察觉出来。

除了上述一般解题要领外，不同类型的分析性推理有各自的解题要领。下面具体讨论不同类型的分析性推理的应对。

第二节　分析性推理的基本类型及其应对

一、对应和组合

【例5-1】　某省大力发展旅游产业，目前已经形成东湖、西岛、南山三个著名景点，每处景点都有二日游、三日游、四日游三种路线。李明、王刚、张波拟赴上述三地进行九日游，每个人都设计了各自的旅游计划。后来发现，每处景点他们三人都选择了不同的线路：李明赴东湖的计划天数与王刚赴西岛的计划天数相同，李明赴南山的计划是三日游，王刚赴南山的计划是四日游。

根据以上陈述，可以得出以下哪项？

A. 张波计划东湖四日游，王刚计划西岛三日游。

B. 张波计划东湖三日游，李明计划西岛四日游。

C. 李明计划东湖二日游，王刚计划西岛三日游。

D. 王刚计划东湖三日游，张波计划西岛四日游。

E. 李明计划东湖二日游，王刚计划西岛二日游。

【解析】 题干条件如表 5-1 所示：

表 5-1

	东湖	西岛	南山
李明	a		3
王刚		a	4
张波			

每处景点：二日、三日或四日游。每人：共 9 天。各景点三人的天数不同。

分析：$a = ?$

显然：$a \neq 4$，否则王刚游东岛的天数是 1，违反条件。

假设：$a = 3$，则李明和王刚游西岛的天数都是 3，违反条件。

因此，$a = 2$。答案是 E。

【例 5-2】 某小区业主委员会的四名成员晨桦、建国、向明和嘉媛坐在一张方桌前（每边各坐一人）讨论小区大门旁的绿化方案。四人的职业各不相同，分别是高校教师、软件工程师、园艺师或邮递员之中的一种。已知：晨桦是软件工程师，他坐在建国的左手边；向明坐在高校教师的右手边；坐在建国对面的嘉媛不是邮递员。

根据以上信息，可以得出以下哪项？

A. 嘉媛是高校教师，向明是园艺师。

B. 向明是邮递员，嘉媛是园艺师。

C. 建国是邮递员，嘉媛是园艺师。

D. 建国是高校教师，向明是园艺师。

E. 嘉媛是园艺师，向明是高校教师。

【解析】 答案是 B。

题干概括：由题干，不难确定四人的位置如图 5-1 所示：

图 5-1

推断：

①晨桦是软件工程师（条件）。

②由条件"向明坐在高校教师的右手边"，得建国是高校教师。

③由条件"嘉媛不是邮递员"，得嘉媛是园艺师。

④综上，得向明是邮递员。

【例 5-3】（2017 年真题）54~55 题基于以下题干：

某影城将在"十一"黄金周 7 天（周一至周日）放映 14 部电影，其中，有 5 部科幻片、3 部警匪片、3 部武侠片、2 部战争片、1 部爱情片。限于条件，影城每天放映两部电影。已知：

(1) 除科幻片安排在周四外，其余 6 天每天放映的两部电影都属于不同的类型；

(2) 爱情片安排在周日；

(3) 科幻片和武侠片没有安排在同一天；

(4) 警匪片和战争片没有安排在同一天。

54. 根据以上信息，以下哪项两部电影不可能安排在同一天放映？

A. 爱情片和警匪片。　　　　　　B. 科幻片和警匪片。

C. 武侠片和战争片。　　　　　　D. 武侠片和警匪片。

E. 科幻片和战争片。

【解析】 假设爱情片和警匪片在同一天（周日）放映，则周日不可能放其他类型电影，则除了周日和周四（放映 2 部科幻片）外，其余五天必须放映 3 部科幻片和 3 部武侠片，即至少有一天必须同时放映科幻片和武侠片，违反条件（3）。因此爱情片和警匪片不可能在同一天放映。

答案是 A。

55. 根据以上信息，如果同类影片放映日期连续，则周六可以放映的电影是哪项？

A. 科幻片和警匪片。　　　　　　B. 武侠片和警匪片。

C. 科幻片和战争片。　　　　　　D. 科幻片和武侠片。

E. 警匪片和战争片。

【解析】 D 项违反条件（3），不成立。

A 项不成立。因为如果科幻片和警匪片在周六放映，由本题条件（同类影片放映日期连续），得周日也放映科幻片和警匪片，则周日放三部电影，违反条件（2）。同理，B 项不成立。

E 项违反条件（4），不成立。

C 项成立。科幻片和战争片可以在周六放映（周一至周三每天放映武侠片和警匪片，周五和周六每天放映科幻片和战争片，周日放映科幻片和爱情片）。

答案是 C。

【例 5-4】 （2018 年真题）某学期学校新开设 4 门课程："《诗经》鉴赏""老子研究""唐诗鉴赏""宋词选读"。李晓明、陈文静、赵珊珊和庄志达 4 人各选修了其中一门课程。已知：

（1）他们 4 个选修的课程各不相同；

（2）喜爱诗词的赵珊珊选修的是诗词类课程；

（3）李晓明选修的不是"《诗经》鉴赏"就是"唐诗鉴赏"。

以下哪项如果为真，就能确定赵珊珊选修的是"宋词选读"？

A. 庄志达选修的不是"宋词选读"。

B. 庄志达选修的是"老子研究"。

C. 庄志达选修的不是"老子研究"。

D. 庄志达选修的是"《诗经》鉴赏"。

E. 庄志达选修的不是"《诗经》鉴赏"。

【解析】 如表 5-2 所示：

表 5-2

	《诗经》鉴赏	老子研究	唐诗鉴赏	宋词选读
李晓明	×④	×②		×②
陈文静	×④	√⑤	×⑥	×⑥
赵珊珊	×④	×①		√⑦
庄志达	√③	×④	×④	×④

以上是 D 项为正确答案的证明过程，序号标示步骤。

①由条件（2）得出。

②由条件（3）得出。

③假设 D 项为真。

④由③得出。

⑤由①、②和④得出。

⑥由⑤得出。

⑦由②、④和⑥得出。

答案是 D。

【例 5-5】 （2018 年真题）40～41 题基于以下题干：

某海军部队有甲、乙、丙、丁、戊、己、庚 7 艘舰艇，拟组成两个编队出航，第一编队编列 3 艘舰艇，第二编队编列 4 艘舰艇，编列需满足以下条件：

（1）航母己必须编列在第二编队；

（2）戊和丙至多有一艘编列在第一编队；

（3）甲和丙不在同一编队；

（4）如果乙编列在第一编队，则丁也必须编列在第一编队。

40. 如果甲在第二编队，则下列哪项中的舰艇一定也在第二编队？

A. 乙。　　　　B. 丙。　　　　C. 丁。　　　　D. 戊。　　　　E. 庚。

【解析】　由甲在第二编队和条件（3），得丙在第一编队。由丙在第一编队和条件（2），得戊在第二编队。

答案是 D。

41. 如果丁和庚在同一编队，则可以得出以下哪项？

A. 甲在第一编队。　　　　　　　B. 乙在第一编队。

C. 丙在第一编队。　　　　　　　D. 戊在第二编队。

E. 庚在第二编队。

【解析】　如果丁和庚同在第二编队，则由条件（4）得乙在第二编队，又由条件（3）得甲和丙中有一艘在第二编队，又由条件（1）得己在第二编队，则第二编队有 5 艘，违反条件。因此，丁和庚同在第一编队，又由条件（3）得甲和丙中有一艘在第一编队，因为第一编队总数为 3，因此，戊在第二编队。

答案是 D。

【例 5-6】　在某个航班的全体乘务人员中，余味、张刚和王飞三人分别是飞机驾驶员、副驾驶员和飞机工程师之一，但到底谁是什么职务却尚未清楚。不过，可以知道的情况是：副驾驶员是个独生子，钱挣得最少；王飞与张刚的姐姐结了婚，钱挣得比驾驶员多。

如果以上陈述为真，可以推出下面哪一个选项一定是真的？

A. 王飞是飞机工程师，张刚是驾驶员。

B. 余味是副驾驶员，王飞是驾驶员。

C. 余味是驾驶员，张刚是飞机工程师。

D. 张刚是驾驶员，余味是飞机工程师。

E. 张刚是副驾驶员，王飞是飞机工程师。

【解析】　题干条件：副驾驶员是个独生子，钱挣得最少；王飞和张刚的姐姐结了婚，钱挣得比驾驶员多。

①由王飞钱挣得比驾驶员多，副驾驶员钱挣得最少，得王飞是飞机工程师。

②由王飞和张刚的姐姐结了婚，副驾驶员是个独生子，得张刚不是副驾驶员。

③张刚是驾驶员，余味是副驾驶员。

参见表 5-3：

表 5－3

	驾驶员	副驾驶员	飞机工程师
余味		√③	
张刚	√③	×②	
王飞	×	×	√①

答案是 A。

【例 5-7】　1~2 题基于以下题干：

某公司年度审计期间，审计人员发现一张发票，上面有赵义、钱仁礼、孙智、李信四个签名，签名者的身份各不相同，分别是经办人、复核、出纳或审批领导之中的一个，且每个签名都是本人所签。询问四位相关人员，得到以下答案：

赵义："审批领导的签名不是钱仁礼。"

钱仁礼："复核的签名不是李信。"

孙智："出纳的签名不是赵义。"

李信："复核的签名不是钱仁礼。"

已知上述每个回答中，如果提到的人是经办人，则该回答为假；如果提到的人不是经办人，则为真。

1. 根据以上信息，可以得出经办人是：

A. 赵义　　　　B. 钱仁礼　　　　C. 孙智　　　　D. 李信

E. 无法确定

【解析】　答案是 C。

赵义断定"审批领导的签名不是钱仁礼"。假设钱仁礼是经办人，则根据条件"每个签名都是本人所签"，得赵义的断定为真。又依据条件"每个回答中，如果提到的人是经办人，则该回答为假"，得赵义持断定为假。两结论矛盾！因此，钱仁礼不是经办人。同理，李信、赵义都不是经办人。因此，经办人是孙智。

2. 根据以上信息，该公司的复核与出纳按顺序分别是：

A. 李信、赵义　　　　　　　　B. 孙智、赵义

C. 钱仁礼、李信　　　　　　　D. 赵义、钱仁礼

E. 孙智、李信

【解析】　答案是 D。

由钱仁礼、李信、赵义都不是经办人，得三人的上述回答均真。由赵义、李信的回答真，得钱仁礼是出纳。再由钱仁礼的回答真，得李信是审批领导，继而得赵义是复核。

【例 5-8】　为了加强学习型机关建设，某机关党委开展了菜单式学习活动，拟开设课程有"行政学"、"管理学"、"科学前沿"、"逻辑"和"国际政治"五门课程，要求其下属

的四个支部各选择其中两门课程进行学习。已知：第一支部没有选择"管理学"和"逻辑"，第二支部没有选择"行政学"和"国际政治"，只有第三支部选择了"科学前沿"。任意两个支部所选课程均不完全相同。

根据上述信息，关于第四支部的选课情况可以得出以下哪项？

A. 如果没有选择"行政学"，那么选择了"管理学"。

B. 如果没有选择"管理学"，那么选择了"国际政治"。

C. 如果没有选择"行政学"，那么选择了"逻辑"。

D. 如果没有选择"管理学"，那么选择了"逻辑"。

E. 如果没有选择"国际政治"，那么选择了"逻辑"。

【解析】　答案是 D。

推断：

①由题干显条件（见表 5-4）得出。

②由①（见表 5-4）得出。

表 5-4

	行政学	管理学	科学前沿	逻辑	国际政治
第一支部	√②	×①	×①	×①	√②
第二支部	×①	√②	×①	√②	×①
第三支部			√①		
第四支部			×①		

③假设 D 项不成立，即第四支部不选择"管理学"，也不选择"逻辑"，则第四支部选择"行政学"和"国际政治"，和第一支部的选择相同，违反题干条件。因此，假设不成立，D 项一定成立。

【例 5-9】　在东海大学研究生会举办的一次中国象棋比赛中，来自经济学院、管理学院、哲学学院、数学学院和化学学院的五名研究生（每学院一名）相遇在一起。有关甲、乙、丙、丁、戊五名研究生之间的比赛信息满足以下条件：

（1）甲仅与两名选手比赛过；

（2）化学学院的选手和三名选手比赛过；

（3）乙不是管理学院的，也没有和管理学院的选手对阵过；

（4）哲学学院的选手和丙比赛过；

（5）管理学院、哲学学院、数学学院的选手相互都交过手；

（6）丁仅与一名选手比赛过。

根据以上条件，试确定丙来自哪个学院？

A. 管理学院。　　　　　　　　　B. 化学学院。

C. 数学学院。　　　　　　　　　　D. 哲学学院。

E. 经济学院。

【解析】　答案是 C。

推断（参见表 5-5）：

表 5-5

	经济学院	管理学院	哲学学院	数学学院	化学学院
甲	×⑥				×①
乙	×⑥	×②	×③	×③	√⑦
丙	×⑥	×⑨	×③	√⑩	×⑧
丁	√⑤	×④	×④	×④	×④
戊	×⑥				×⑧

①由条件（1）和（2），得甲不是化学学院的。

②由条件（3），得乙不是管理学院的。

③由条件（4），得丙不是哲学学院的；由条件（3）和（5），得乙不是哲学学院的，也不是数学学院的。

④由条件（2）、（5）和（6），得丁不是管理学院、哲学学院、数学学院、化学学院的。

⑤由丁不是管理学院、哲学学院、数学学院、化学学院的，得丁是经济学院的。

⑥由丁是经济学院的，得其余不是经济学院的。

⑦由乙不是经济学院、管理学院、哲学学院、数学学院的，得乙是化学学院的。

⑧由乙是化学学院的，得其余不是化学学院的。

⑨假设丙是管理学院的，则甲是哲学学院或数学学院的，由条件（1）和（5），甲不能与化学学院的比赛。由条件（2）和（3）和推论⑦，得化学学院的学生必须与哲学学院的学生、数学学院的学生和经济学院的学生比赛，矛盾！因此，丙不是管理学院的。

⑩因此，丙是数学学院的。

【要领分析】　本题是近年一月联考难度较大的一道分析性推理真题。但仔细分析，在上述推理步骤中，只有第⑨步有点难度，要费些精力思考。此前的步骤，或者是对显条件的直接表示，或者是基于显条件直接可得的隐条件。通过训练，掌握这种方法，难度并不大。

有的考生习惯用所谓的"代入"方法解答此类推断题。所谓"代入"，就是假设某个选项成立，作为条件加入题干，如果能推出不违反题干原有条件，则可确定该选项为答案。这种方法是不可靠的。因为，一般地说，这样的选项只是不一定假，即可能成立，但不一定成立。

【例5-10】　1~4题基于以下题干：

印刷组和装订组的成员来自以下七名员工：F、G、H、J、K、L和M。每个组的成员构成必须满足下列条件：

(1) 每个组至少有三名员工；

(2) F和K不能在同一个组；

(3) 如果K在某个组，J也必须在这个组；

(4) M至少是这两个组中的成员之一；

(5) 两个组至少有一个共同的员工。

1. 以下哪项列出的是这两个组可接受的成员选择？

A. 印刷：F、G、H；　　　　装订：G、J、K、L。

B. 印刷：F、H、J；　　　　装订：G、H、L、M。

C. 印刷：F、H、M；　　　　装订：G、K、L、M。

D. 印刷：F、H、J、K；　　　装订：H、L、M。

E. 印刷：F、G、H；　　　　装订：J、K、L。

【解析】　答案是B。

A. 不符合条件（4）。

C. 不符合条件（3）。

D. 不符合条件（2）。

E. 不符合条件（5）

2. 如果印刷组的成员由F、H、L和M组成，而且装订组的成员由G、H和J组成，那么K可以替换两组的哪一个成员而不违反任何给出的条件？

A. F。　　　　B. G。　　　　C. H。　　　　D. L。　　　　E. J。

【解析】　答案是B。

其余各项均违反条件（3）。

3. 如果K和L都是身兼两组的成员，而且印刷组正好有三个成员，那么以下哪项陈述一定真？

A. F在印刷组。　　　　　　　B. F在装订组。

C. G在印刷组。　　　　　　　D. M在装订组。

E. M不在装订组。

【解析】　答案是D。

K和L在印刷组，由条件（3），印刷组有J。又印刷组正好有三个成员，则由条件（4），M在装订组。

4. 最多有几名员工可以兼任印刷组和装订组的成员？

A. 3。　　　　B. 4。　　　　C. 5。　　　　D. 6。　　　　E. 7。

【解析】　答案是 D。

由条件（2）可知应选 D。

二、排序

可对表达排序的方式作一约定，也可根据个人习惯对这些约定作调整，但必须保持一致。例如约定：

左表示前，右表示后；

"AB"表示 A 和 B 相邻，并且顺序确定；

"（AB）"表示 A 和 B 相邻，但顺序不确定；

"A…B"表示 A 和 B 顺序确定，但是否相邻不确定；

"A□B"表示 A 和 B 之间相隔一个相关对象，以此类推。

如："A□□B"表示 A 和 B 之间相隔两个相关对象；"（A□□B）"表示 A 和 B 之间相隔两个相关对象，但 A 和 B 的顺序不确定等。

如果"AB"，则 A 不可能是最后，B 不可能在第一。如果"A□B"，则 A 不可能是最后两位，B 也不可能是第一、二位。以此类推。

【例 5-11】　1～3 题基于以下题干：

一家仓库有六间库房，按从 1 到 6 的顺序排列。有六种货物 F、G、L、M、P、T。每一间库房恰好储存六种货物中的一种，不同种类的货物不能存入同一间库房。储存货物时还需满足以下条件：

(1) 储存 G 的库房号比储存 L 的库房号大。

(2) 储存 L 的库房号比储存 T 的库房号大。

(3) 储存 P 的库房号比储存 F 的库房号大。

(4) 储存 T 的库房紧挨着储存 P 的库房。

【题干概括】

题干关于库房排序的显条件可概括为：

T…L…G；F…P；（TP）

上述概括可进一步简化为：

F…（TP）…L…G

以下是关于本题隐条件的推断：

F 后面至少有四间库房，因此不可能是最后四间；T 前面至少有一间库房，后面至少有两间库房，因此不可能是第一间，也不可能是最后两间。以此类推，得到以下结果（表 5-6），即本题隐条件：

表 5-6

	1	2	3	4	5	6
F			×	×	×	×
G	×	×	×			
L	×	×	×			×
M						
P	×				×	×
T	×				×	×

1. 以下哪项按顺序所标示出的 1 至 3 号库房中储存的货物不违反条件？

A. F、M、T。　　　　　　　　B. G、M、F。

C. M、L、F。　　　　　　　　D. M、T、F。

E. G、L、F。

【解析】 答案是 A。

对照表 5-6，可显然得出结论。

2. 如果储存 M 的库房与储存 G 的库房之间恰好有一间库房，那么，可以准确地确定几间库房中所存货物的种类？

A. 2 间。　　　　　　　B. 3 间。　　　　　　　C. 4 间。

D. 5 间。　　　　　　　E. 6 间。

【解析】 答案是 C。

本题附加条件：（M□G）。

推断（参见基于表 5-7、表 5-8 的推导）：

表 5-7

	1	2	3	4	5	6
F			×	×	×	×
G	×	×	×	×		
L	×	×	×			×
M	×①	×①			×①	×①
P	×				×	×
T	×				×	×

①由本题条件（M□G）及表 5-7 中 G 的可能房号是 5 和 6，得 M 不可能是前两间，也不可能是最后两间。

②至⑤参见表 5-8。

⑥基于以上结果，并由本题条件（M□G），可知 M 房号为 4。

表 5-8

	1	2	3	4	5	6
F	√②	×③	×	×	×	×
G	×	×	×	×	×③	√②
L	×	×	×	×⑤	√④	×
M	×①	×①		√⑥	×①	×①
P	×				×	×
T	×				×	×

3. 以下哪项必然为假？

A. 储存 F 的库房紧挨着储存 M 的库房。

B. 储存 G 的库房紧挨着储存 M 的库房。

C. 储存 P 的库房紧挨着储存 L 的库房。

D. 储存 L 的库房紧挨着储存 F 的库房。

E. 储存 M 的库房紧挨着储存 L 的库房。

【解析】 答案是 D。

参见表 5-6。

【例 5-12】 1～3 题基于以下题干：

某国东部沿海有五个火山岛 E、F、G、H、I，它们由北至南排列成一条直线，同时发现：

(1) F 与 H 相邻并且在 H 的北边。

(2) I 和 E 相邻。

(3) G 在 F 的北边某个位置。

【题干分析】显条件：

条件 1： 北　　　FH　　　南

条件 2： （IE） ＝ IE 或 EI

条件 3： 北　　　G…F　　南

隐条件：

由北向南，G 不可能处在第 5、第 2 或第 4 个位置，只可能处在第 1 或第 3 个位置。

首先，G 不可能处于第 5 个位置，否则 F 无位置。

其次，G 也不可能处于第 2 或 4 个位置，否则，FH 和 IE 总有一对无法相邻。

因此，题干的条件可简化为图 5-2：

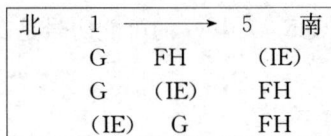

```
北    1  ——————→  5    南
      G    FH      (IE)
      G    (IE)    FH
     (IE)  G       FH
```

图 5-2

题干的条件如是分析和表达后，以下各题可以说迎刃而解了。

1. 五个岛由北至南的顺序可以是：

A. E、G、I、F、H。　　　　　　B. F、H、I、E、G。

C. I、E、G、H、F。　　　　　　D. G、H、F、E、I。

E. G、E、I、F、H。

【解析】　答案是 E。参见图 5-2。

2. 假如 G 和 I 相邻并且在 I 的北边，下面哪一个陈述一定为真？

A. H 在岛屿的最南边。　　　　　B. F 在岛屿的最北边。

C. E 在岛屿的最南边。　　　　　D. I 在岛屿的最北边。

E. H 在岛屿的最北边。

【解析】　答案是 A。参见图 5-2。

3. 假如发现 G 是最北边的岛屿，该组岛屿有多少种可能的排列顺序？

A. 2。　　　B. 3。　　　C. 4。　　　D. 5。　　　E. 6。

【解析】　答案是 C。

由图 5-2，如果 G 在最北边，则可能的排序是以下四种：

GFHIE, GFHEI, GIEFH, GEIFH。

【例 5-13】　赵、钱、孙、李、吴、郑、王七名保安每周轮流值夜班。就值班时间而言，现已知：赵比孙晚一天；李比吴晚两天；钱比王早三天；郑在钱、孙之间，并且是在星期四。

根据上述题干，下面哪一项关于值夜班的选项是真的？

A. 吴在星期日。　　　　　　　　B. 李在星期二。

C. 钱在星期二。　　　　　　　　D. 孙在星期五。

E. 钱在星期三。

【解析】　答案是 C。

显条件：

第一，郑在星期四（见表 5-9）；

表 5-9

	周一	周二	周三	周四	周五	周六	周日
赵				✕			
钱				✕			
孙				✕			
李							
吴				✕			
郑	✕	✕	✕	✓	✕	✕	✕
王				✕			

第二，孙赵；吴□李；钱□□王；郑在钱、孙之间。

隐条件推断（见表 5 - 10）：

表 5 - 10

	周一	周二	周三	周四	周五	周六	周日
赵	×①	×⑧	×⑦	×	×⑨	×⑩	√⑩
钱	×⑤	√⑧	×⑦	×	×③	×③	×③
孙	×④	×④	×④	×	×⑨	√⑪	×①
李	×②	×②	√⑦	×	×⑦	×⑦	×⑦
吴	√⑥	×⑥	×⑥	×	×⑥	×②	×②
郑	×	×	×	√	×	×	×
王	×③	×③	×③	×	√⑨	×⑨	×⑨

①由"孙赵"（孙在赵之前），得赵不可能在周一，孙不可能在周日。

②由"吴□李"，得吴不可能在周六、周日，李不可能在周一、周二。

③由"钱□□王"，得钱不可能在周五、周六、周日，王不可能在周一、周二、周三。

④由钱不可能在周五、周六、周日及郑在周四，得钱只可能在周一、周二或周三，又由"郑在钱、孙之间"，得孙不可能在周一、周二或周三。

⑤由王不可能在周三和"钱□□王"，得钱不可能在周一。

⑥由除吴外其余人均不是在周一，得吴在周一。

⑦由吴在周一和"吴□李"，得李在周三。

⑧由钱不可能是在除周二外的任何一天，得钱在周二。

⑨由钱在周二和"钱□□王"，得王在周五。

⑩由除赵外，任何一人都不是在周日，得赵在周日。

⑪由除孙外，任何一人都不是在周六，得孙在周六。

【要领分析】此题看似复杂，但不难发现，每一步推断，都有确定的方法可依，都带有某种可操作性。解题的过程只要依据某种确定的方法可操作，难度就会大大降低。解答排序类分析性推理，就有此种具有可操作性的解题方法。考生要通过训练，熟悉此种方法。

【例5-14】 1～3题基于以下题干：

小明饭后洗了七件餐具，有瓷器、玻璃器具、金属器具三种，各是：①瓷器——杯子、碟子；②玻璃器具——水杯、果汁杯；③金属器具——叉子、刀子、汤匙。每次洗一件，不同时洗两件；同种类餐具连在一起洗；玻璃器具要么在瓷器后洗，要么在金属器具后洗；刀子在汤匙之前洗；杯子在碟子之前洗。

【题干分析】

显条件概括（种类情况见表 5 - 11）：

表 5 - 11

		1	2	3	4	5	6	7
瓷器	杯子							
	碟子							
玻璃器具	水杯							
	果汁杯							
金属器具	叉							
	刀							
	匙							

要求：每次一件；同种类连续；玻璃器具要么在瓷器后，要么金属器具后；刀在匙前；杯子在碟子前。

隐条件推断（参见表 5 - 12）：

表 5 - 12

		1	2	3	4	5	6	7
瓷器	杯子			×①	×①	×①		×③
	碟子	×③		×①	×①	×①		
玻璃器具	水杯	×①	×①				×①	×①
	果汁杯	×①	×①				×①	×①
金属器具	叉				×①			
	刀				×①			×②
	匙	×②			×①			

①由"同种类连续"和"玻璃器具要么在瓷器后，要么在金属器具后"，得：玻璃器具居中，不可能排在 1、2，也不可能排在 6、7；瓷器和金属器具或者居前，或者居后，即瓷器不可能排在 3、4、5，金属器具不可能排在 4。

②由"刀在匙前"，得刀不可能排在 7，匙不可能排在 1。

③由"杯子在碟子前"，得杯子不可能排在 7，碟子不可能排在 1。

1. 如果上述断定为真，关于洗的顺序，下面哪项一定为假？

A. 第一件是叉子。　　　　B. 第三件是碟子。

C. 第一件是杯子。　　　　D. 第二件是碟子。

E. 上述四项均可能为真。

【解析】　答案是 B。参见表 5 - 12。

2. 如果上述断定为真，关于洗的顺序，下面哪项可能为真？

A. 第二件是刀子。　　　　B. 第七件是刀子。

C. 第二件是杯子。　　　　D. 第三件是杯子。

E. 第一件是碟子。

【解析】　答案是 A。

表 5-12 直接显示，B、D、E 项不可能为真。

C 项不可能为真，因为如果杯子是排在 2，则由"同种类连续"，碟子必须是排在 1 或 3。而表 5-12 显示，碟子不可能是 1 或 3。

3. 下面哪项不可能是第二至四件洗涤的顺序？

A. 碟子、水杯、果汁杯。　　　　　　　B. 刀子、叉子、果汁杯。

C. 刀子、汤匙、果汁杯。　　　　　　　D. 刀子、汤匙、水杯。

E. 上述四项均可能对。

【解析】　答案是 B。

B 项不可能为真，因为如果刀是排在 2，叉是排在 3，则由"同种类连续"，匙必须是排在 1 或 4，而表 5-12 显示，匙不可能是排在 1 或 4。

表 5-12 显示，其余各项均可能为真。

三、一般性推断

对应（组合）和排序是分析性推理的主要题型。另外也有一些分析性推理题，不基于排序或对应，可统称为一般性推断。正如前面指出的，一般性推断类分析性推理题中，有的看似形式推断，也要用到形式推断的规则或方法，但总体上不是形式推断，而是非形式推断。要注意将此类分析性推理题和形式推断题区分开来。

【例 5-15】　（2017 年真题）为了配合剧情，招 4 类角色，外国游客 1~2 名，购物者 2~3 名，商贩 2 名，路人若干，仅有甲、乙、丙、丁、戊、己 6 人可供选择，且每人在同一场景中只能出演一个角色。已知：

（1）只有甲、乙才能出演外国游客；

（2）上述 4 类角色在每个场景中至少有 3 类同时出现；

（3）每一场景中，若乙或丁出演商贩，则甲和丙出演购物者；

（4）购物者和路人的数量之和在每个场景中不超过 2。

根据上述信息，可以得出以下哪项？

A. 在同一场景中，若戊和己出演路人，则甲只能出演外国游客。

B. 甲、乙、丙、丁不会在同一场景中同时出现。

C. 至少有 2 人需要在不同的场景中出演不同的角色。

D. 在同一场景中，若乙出演外国游客，则甲只可能出演商贩。

E. 在同一场景中，若丁和戊出演购物者，则乙只可能出演外国游客。

【解析】　题干概括：任一场景：

（1）外国游客→（甲∨乙）；

（2）至少 3 类同时出现；

（3）乙或丁商贩→甲和丙购物者；

（4）（购物者＋路人）≤2。

B 项和 C 项显然不能从题干推出，首先排除。例如，不难确定一个组合，甲、乙、丙、丁在同一场景中同时出现，不违反条件。

其余各项均是条件断定。只有 E 项的前件，依据题干的条件能推出后件。在同一场景中，如果丁和戊出演购物者，则由条件（4），得其余人都不出演购物者，且不出演路人。由甲和丙不出演购物者，根据条件（3）得，乙和丁都不出演商贩，即可得：乙不出演购物者、路人、商贩，因此，只可能出演外国游客。

答案是 E。

【例 5-16】 （2018 年真题）30～31 题基于以下题干：

某工厂有一员工宿舍住了甲、乙、丙、丁、戊、己、庚 7 人，每人每周需轮流值日一天，且每天仅安排一人值日，他们值日的安排还需满足以下条件：

（1）乙周二或周六值日；

（2）如果甲周一值日，那么丙周三值日且戊周五值日；

（3）如果甲周一不值日，那么己周四值日且庚周五值日；

（4）如果乙周二值日，那么己周六值日。

30. 根据以上条件，如果丙周日值日，则可以得出以下哪项？

A. 甲周日值日。   B. 乙周六值日。

C. 丁周二值日。   D. 戊周二值日。

E. 己周五值日。

【解析】 由"丙周日值日"和条件（2），得"甲周一不值日"，再由条件（3），得"己周四值日且庚周五值日"。由"己周四值日"和条件（4），得"乙周二不值日"，再由条件（1），得"乙周六值日"。

答案是 B。

31. 如果庚周四值日，那么以下哪项一定为假？

A. 甲周一值日。   B. 乙周六值日。

C. 丙周三值日。   D. 戊周日值日。

E. 己周二值日。

【解析】 由"庚周四值日"和条件（3），得"甲周一值日"，再由条件（2），得"丙周三值日且戊周五值日"。因此，D 项一定为假。

答案是 D。

【例 5-17】 （2018 年真题）某市已开通运营一、二、三、四号地铁线路，各条地铁线每一站运行加停靠所需时间均彼此相同。小张、小王、小李三人是同一单位的职工，单位附近有北口地铁站。某天早晨，3 人同时都在常青站乘一号线上来，但 3 人关于乘车路线的想法不尽相同。已知：

（1）如果一号线拥挤，小张就坐 2 站后转三号线，再坐 3 站到北口站；如果一号线不拥挤，小张就坐 3 站后转二号线，再坐 4 站到北口站。

（2）只有一号线拥挤，小王才坐 2 站后转三号线，再坐 3 站到北口站。

（3）如果一号线不拥挤，小李就坐 4 站后转四号线，坐 3 站后转三号线，坐 1 站到达北口站。

（4）该天早晨一号线不拥挤。

假定三人换乘及步行总时间相同，则以下哪项最可能与上述信息不一致？

A. 小王和小李同时到达单位。

B. 小张和小王同时到达单位。

C. 小王比小李先到达单位。

D. 小李比小张先到达单位。

E. 小张比小王先到达单位。

【解析】 由条件（4）和（1），得：小张乘坐 7 站；由条件（4）和（3），得：小李乘坐 8 站。因此，D 项和题干不一致。

除 D 项外，其余各项均涉及小王。由题干条件，不能确定小王乘坐的站数，因此，无法确定其余选项是否和题干一致。

答案是 D。

【例 5-18】 （2018 年真题）某国拟在甲、乙、丙、丁、戊、己 6 种农作物中进口几种，用于该国庞大的动物饲料产业，考虑到一些农作物可能会有违禁成分，以及它们之间存在的互补或可替代因素，该国对进口这些农作物有如下要求：

（1）它们当中不含违禁成分的都进口。

（2）如果甲或乙含有违禁成分，就进口戊和己。

（3）如果丙含有违禁成分，那么丁就不进口了；如果进口戊，就进口乙和丁。

（4）如果不进口丁，就进口丙；如果进口丙，就不进口丁。

根据上述要求，以下哪项所列的农作物是该国可以进口的？

A. 甲、乙、丙。

B. 乙、丙、丁。

C. 甲、戊、己。

D. 甲、丁、己。

E. 丙、戊、己。

【解析】 假设进口丁，由条件（3），得丙不含有违禁成分，又由条件（1），得进口丙。又由条件（4），得不进口丙，矛盾！因此，假设不成立，得：不进口丁。由不进口丁和条件（3），得：不进口戊。因此，排除 B、C、D、E 项。A 项不违反题干条件。

答案是 A。

【例 5-19】（2018 年真题）54～55 题基于以下题干：

某校四位女生施琳、张芳、王玉、杨虹与四位男生范勇、吕伟、赵虎、李龙进行中国象棋比赛。他们被安排在四张桌上，每桌一男一女对弈，四张桌从左到右分别记为 1、2、3、4 号，每对选手需要进行四局比赛，比赛规定：选手每胜一局得 2 分，和一局得 1 分，负一局得 0 分。前三局结束时，按分差大小排列，四对选手的总积分分别是 6∶0、5∶1、4∶2、3∶3。已知：

（1）张芳跟吕伟对弈，杨虹在 4 号桌比赛，王玉的比赛桌在李龙比赛桌的右边；

（2）1 号桌的比赛至少有一局是和局，4 号桌双方的总积分不是 4∶2；

（3）赵虎前三局总积分并不领先他的对手，他们也没有下成过和局；

（4）李龙已连输三局，范勇在前三局总积分上领先他的对手。

54. 根据上述信息，前三局比赛结束时谁的总积分最高？

A. 杨虹。　　　　B. 施琳。　　　　C. 范勇。　　　　D. 王玉。

E. 张芳。

【解析】　由题干，总积分最高的是 6，和 6 对弈的是 0。由条件（4），总分为 0 的是李龙。因此，需要确定李龙的对弈者。作为男生，李龙的对弈者只可能是四位女生中的一位。由条件（1），李龙的对弈者不是张芳（张芳和吕伟对弈），不是王玉（王玉的赛桌在李龙的赛桌的右边），也不是杨虹（杨虹在 4 号桌，即最右，王玉的赛桌在李龙的赛桌的右边，因此，李龙不是最右），因此，李龙的对弈者是施琳。

答案是 B。

55. 如果下列有位选手前三局均与对手下成和局，那么他（她）是谁？

A. 施琳。　　　　B. 杨虹。　　　　C. 张芳。　　　　D. 范勇。

E. 王玉。

【解析】　有位选手前三局均与对手下成和局，则这位选手和对手的比分为 3∶3。

由条件（3）和（4）得，总分为 3 的男选手不是赵虎、李龙和范勇，因此，男选手吕伟的总积分是 3。由条件（1）知张芳和吕伟对弈，因此，张芳的总积分是 3。

答案是 C。

【例 5-20】　1～2 题基于以下题干：

晨曦公园拟在园内东南西北四个区域种植四种不同的特色树木，每个区域只种植一种。选定的特色树种为：北松、银杏、乌桕和龙柏。布局和基本要求是：

（1）如果在东区或者南区种植银杏，那么在北区不能种植龙柏或乌桕。

（2）北区或者东区要种植北松或者银杏。

1. 根据上述种植要求，如果北区种植龙柏，则以下哪项一定为真？

A. 西区种植北松。　　　　　　　　B. 南区种植乌柏。

C. 南区种植北松。　　　　　　　　D. 西区种植乌柏。

E. 东区种植乌柏。

【解析】 题干概括：

$$（东银杏\lor南银杏）\rightarrow（\neg北龙柏\land\neg北乌柏）$$

$$北北松\lor北银杏\lor东北松\lor东银杏$$

推导（见表5-13）：

表5-13

	北松	银杏	乌柏	龙柏
东	√④	×②		×①
南		×②	√⑤	×①
西	×③	√③	×③	×①
北	×①	×①	×①	√①

①由本题条件北区种植龙柏，得东、南、西区均不种植龙柏；北区不种植其他。

②由"（东银杏∨南银杏）→（¬北龙柏∧¬北乌柏）"，和北区种植龙柏，得东、南区均不种植银杏。

③由上，得西区种植银杏。

④由"北北松∨北银杏∨东北松∨东银杏"，和北区不种北松也不种银杏，东区不种银杏，得东区种北松。

⑤由上，得南区种乌柏。答案是B。

2. 根据上述种植要求，如果北松必须种植于西区或者南区，以下哪项一定为真？

A. 南区种植北松。　　　　　　　　B. 西区种植北松。

C. 东区种植银杏。　　　　　　　　D. 北区种植银杏。

E. 南区种植乌柏。

【解析】 由"北松必须种植于西区或者南区"，得"北区和东区都不种植北松"，得"北区或东区种植银杏"。如果东区种植银杏，则北区不种植龙柏、乌柏，又北区不种植北松，得北区种植银杏，违反条件，因此，东区不种植银杏。由此得：北区种植银杏。答案是D。

【例5-21】 1~2题基于以下题干：

某高校有数学、物理、化学、管理、文秘、法学六个专业的毕业生需要就业，现有风云、怡和、宏宇三家公司前来学校招聘。已知，每家公司只招聘该校上述二至三个专业的若干毕业生，且需要满足以下条件：

（1）招聘化学专业的公司也招聘数学专业；

（2）怡和公司招聘的专业，风云公司也招聘；

（3）只有一家公司招聘文秘专业，且该公司没有招聘物理专业；

（4）如果怡和公司招聘管理专业，那么也招聘文秘专业；

（5）如果宏宇公司没有招聘文秘专业，那么怡和公司招聘文秘专业。

【概括题干】

（1）化学→数学；

（2）怡和→风云；

（3）只有一家公司招聘文秘专业，且该公司没有招聘物理专业；

（4）怡和管理→怡和文秘；

（5）¬宏宇文秘→怡和文秘。

以下是基于上述条件（显条件）的推论（隐条件）：

①由"只有一家公司招聘文秘"和"怡和→风云"，得：¬怡和文秘。

②由"¬怡和文秘"和"怡和管理→怡和文秘"，得：¬怡和管理。

③由"¬怡和文秘"和"¬宏宇文秘→怡和文秘"，得：宏宇文秘。

④由"只有一家公司招聘文秘"和"宏宇文秘"，得：¬风云文秘。

⑤由"仅一家公司招聘文秘专业，且该公司没有招聘物理专业"和"宏宇文秘"，得：¬宏宇物理。

如表 5-14 所示：

表 5-14

	数学	物理	化学	管理	文秘	法学
怡和				×②	×①	
风云					×④	
宏宇		×⑤			×③	

1. 如果只有一家公司招聘物理专业，那么可以得出以下哪项？

A. 宏宇公司招聘数学专业。

B. 怡和公司招聘管理专业。

C. 怡和公司招聘物理专业。

D. 风云公司招聘化学专业。

E. 风云公司招聘物理专业。

【解析】　答案是 E。

本题的附加条件是：只有一家公司招聘物理专业。

①如果怡和公司招聘物理专业，则由"怡和→风云"，得风云公司招聘物理专业，违反本题条件。因此，怡和公司不招聘物理专业。

②已推得：宏宇公司不招聘物理专业，因此，风云公司招聘物理专业。

如表 5 - 15 所示：

表 5 - 15

	数学	物理	化学	管理	文秘	法学
怡和		×①		×	×	
风云		√②			×	
宏宇		×			√	

2. 如果三家公司都招聘三个专业的若干毕业生，那么可以得出以下哪项？

A. 风云公司招聘数学专业。

B. 怡和公司招聘物理专业。

C. 宏宇公司招聘化学专业。

D. 风云公司招聘化学专业。

E. 怡和公司招聘法学专业。

【解析】　答案是 A。

本题的附加条件是：三家公司都招聘三个专业。

①如果怡和公司不招聘数学专业，则由"化学→数学"，得"怡和公司不招聘化学专业"，又已推得：怡和公司不招聘管理专业且不招聘文秘专业，则怡和公司至多招聘两个专业，违反本题条件。因此，怡和公司招聘数学专业。

②由"怡和公司招聘数学专业"和"怡和→风云"，得：风云公司招聘数学专业。

如表 5 - 16 所示：

表 5 - 16

	数学	物理	化学	管理	文秘	法学
怡和	√①			×	×	
风云	√②				×	
宏宇		×			√	

【例 5-22】　1~2题基于以下题干：

江海大学的校园美食节开幕了，某女生宿舍有五人积极报名参加此次活动，她们的姓名分别为金粲、木心、水仙、火珊、土润。举办方要求，每位报名者只做一道菜品参加评比，但需自备食材。限于条件，该宿舍所备食材仅有五种：金针菇、木耳、水蜜桃、火腿和土豆。要求每种食材有且只有两人选用。每人用且只选用两种食材，并且每人所选食材名称的第一个字与自己的姓氏均不相同。已知：

（1）如果金粲选水蜜桃，则水仙不选金针菇；

（2）如果木心选金针菇或土豆，则她也须选木耳；

（3）如果火珊选水蜜桃，则她也须选木耳和土豆；

（4）如果木心选火腿，则火珊不选金针菇。

【题干概括】

显条件概括（见表 5 - 17）：

表 5 - 17

	金针菇	木耳	水蜜桃	火腿	土豆
金粲	×				
木心		×			
水仙			×		
火珊				×	
土润					×

每种食材有且只有两人选用；每人用且只用两种食材。并且：

（1）金粲选水蜜桃→水仙不选金针菇；

（2）木心选金针菇或土豆→木心选木耳；

（3）火珊选水蜜桃→火珊选木耳和土豆；

（4）木心选火腿→火珊不选金针菇。

隐条件推断（见表 5 - 18）：

表 5 - 18

	金针菇	木耳	水蜜桃	火腿	土豆
金粲	×		×⑦		
木心	×①	×	√②	√②	×①
水仙	√⑥		×		
火珊	×④	√⑤	×③	×	√⑤
土润	√⑥		√⑧		×

①由条件"木心选金针菇或土豆→木心选木耳"得：木心不选金针菇，且不选土豆。

②由①和条件"每人用且只用两种食材"，得木心用水蜜桃和火腿。

③由条件"每人用且只用两种食材"和"火珊选水蜜桃→火珊选木耳和土豆"，得火珊不选水蜜桃。

④由木心选火腿和条件"木心选火腿→火珊不选金针菇"，得火珊不选金针菇。

⑤由"每人用且只用两种食材"，得火珊用木耳和土豆。

⑥由"每种食材有且只有两人选用"，得水仙和土润选金针菇。

⑦由水仙选金针菇和条件"金粲选水蜜桃→水仙不选金针菇"，得金粲不选水蜜桃。

⑧由"每种食材有且只有两人选用"，得土润选水蜜桃。

1. 根据上述信息，可以得出以下哪项？

A. 木心选用水蜜桃、土豆。

B. 水仙选用金针菇、火腿。

C.　土润选用金针菇、水蜜桃。

D.　火珊选用木耳、水蜜桃。

E.　金粲选用木耳、土豆。

【解析】　答案是 C。参见表 5 - 18。

2.　如果水仙选用土豆，则可以得出以下哪项？

A.　木心选用金针菇、水蜜桃。

B.　金粲选用木耳、火腿。

C.　火珊选用金针菇、土豆。

D.　水仙选用木耳、土豆。

E.　土润选用水蜜桃、火腿。

【解析】　答案是 B。

在上题推断的基础上，增加本题条件，根据表 5 - 18 不难得出结论。